CLÁUDIA PETERSON

AS PATAS QUE FORJARAM O MEU CAMINHO

Os animais mudaram a minha vida. Até onde podem mudar a sua?

Coordenação editorial: *Eduardo Viegas Meirelles Villela*
Revisão de língua portuguesa: *Maria Heloisa Melo de Moraes*
Diagramação e projeto gráfico de miolo: *Marcelo da Paz*
Arte de capa: *Marcelo da Paz*
Impressão: *Edições Loyola*

Dados Internacionais de Catalogação na Publicação (CIP)
Bibliotecária Juliana Farias Motta CRB7/5880

P485p Peterson, Cláudia

As patas que forjaram o meu caminho: os animais mudaram a minha vida. até onde podem mudar a sua? / Cláudia Peterson . – 1. ed. – São Paulo(SP): EV Publicações, 2025.

360 p. ; 17 cm x 24 cm

ISBN: 978-65-87369-36-5

1. Peterson, Cláudia, 1958 – Biografia. 2. Relação humano – animal I. Título: os animais mudaram a minha vida. até onde podem mudar a sua?

CDD 920

CLÁUDIA PETERSON

AS PATAS QUE FORJARAM O MEU CAMINHO

Os animais mudaram a minha vida. Até onde podem mudar a sua?

AGRADECIMENTOS

AGRADECIMENTOS

Antes de iniciar o primeiro capítulo, é extremamente importante que eu entregue alguns prêmios especiais. Menção honrosa ao meu bondoso "JR", um cavalo "SRD" (sem raça definida), responsável, na verdade, pela totalidade do capítulo destinado ao mundo hípico.

Sem JR, de cuja existência não conheço absolutamente nada, muito provavelmente os demais cavalos, com datas de nascimento/morte, RG e passaporte, sequer constariam deste livro!

A seguir, relaciono os nomes de outros cavalos citados nestas páginas, mas sem um capítulo especial, e que muito colaboraram para o meu aprendizado sobre a vida e o comportamento animal.

São eles: Svetaketu, Gibraltar, Piccolo Coniglio e Tumble Down. Desculpo-me também, neste momento, com alguns cavalos aos quais dediquei minha atenção por possuir afinidade e que muito me ensinaram, por não lhes citar os nomes; fato é que, por não haverem estado sob a minha tutela, não lhes citar os nomes é necessidade ética. Saibam, no entanto, que em nenhum momento eu os esqueci.

Meu querido "M……." é o primeiro e mais lembrado de todos.

Eu simplesmente o adorava.

Cuidava dele como se fosse meu e tudo o que mais desejava era ter conseguido montá-lo em provas.

Assim como Kim, ele era cavalo demais para pouco ginete.

Não posso, e tampouco desejo, deixar de citar dois exemplos de pura explosão de personalidade e demonstração daquilo que cavalos podem chegar a fazer; não por instinto, bem poucos por vontade. A esmagadora maioria, por ter sua psique "quebrada" por um ginete.

Meu respeito e meu carinho a vocês:

"E. A......", um tordilho do qual se costumava dizer — e, certamente, todos que o conheceram saberão identificá-lo imediatamente ao ler, — que, nas provas de "potência" das quais participava sempre "jogava seu coração" e ia buscá-lo depois!

"J.... T.... ." Quanto a ele, fico sem palavras.

Agradeço às dezenas de cães, gatos, leões, chimpanzés, gorilas, elefantes, cheetahs (guepardos), tigres, lobos, rinocerontes, pássaros, peixes e demais indivíduos de quaisquer outras espécies animais; seres especiais que participaram da minha experiência de vida, sem os quais este livro não existiria.

Ah, agradeço ao ser humano também.

A alguns...

SUMÁRIO

PREFÁCIO

PREFÁCIO

Quando iniciei este livro, minha ideia era a de informar o maior número de pessoas a respeito do quanto é possível aprendermos através do convívio assíduo mantido com os animais que tutoramos e que, a grande maioria dos seres humanos ainda mantém afastada de si, sentindo, quando muito, a necessidade de adestrar, com a finalidade precípua de, assim, torná-los mais capacitados a conviverem em sociedade.

Pensava em repassar ao leitor algumas, senão a maior parte, das técnicas de adestramento que eu mesma tinha por hábito utilizar com os meus animais durante a época em que acreditei ser isso necessário. Ao mesmo tempo, revelaria fatos ocorridos que, de forma paulatina, haviam me transformado em quem sou atualmente.

Mas a pandemia, seu *lockdown* e demais correlações causaram uma série de modificações nessa ideia inicial, provocando, na verdade, uma verdadeira revolução em todo roteiro.

Decidi escrever mais; depois, mudar o roteiro. E repassar muito mais; além de simplesmente, técnica, também minha experiência de vida.

Senti a necessidade de comungar com aqueles com quem tivesse alguma afinidade de sentimentos, emoções e ideias; com aqueles aos quais a pandemia tivesse modificado tanto quanto a mim, sem crivos ou qualquer tipo de preocupação quanto ao julgamento de quem não compartilhasse dos mesmos pensamentos.

Descobri, reclusa em minha casa, em razão de um vírus que nem conseguimos enxergar e com o qual não podemos discutir que dispomos de bem pouco tempo para aprender muita coisa.

Passaram-se quase quatro anos desde que me sentei e comecei a escrever. Ideias a respeito do tema central foram, então, sendo reformuladas, ampliadas e outras ainda, obviamente, relembradas e introduzidas.

Nesse intervalo, além de uma pandemia, seguimos com uma guerra na Ucrânia, uma ruidosa e complexa mudança de governo, problemas de ordem emocional, familiar e várias outras situações que certamente ainda nos estão afetando. Foi impossível para mim, portanto, manter a mesma linha de pensamento que trazia no início.

Seres humanos, assim como animais, são sujeitos a mudanças com o tempo; aliás, ao velho e bem conhecido ditado que diz ser prerrogativa do ser humano inteligente mudar de ideia, eu acrescento: do ser humano e do animal inteligente.

Acredito que você, leitor, sairá ganhando após ter lido as transformações pelas quais passei.

Agradeço, como sempre faço, às benções e às dificuldades enviadas pelo Cosmos, as quais me trouxeram até este momento e a todos, absolutamente todos os animais com os quais tive a oportunidade de conviver, aprender, trocar ou apenas, observar durante o decorrer de minha vida e que me auxiliaram, de uma forma ou outra, a me tornar a mulher que terminou de escrever o último capítulo deste livro, e foram os verdadeiros professores de uma aluna razoável na matéria mais difícil e complexa que conheço: A VIDA.

Através destes meus escritos, pretendo relembrar àqueles que, dormitando numa preguiçosa, porém ensolarada e "única" manhã de domingo, dão voltas e voltas em sua cama, sem desejar "abrir os olhos para ver", aprender, aproveitar, tudo o que por toda vida esteve à sua disposição e está sendo, para sempre, desperdiçado.

Existe uma escola ao nosso redor, completamente criada para nós; voltada ao nosso aprendizado, à nossa evolução, a cujas aulas a maioria de nós tem faltado. Eu me refiro aos animais que conosco compartilham deste planeta; sejam eles domésticos ou selvagens. E como em toda escola, para aprender basta apenas que o aluno preste atenção na aula.

Então, meu conselho a você, querido leitor, será o mesmo, desde o primeiro capítulo, desde a primeira linha e para sempre em sua vida:

— Preste atenção!

INTRODUÇÃO

INTRODUÇÃO

Meu propósito durante o transcorrer destes capítulos é colocar você, leitor amigo, em contato com uma realidade, provavelmente, diferenciada da sua.

Causar, desde o início desta leitura, a introdução em seu coração e sua mente do "imaginário" de como pode ser a sua vida, caso mantenha maior contato com seu animal e, que em seguida, esse imaginário se transforme numa necessidade incontrolável de movimento; de realização.

Trago, através de vários relatos de minha vida pessoal, subsídios bastante palpáveis para que, ao final da leitura, você possa se posicionar melhor com relação ao que foi dito no parágrafo acima, conscientizar-se de uma maneira de ver a vida e de vivenciá-la, bastante ligada aos exemplos fornecidos pela vida animal.

Entender a conexão entre uma humana e animais que se fez evidente, basicamente indispensável e, cujas permutas e observações se tornaram responsáveis pela formação de sua personalidade.

Essa conexão se tornará visível a você, leitor, desde as primeiras linhas, ampliando seus conhecimentos e proporcionando o desdobramento ou formatação de suas próprias conclusões no decorrer da narrativa, tornando inequívoca a percepção primária de que a observação assídua, a convivência harmônica e a TROCA DE EXPERIÊNCIAS e de AMOR entre seres de diferentes espécies possa e deva existir, contribuindo para a evolução, seja emocional, seja espiritual, de AMBAS as espécies envolvidas no processo.

Contudo, abro um parêntese para solicitar de você, leitor, que, por gentileza, mantenha um estado de ânimo equitativo independentemente do que venha a ler.

Por vezes, ao se deparar com afirmações com as quais eventualmente discorde, a tendência ao imediatismo e a necessidade de escutar apenas o que se quer ouvir existentes nos tempos atuais trazem consigo a disposição de descartar o informante. Peço então que, exercitando sua paciência, prossiga a leitura.

Explico.

Durante o desenvolver do livro, a cada capítulo o leitor poderá encontrar colocações que poderá acolher ou repelir de imediato, sendo que a verdadeira resposta para a questão apresentada poderá estar na página seguinte, em uma nova descoberta, em um novo aprendizado que modificará o meu raciocínio anterior e, consequentemente, o seu entendimento e decisão antecipados sobre o tema.

Este não é um livro carregado de "verdades absolutas"; muito ao contrário, abarca em suas páginas fatos vivenciados, raciocínios lógicos, conclusões acertadas ou nem tanto, muitas das quais foram totalmente redimensionadas.

É bem esperado, portanto, que, com o passar dos capítulos, você, leitor, perceba as mudanças; intensidade e assertividade mais presentes, curiosidades, informações e questionamentos, tomando assim um rumo bastante distinto daquele que se anunciava inicialmente.

"As patas que forjaram meu caminho" trata-se de uma escola; portanto, o aluno que o compreende e que assim o deseje, aprende, cresce e se individualiza conforme as aulas e os aprendizados fornecidos. É a natureza, a mãe Gaya, o Cosmos em ação.

Nessa escola o aluno recebe um leque efetivo e imutável de opções desses aprendizados, em vez de uma amálgama de informações, muitas delas por vezes contraditórias e incoerentes, repassadas por pessoas despreparadas ou desconectadas de tempo ou vontade.

A tônica que julgo a mais correta e com um verdadeiro conteúdo de qualidade era tudo o que eu pretendia como um todo, ao imaginar o meu relato.

Que você, leitor, adquira um conhecimento mais amplo e complexo, que venha a compreendê-lo e aplicá-lo de forma prática no seu dia a dia é o meu maior interesse.

Por esse motivo, escrevo revelando fatos e não estratégias.

Estratégias para que um determinado comportamento seja adotado são fatores motivacionais comuns à maior parte dos humanos interessados em poder e sucesso.

A maioria dos nossos políticos, profissionais de marketing, mídia, escritores ou profissionais atuantes no âmbito do adestramento canino as utilizam no comportamento animal — não humano ou humano — acessando aqueles os quais "adestram".

Meu objetivo é conseguir demonstrar que a efetiva interação entre essas espécies e não o "adestramento" de uma delas é a verdadeira responsável pelo resultado otimizado.

"O menino que sofre e se indigna diante dos maus tratos infligidos aos animais será bom e generoso com os homens."
(Benjamin Franklin)

CAPÍTULO 1

LÁLA

UM CASACO DE PELES DE PELOS VIVOS E PATAS BRANCAS!

CAPÍTULO 1

Plantei uma moreia no alto da colina...

O vento batia forte no meu rosto enquanto o meu coração chorava.

Eu estava deixando ali, naquela terra fria, trinta e cinco anos de muito amor, investimento emocional e aquele a quem eu tratara como a um filho por nove anos.

Levantei a gola do meu casaco de lã cinza, o preferido de Janjão, o cãozinho que eu acabara de enterrar, e retornei à casa-grande do rancho.

As lembranças vieram em meu socorro e me levaram de volta à infância. Naquele momento eu me sentia novamente com seis anos, aninhada e aquecida, deitada no peito branco de Lála, minha cachorra. Ela era o meu refúgio, para quem eu corria nos meus momentos de tristeza. E quando eu me deitava junto a ela, Lála se espreguiçava e, então, se enrodilhava ao meu redor colocando sobre mim suas patas brancas.

Lála era uma boxer dourada de "meia-idade" que meu pai ganhara de um conhecido e que se tornou a minha melhor amiga e confidente. A melhor amiga de uma criança de seis anos.

Eu adorei o presente, pois os lindos pintinhos amarelos que minha mãe me comprava quando íamos à feira com a babá nunca sobreviviam às brincadeiras do meu irmão mais velho.

Estranhamente, a cada novo pintinho que eu trazia dentro de um daqueles saquinhos de papel bege com pequenos buraquinhos para a entrada de ar, mais eu acreditava que conseguiria criar um galo.

Aqueles saquinhos beges eram iguais aos papéis que embrulhavam os deliciosos e sempre quentinhos pães franceses, entregues de bicicleta pelo rapaz da padaria que eu via chegando em casa pela manhã, quase nas madrugadas, enquanto esperávamos o ônibus da escola.

Ele sempre vinha do leste e eu podia avistar seu contorno contra o céu, trazendo consigo aqueles tons vermelho-alaranjados que se transformavam num tom mais claro, deixando o sol nascer enquanto eu esperava por ele, torcendo para que raiasse antes que o ônibus da escola chegasse...

Quase sempre eu via esse espetáculo da natureza somente com a Delza, nossa babá, porque minha irmã mais nova sentia enjoo ao andar de carro ou ônibus; então, minha mãe colocava um pedaço de jornal dobrado junto ao seu estômago todas as manhãs.

Eu não entendia e achava muito estranho aquele procedimento, mas como minha irmã era um tanto frágil, nunca discuti a ideia de que o jornal servia para esquentar sua barriguinha e fazer o enjoo passar.

"A compaixão para com os animais é das mais nobres virtudes da natureza humana."
(Charles Darwin)

Eu voltava feliz daquelas feiras, trazendo o precioso saquinho bege numa mão e, na outra, alguns pacotes de bolacha de uma senhora japonesa com a qual, não sei de que forma, minha mãe se comunicava, pois ela, realmente, falava apenas japonês.

Eu não entendia uma só palavra que ela pronunciava, mas minha mãe e aquela senhora, sempre vestida de forma tradicionalmente japonesa — o que, aliás, eu achava muito bonito, apesar de bastante peculiar — pareciam se entender muito bem; conversavam e gesticulavam bastante antes de definirem o que minha mãe levaria para preencher as várias prateleiras do armário de bolachas que ficava em frente ao telefone fixo do pequeno "hall" do lavabo de nossa casa.

A barraca da senhora japonesa ficava ao lado direito da rua, quase no final da feira, e chamava muita atenção de todos os que passavam, por ser extremamente colorida e pela quantidade de objetos interessantes e diferentes que sempre estavam pendurados nela; contudo, eu nunca entendi para que eles serviam.

Além dos pintinhos que trazia da feira, eu tinha um outro amigo, um pouco maior, mais forte e bem divertido. Era Persegonha, o nosso pato. Ele, estranhamente, sobreviveu às brincadeiras do meu irmão mais velho, uma vez que, de todas elas, o "tiro aos pintinhos" era a sua brincadeira predileta. Nenhum dos meus amigos pintinhos amarelinhos conseguiu, enfim, chegar a ser um frango. E embora, até hoje, eu não me lembre dele pequenino, nesse quesito, Persegonha, o pato, saiu vitorioso.

Certo domingo, porém, Persegonha, o pato que costumava abrir suas grandes asas, mostrando as reluzentes penas pretas e brancas que pareciam soltar faíscas ao sol enquanto nos perseguia, correndo daquela forma estabanada e muito divertida, uma característica dele ao brincar de "pegador" comigo e meus dois irmãos, desapareceu.

Tudo de que eu me recordo é que não consegui concatenar as ideias naquele dia. Eu chamei e perguntei por Persegonha a manhã toda e não houve resposta...

Foi servido "Pato com laranja" no almoço daquele domingo! E o mais incompreensível para mim é que todos se serviram, almoçaram e conversaram normalmente à mesa. Ninguém parecia estar preocupado com Persegonha, com seu desaparecimento, tampouco com minhas indagações a respeito do assunto.

Esse foi um momento muito marcante na vida da minha criança. Mas, um bom início para forjar um guerreiro, aquele cujo treinamento inicia-se cedo e segue constante.

Mal podia eu saber que, já tão cedo em minha vida, estava sendo apresentada à diversidade de personalidades e opiniões de seres vivos. Este foi um divisor de águas para um longo processo de aprendizado.

Quando estamos no olho do furacão, precisamos correr para o nosso centro e, de lá, nos tornarmos um observador, a fim de decidir o que é correto e o que não é. No topo dos meus quase sete anos, eu ainda não reunia as ferramentas necessárias para realizar raciocínios como esse, para adquirir discernimento.

O sumiço do meu amigo me deixou alguns dias de cama, com febre, mas Persegonha não voltou. Todos os maus pensamentos a respeito do seu desaparecimento e daquele almoço de domingo ficaram escondidos em algum lugar da minha mente e do meu coração; ninguém tocou mais no assunto. Recuperei-me da febre e voltei às aulas.

Passado algum tempo resolvi adotar uma ninhada de gatinhos que encontrei no pátio do colégio das freiras francesas onde minha irmã e eu estudávamos semi-internas.

As irmãs azuis, como eram chamadas, vestiam longos hábitos num tom azul bem escuro e véus que lhes caíam pelos ombros como se lá estivessem para abraçá-las e ampará-las todo o tempo. Andavam de forma muito tranquila pelos largos e silenciosos corredores daquele prédio enorme, subindo e descendo as escadarias com seus crucifixos pendentes ao peito e rosários quase sempre à mão. Passavam-me a impressão de serem seres especiais, como se dispusessem de atributos divinos que ninguém mais possuísse.

Quando encontrei os filhotinhos de gato, fiquei tão feliz e encantada com eles que as freiras não tiveram outra alternativa senão permitir que eu os levasse.

O motorista do ônibus do colégio colocou a caixa com os bichanos sob o banco. Aquele, lá no fundo, o último de todos e que era inteiriço; o assento que nos jogava para o alto como pipocas quando chegávamos ao final da descida de uma rua muito longa, com uma grande valeta, pela qual esperávamos o caminho inteiro, apenas para sermos jogadas para cima por aquele salto enorme.

Finalmente em casa, acomodei os gatinhos numa grande cesta de roupas que Delza, a nossa babá, havia deixado no quarto de costura da minha mãe.

Na verdade, nesse cômodo que ficava logo após a cozinha da casa, minha mãe organizara, além do seu quarto de costura, a despensa da casa, que ficava em um armário enorme, com portas francesas, no qual podíamos entrar e notar as prateleiras para o estoque de mantimentos e "fazer a festa" entre todos aqueles pacotes de doces e latas de leite condensado. A despensa era praticamente à prova de som. Acreditei, não sei se por causa disso, que ali seria o local ideal para os meus novos amiguinhos pernoitarem. Talvez, inconscientemente, eu já estivesse me preparando para o pior e tentando abafar qualquer barulho que os gatinhos pudessem fazer...

Eles me pareceram bem felizes quando fechei a porta.

"Todas as coisas da criação são filhas do Pai e irmãs do homem... Deus quer que ajudemos os animais, se necessitam de ajuda. Toda a criatura em desgraça tem o mesmo direito a ser protegida."
(São Francisco de Assis)

Delza media pouco mais de 1,50m, mas era uma das maiores pessoas que eu conhecia.

Estava em nossa casa desde o casamento de meus pais, portanto, há cerca de doze anos. E lá permaneceu até alguns anos após suas Bodas de Prata.

Fazia assadeiras de suspiros e bolos como ninguém; me ensinou a comer espinafre através de torradas com queijo ao forno e conseguia o impossível; que três crianças absurdamente desordeiras e irreverentes a obedecessem como se tivesse saído do filme de “Mary Poppins”!!!

Colocava-nos para dormir contando estórias fabulosas e me dava leves tapinhas no ombro que pareciam o bater das asinhas de um anjo, sem os quais eu demorava muito para conseguir pegar no sono. Mais tarde, aprendi a imaginar que recebia tapinhas de Delza nos ombros; a sentir as batidinhas das asas dos anjos e a dormir sozinha...

Enquanto Delza me ajudava a instalar a cesta com os meus novos amiguinhos felinos na despensa, fez questão de me perguntar se meus pais já sabiam sobre a vinda dos gatinhos.

Eu respondi que ainda não tinha falado com eles, mas que certamente não haveria problema nenhum. Essa foi uma péssima conclusão!!!

Maria foi o nome que me lembro haver dado à gatinha mais linda dentre os três irmãozinhos, assim que os coloquei na cesta. Era tão branquinha quanto um floco de neve e macia como algodão, e me fitava com seus curiosos e atrevidos olhinhos azuis quando minha mãe chegou. Naquele momento, ela subiu até meu peito e me acariciou com suas pequeninas patas brancas.

Sei que minha mãe ficou um tanto atônita ao se deparar com aqueles gatinhos, e que discursou longamente sobre eu ter levado animais para casa sem sua permissão. Fui dormir.

No dia seguinte, quando cheguei do colégio, os três gatinhos tinham ido embora!

Não me recordo inteiramente das conversas que mantive com minha mãe. Nem na noite anterior, nem naquele dia; mas me lembro, sim, da imensa tristeza que senti por não encontrar Maria e seus irmãos. Recordo-me do medo que senti por ela; do que poderia ter-lhe acontecido.

Sempre ouvira dizer que as pessoas jogavam gatinhos indesejados no rio e, pela primeira vez em minha vida, me passou pelo coração um sentimento de culpa por tê-los trazido comigo e, assim, haver me tornado responsável pelo que pudesse ter acontecido a eles.

Mais uma vez, a imagem da pequena Maria subindo em meu peito e "amassando pãozinho" no meu coração com suas patinhas brancas macias me veio à mente.

Eu nunca mais agiria dessa forma enquanto não fosse responsável por mim mesma e por minhas decisões! Tinha aprendido mais uma lição.

> *"Tem quem fale com você, mas não diga nada. E tem aquele que permanece em silêncio, apenas olhando para você, mas diz coisas lindas."*
> *(Autor desconhecido)*

Como eu disse antes, adorei o presente que meu pai ganhou.

Lála, a cadela boxer dourada, pôde ficar!!! Eu teria onde me aninhar se precisasse de um "colo amigo".

Era difícil para mim compreender a maneira de pensar dos meus pais. Acreditava, até então, que, por ser filha deles, por eles haverem me criado e, portanto, por ter sido educada por eles, logicamente deveríamos pensar da mesma maneira. Não sabia quanto aos demais assuntos, mas estava descobrindo de uma forma dolorida que, decididamente, quanto a gostar de animais nós éramos completamente divergentes. Descobri também, com o passar do tempo, que meus irmãos também encaravam os animais de uma maneira bem diferente da minha.

Evidentemente, uma criança de seis ou sete anos não conseguiria racionalizar ou analisar os fatos a ponto de ressignificá-los, como se estivesse em uma sessão terapêutica.

Dificilmente conseguiria reavaliar as situações e chegar a alguma conclusão sozinha; mesmo porque, nas décadas de 1960 ou 1970 ninguém tido como "normal" frequentava psicólogos. Aliás, aparentemente não havia motivos para isso!

Lála era um excelente animal; tinha inclusive pedigree, um documento oficial que atesta a origem de um cão (se ele é realmente de uma determinada raça). É um certificado emitido por instituições de cinofilia que apresenta a árvore genealógica do cão (pais, avós e bisavós que também precisam ser de raça pura).

Meus pais não estavam acostumados a ter cães e, à época, na década de 1960, castração ou cuidados com relação ao cio de cadelas não eram procedimentos usualmente aplicados a cães e gatos.

Entendi com o tempo que a cadela presenteada a meu pai deveria ser um animal de guarda. Para esse serviço veio e por esse motivo ficou.

Porém, nem sempre os portões da casa eram mantidos fechados.

E, convenhamos! Na verdade, Lála não era um cão de guarda.

Segundo me lembro, ela teve duas ninhadas. Cada uma delas com cerca de 14 lindos cãezinhos, e todos sobreviveram. Eu adorava cuidar dos filhotes dela, aqueles pequenos serezinhos rastejantes e ceguinhos que em poucas semanas já me mordiscavam os dedos. Exalando seu odor característico, tinham um bafinho quente e um grunhido especial que ficariam profundamente gravados no meu subconsciente, impregnados em mim como se a mim mesma pertencessem.

> *"O homem nunca saberá seu verdadeiro papel na Terra, se não souber respeitar e dialogar com o mundo animal."*
> *(Enzo Maiorca)*

Quando eu voltava da nossa casinha de bonecas, onde Lála e seus filhotes ficavam, ainda estava escuro.

Delza me limpava correndo, escondido, pois, minha mãe já havia me aprontado mais cedo para o colégio e eu não tinha permissão para ir ver os cães pela manhã.

Minha irmã e eu, conforme eu comentei, estudávamos semi-internas e o ônibus do colégio passava para nos buscar ao sol nascente, nos trazendo de volta ao poente.

Eu sequer tirava o uniforme azul de pregas largas quando chegava da escola; somente a gravata que insistia em ficar batendo na carinha dos pequenos.

Tantas bolotinhas peludas, pulando e brincando por todos os lados, era a verdadeira versão reduzida e sem manchas da "Guerra dos dálmatas".

Eu achava impressionante como eles eram diferentes em suas "mini personalidades" e como isso se tornava cada vez mais perceptível.

Não gostava quando os maiores empurravam os menores, pegando para si as melhores tetas e, consequentemente, o melhor leite; mas essa era a natureza em ação, a menos que alguém interferisse. E eu acreditava que deveria interferir, e bastante. Pensei dessa forma por muitos anos. Apenas bem mais tarde, estudando comportamento animal, aprendi que não se deve interferir na natureza; mas continuo questionando se deva ou não.

Aqueles momentos, horas, tardes, dias e meses seriam a minha verdadeira pré-escola.

Iniciava-se em mim o hábito de observar o comportamento dos animais; de comparar o comportamento das espécies. Para isso meus pintinhos, meu pato Persegonha, minha amiga Lála e seus filhotinhos seriam o ponto de largada!

Os filhotes da Lála, todos eles, também foram embora. Eu não me lembro quando ou como; porém, naquele momento eu me senti útil a ela. Nós duas nos aninhamos para chorar nossas dores e perdas!

Eu me aproximava cada vez mais de um lugar, para alguns talvez dispensável por lhes parecer desnecessário emocionalmente; mas que, para mim, trazia uma nova e calorosa família de coração. Verdadeiros amigos com quem eu podia contar sempre.

Ao hábito de observar se juntaram os odores e sons que se encravaram em mim, encontrando ali suave e permanente moradia.

Continuei minhas observações com a Lála e, até onde podia, tentava salvar animais, como alguns girinos que encontramos, meu irmão e eu, numa poça d'água perto de casa enquanto andávamos de bicicleta numa tarde de muita água nas sarjetas, após uma daquelas chuvas torrenciais de verão e cujo local ideal para que pudessem viver em paz, achamos que poderia ser a banheira da minha mãe.

Lembro-me também que, numa de nossas excursões pelo bairro em que morávamos, descobrimos um terreno baldio com árvores enormes que serviriam perfeitamente para o nosso plano de imitar a vida de Tarzan. Até cipós entre as árvores existiam.

A ideia nos pareceu maravilhosa e decidimos construir uma casa na maior das árvores do terreno. Imediatamente arregaçamos as mangas e nos colocamos ao trabalho, juntando o máximo de amigos e ajuda que pudemos; é claro que nossa escudeira, Lála, não poderia ficar de fora.

E lá fomos nós, a caminho da nossa aventura. Lála caiu numa fossa séptica.

O banho que meu irmão teve que dar nela no posto de gasolina de um amigo dele, que ficava a três quarteirões de nossa casa, foi, com certeza, o mais demorado e angustiante da vida de ambos!!!

Ele me contou que foi preciso usar aquele esguicho do tipo mangueira, próprio para lavar carros, e também disse que foram muitos os banhos, com "pinho-sol" e outros desinfetantes do tipo, durante a tarde toda. Eu, só de olhar para a cena dela sendo retirada da fossa por meu irmão e seus amigos vomitei ao sentir aquele cheiro; fui para casa.

Acredito que meu irmão tenha se prontificado a passar por esse sacrifício primeiro porque, obviamente, notou o estado catastrófico e temerário em que se encontrava a pobre cadela, e depois porque ele jamais poderia chegar em casa com a Lála naquela situação. Minha mãe certamente colocaria ele e a cachorra para fora no mesmo instante!

Lála chegou em casa limpa; mas o seu cheirinho...

Os passeios de bicicleta também incluíam idas à hípica, que ficava a poucas quadras da minha casa; contudo, estas eram incursões que, invariavelmente, eu fazia sozinha.

Meu irmão mais velho normalmente só saía acompanhado do grupo de amigos dele e não me recordo de minha irmã mais nova ter demonstrado gostar de algum animal durante sua infância ou adolescência.

Logo, se eu quisesse estar perto de cavalos, além das férias de julho, quando podíamos viajar para a fazenda no interior, teria que resolver esse problema sozinha.

Comecei por pedir ao meu pai para me deixar montar na hípica. Após dezenas de solicitações rechaçadas e uma negativa categórica, entendi que meu pai, definitivamente, compartilhava dos sentimentos de minha irmã com relação aos cavalos.

Decidi partir para a minha mãe, e bem... esse foi um longo processo; que eu venci.

Eu adorava as férias de julho porque íamos para a fazenda. Lá, eu podia tirar leite das vacas com o pessoal da fazenda logo cedo, antes do sol raiar, e colocar nele conhaque para os adultos e toddy para nós. Saía fumaça das canecas e o leite borbulhava.

Eu achava tudo aquilo maravilhoso!!! E o bigode branco que se formava com toda aquela espuma, então! Era quase tão extasiante quanto puxar o rabo dos bezerrinhos e colocar os dedos nas suas bocas para que eles os sugassem. A única desventura costumava ser quando derrapávamos no chão do curral e caíamos onde estava sujo...

Descascar as espigas de milho, sentada no paiol, e ouvir as histórias dos trabalhadores e moradores locais era outra das delícias daquele lugar.

Nos finais de tarde, comer pamonha quentinha, curau, milho cozido! E a comida feita naquele fogão a lenha da enorme cozinha repleta de panelas de ferro e tachos de cobre que pendiam de grades presas no teto! Tudo feito com todo carinho pela cozinheira da fazenda e suas filhas.

Aquela senhora me fazia sentir como se eu fizesse parte das histórias do "Sítio do Picapau Amarelo", do livro de Monteiro Lobato, de quem eu era fã incondicional como todas as crianças da minha idade. Era muito parecida com a tia Anastácia e tão gentil e simpática quanto ela, além de cozinhar quase tão bem quanto Delza.

E eu podia montar a cavalo... Ah... galopar e voar com eles!

Eu passava as férias nos céus...

Era inverno e estava frio quando ouvi minha mãe conversando com Delza sobre a Lála.

Pelo que entendi, iam levá-la a um veterinário na Av. Faria Lima e as duas estavam muito preocupadas. Mas preocupadas por quê?

O que Lála poderia ter que precisasse da ajuda de um veterinário se nem para ter seus filhotinhos ele esteve lá em casa? — eu pensei. E por que minha mãe e Delza não me respondiam direito quando eu perguntava a elas o motivo de levarem Lála ao médico? O que ela poderia ter que eu, com os meus já completos 8 anos, não pudesse saber?

A única coisa que havia mudado nela era uma pequena bola no "bumbum", que surgira depois da segunda ninhada.

Aquele mês de agosto de 1966 chegou muito cinzento e estranhamente mais frio que nos outros anos.

Talvez porque não houvesse mais onde eu pudesse apoiar a minha cabeça quando a tristeza era muito grande, ou porquc já não tivesse quem se enrodilhasse ao meu redor, ao mesmo tempo que sentia sobre mim o peso daquelas patas brancas.

Lála se fora!

Na verdade, a grande dificuldade para aquela criança de apenas sete ou oito anos era conseguir compreender o "sumiço" repentino da sua melhor amiga. Entender como alguém vai ao médico, volta com o diagnóstico de um "tumor antigo" e, em seguida, desaparece da sua vida. E, principalmente, tentar acreditar na estória contada por seus pais para "encobrir" o desaparecimento dela.

Não desejo aqui questionar os motivos ou a verdadeira intenção de meus pais ao encobrirem a "morte" de Lála; contudo, mesmo aquela criança, sabia de forma intuitiva que o "sumiço" dela havia ocorrido por uma causa diferente das outras. Lála havia morrido.

Com sua morte, várias questões que não deveriam ser deixadas para depois permaneceram como feridas abertas que não cicatrizam e que, se por um lado representavam dor, por outro, auxiliaram e muito no meu crescimento, na formatação da personalidade da pessoa em que fui me transformando.

Minhas lições de vida continuavam.

Lembrei, no entanto, que meus pais e certamente meus irmãos pensavam categoricamente diferente de mim quando o assunto eram animais.

Desta forma encerrei o primeiro capítulo, concebendo o fato de que, definitivamente, seres humanos podiam ser e pensar de maneiras diversas a respeito de um determinado assunto; que, mesmo pertencendo à mesma família e passando pelas mesmas situações, pais e filhos, irmãos e irmãs são seres distintos uns dos outros e que reagem à sua própria maneira a cada situação.

Imaginei que, se meus pais, quando crianças, tivessem tutorado cães, gatos ou outros animais de estimação, agora as coisas fossem diferentes. Mas, imediatamente, lembrei que minha mãe, ao menos, teve um cão. E, a cada vez que se lembrava e falava dele, abria um largo sorriso que iluminava seu rosto tranquilo e seu olhar plácido e doce. Contou-me que era um machinho, "Fox terrier pelo duro".

Engraçado... Falando sobre isso agora, não me recordo de que ela, alguma vez, me tenha dito o nome dele.

Como explicar que a minha vida tomou um novo rumo; que seguiu um novo caminho já nos meus primeiros anos, desde a interferência de Lála, a boxer dourada e seu corpo quente e acolhedor, sempre presente nos momentos de tristeza e solidão infantis?

Como explicar que ao deitar em seu peito macio e sentir suas patas brancas sobre mim, o mundo se alegrava e tudo ficava em paz? Como explicar o quanto aprendi com ela e seus filhotes sobre amor, carinho, bondade, dedicação de mãe e, claro, sobre a hierarquia entre irmãos de uma ninhada?

Como explicar o quanto aprendi com aqueles pintinhos, pequeninos, seres amarelos que vinham dentro de saquinhos beges?

Hoje, a cada vídeo sobre direitos animais a que assisto, eu me recordo mais e mais deles e a vontade de lutar, de lhes proporcionar uma vida, ainda que curta por motivos infelizmente distantes do nosso anseio e controle, aumenta todas as manhãs em meus pensamentos.

Fico imaginando se os seres ditos "humanos", dentro da sua parca "humanidade" para com seus semelhantes à beira da miséria total, não poderiam ter um pouco de compaixão e doar os milhões de pintinhos machos, descarte da indústria de ovos, ao invés de triturá-los vivos cruelmente, transformando-os em ração, como vêm fazendo há décadas?

Há cinquenta anos, dentro de cada saquinho bege de uma feira de rua, havia o descarte de um pintinho macho e uma criança feliz.

Por que hoje em dia não é promovido um descarte e, posteriormente, uma família alimentada ou, no futuro, uma criança que passe a não se alimentar mais de carne?

"Antes de ter amado um animal, parte de nossa alma permanece desacordada."

(Anatole France)

CAPÍTULO 2

CHOPIN

UM PIANISTA DE QUATRO PATAS NEGRAS

CAPÍTULO 2

Por algum tempo, na verdade alguns anos que me pareceram uma eternidade, prossegui indo e vindo do colégio de freiras e de outros, estudando muito e tendo como novidade agora, no almoço das quartas-feiras, a necessidade de engolir aquele horrível e desagradável bife de fígado.

Desde pequena o gosto da carne e a simples visão de um bife me embrulhava o estômago. Eu não queria comer carne, mas minha mãe, como a maioria das mães que eu conhecia, me forçava a uma alimentação de acordo com as recomendações médicas da época e fígado de boi era imprescindível ao bom crescimento e desenvolvimento infanto-juvenil.

Desde a morte de Lála, como não tínhamos animais em casa, eu brincava apenas com os cães dos meus vizinhos e de amigos. Justamente nessa época, conheci meu primeiro "bambi".

Até me assustei quando meu avô materno, num daqueles tradicionais almoços de domingo para os quais a família toda começava a se arrumar muito cedo e onde sempre havia uma comidinha pra lá de gostosa, virou-se para nós, do alto dos seus 1,92 m de altura, tirou o chapéu borsalino marrom que costumava usar e, abrindo aquele seu sorriso largo, nos disse:

— Querem conhecer um bichinho diferente, crianças? E sem esperar por qualquer resposta nos levou até os fundos da casa, num pequeno local com uma portinha minúscula, parecida com uma baia para pôneis, onde, com certa dificuldade, por trás dos meus óculos grandes avistei um pequeno veadinho.

Eu mal conseguia acreditar no que estava vendo. Não era como ir ao cinema e assistir "Bambi", ou discutir com meus irmãos para decidir se assistiríamos desenhos animados dos quais eu não gostava; seriados como Rin-tin-tin, Lessie, Zorro ou algum filme sobre animais que, aliás, eram os meus preferidos.

Desde que minha mãe me levara para assistir "Born free" (Elza, a leoa), aos oito anos de idade, três vezes em uma única semana, quando estávamos em férias na praia apenas para atender a um pedido meu, (o que uma mãe não faz pela felicidade de um filho!) minha vida se transformou. Minha mãe não percebeu e eu mesma só compreendi muitos anos mais tarde a real importância que aquele filme teria em minha vida.

Mas aquele veadinho... Ele era real!!!

E eu estava a menos de dois metros dele; podia sentir seu cheiro forte e praticamente ouvir seu coraçãozinho bater de tão assustado que ele parecia estar.

Seu cheiro era diferente de todos os outros animais que eu havia conhecido; com certeza, muito mais forte. Tinha pequenas pintinhas brancas nas costas que me deixaram extasiada, completamente encantada; delicadas orelhinhas ovaladas, um tanto grandes para o tamanho da cabecinha dele que não paravam quietas nem por um instante e maravilhosos olhinhos de formato amendoado e cor de avelã. Ele era absurdamente lindo!!!

Mas, logo após ter feito essa primeira leitura sobre ele, comecei a realizar que ele devia estar sentindo muito medo e fiquei assustada por ele!

Deduzi que ele não deveria estar ali!

Cochichei o que estava pensando ao ouvido do meu pai, que me respondeu para não pensar nesse assunto. Mas eu precisava pensar... e sabia que deveria fazer alguma coisa, mesmo que eu tivesse que crescer primeiro.

A essa altura, eu parei de escrever, voltei ao presente e aqui, sentada na grande poltrona de couro caramelo da biblioteca, observo minha casa tão peculiar. Há quem diga que mais parece um pavilhão de caça instalado em algum local no meio da querida África onde morei.

Meus dois gatos saltitam à minha volta, derrubando as coloridas almofadas turcas do sofá, e puxam as pontas da manta na qual estou enrolada, pedindo a minha atenção...

O fogo que acendi na lareira crepita, enquanto várias faíscas batem na proteção de ferro.

Então, olho pela janela e vejo, às 15:10h de uma tarde que deveria ser de uma quarta-feira normal, um céu tão fechado quanto aqueles das tardes de outono chuvosas das minhas viagens à Suécia. Estava escuro como noite.

Ao pesquisar o porquê, descubro que a escuridão se devia a um episódio bastante específico: às queimadas que estavam ocorrendo na Amazônia aqueles dias.

Sinto medo! Começo a refletir sobre algumas notícias que escutei ultimamente. Sobre imigrantes (homens, mulheres, crianças, idosos e doentes, além de voluntários, todos desidratados e exaustos) fugitivos da guerra civil na Líbia que, num pequeno barco de uma ONG espanhola, após enfrentar o mar mediterrâneo por mais de um mês, ao alcançar um porto italiano, não conseguiram permissão para aportar.

Sobre o rompimento da barragem de Brumadinho aqui no Brasil, apenas três anos após o rompimento de uma outra barragem, a de Mariana.

Sobre um homem que, preso por assassinar a própria filhinha, recebeu indulto para sair da cadeia no dia dos pais.

Por fim, relembro um amigo que, ao conhecer minha casa, passando pelas portas francesas desta biblioteca, comentou:

— Este é seu lugar de leitura e reflexão!

Ele não imaginava o quanto de verdade existia por trás daquela frase. Quanta leitura e quanta reflexão haviam me trazido até aqui!

Inclusive um lindo, porém melancólico quadro que adquiri e pendurei na parede do meu quarto, intitulado "O amor e a Loucura". Este também era fruto de várias décadas de muita observação e reflexão.

Esta biblioteca era agora, com seu poder transformador, também o lugar onde eu costumo escrever o meu livro.

A chuva começou a cair com raios e trovões barulhentos e eu voltei às minhas antigas memórias...

"As criaturas que habitam esta Terra em que vivemos, sejam elas seres humanos ou animais, estão aqui para contribuir, cada uma com sua maneira peculiar, para a beleza e a prosperidade do mundo."

(Dalai Lama)

Entrei na sala de estar e lá estava ele, deitado no sofá; tranquilo e sonolento como se fosse o dono da casa e dormir naquele confortável sofá azul constituísse o seu *hobby* de todas as tardes.

Meu pai havia ganhado um novo presente.

Chopin de Roberjos era o nome que constava no seu pedigree! Ele era lindo! Enorme, preto e reluzente, com grandes e atentos olhos escuros e orelhas bem pontudas que o deixavam com um aspecto muito elegante, como o de um cão super-herói. Chopin era um Dobermann.

Que hábito esquisito meus pais tinham, esse de não entender nada sobre cães e acreditar no que amigos lhes diziam, a ponto de permitir que esse cão enorme e desconhecido entrasse na nossa casa e se apossasse do sofá da sala!

Muito estranho, eu pensei; talvez isso não devesse ser permitido. E se eu quisesse sentar no sofá? Como eu faria para tirar aquele imenso animal de lá? Eu poderia me sentar ao lado dele? Será que ele permitiria? Iria me morder? Alguém da casa o conhecia bem a ponto de convencê-lo a descer? Ele era muito grande e mesmo que fosse pequenininho...

Uma mordida de cachorro sempre dói, não é?

— Não! — pensei comigo mesma.

Ele não deveria estar no sofá. Mas, na dúvida entre ele e eu, achei melhor sair da sala.

Delza estava na cozinha tirando do forno uma daquelas assadeiras irresistíveis de suspiros e, quando reparei melhor, notei que já era a segunda.

Meus irmãos, sentados ali mesmo à mesa da cozinha, com semblantes suspeitos, tinham os dedos sujos e ainda mastigavam os últimos pedaços da primeira fornada...

Depois de me fartar com um punhado daqueles doces maravilhosos, fiz questão de pegar alguns a mais para me apresentar àquele enorme cão que dormia na sala.

Confesso que até aquela época eu não ouvira falar que cães, além de vários outros animais, não devem comer doces. Estava "a léguas" de ter informações como a de que o intestino dos cães é mais curto que o nosso e mais delicado; de que seu sistema digestivo apresenta problemas para metabolizar algumas substâncias como a glicose.

Explicando melhor, é como se um cão precisasse de muito menos açúcar que nós, seres humanos, para ficar diabético. Doces contêm alto teor de gordura e calorias que, em grande quantidade, além de poder desencadear a obesidade canina, fazem o pâncreas do cão aumentar a produção de uma enzima digestiva chamada lipase para digerir toda essa gordura. Esse processo pode inflamar o pâncreas do animal, levando a uma pancreatite. E tanto pancreatite quanto diabetes são doenças muito graves para qualquer cachorro.

E por falar em doces, e já que estou, praticamente, dando uma palestra, vale ressaltar o melhor de todos eles: o chocolate.

E eu não estou brincando quando digo que "um pedacinho só de chocolate" ou um "cookie", só um por dia, pode matar nossos cachorros. A Teobromina, uma toxina presente no cacau, matéria-prima do chocolate, não é metabolizada pelo organismo desses pets, o que causa intoxicação em diferentes graus, podendo levar inclusive à sua morte.

Conforme eu confessei, eu não sabia de nada disso, e lá fui com meus suspiros, muito contente e ansiosa, atravessando a copa.

Esta era decorada em estilo alemão, com o bar à esquerda, exibindo todas as canecas de cerveja da coleção do meu pai, a maioria delas adquirida nas "October Fest" do clube Pinheiros, do qual éramos sócios. E, à direita, aquela longa mesa de madeira marrom, retangular, encravada num nicho, com um banco único que a rodeava internamente, enfeitado por várias almofadas brancas bordadas com lindas flores silvestres pela minha mãe.

O "cuco", pendurado na parede em cima da porta que separava a copa da cozinha começou a dar a primeira das cinco badaladas daquela tarde. Parei e me virei para ele.

Eu era encantada por aquele relógio; adorava estar na copa durante a troca das horas, apenas para ver o "cuco".

Minha bisavó sueca havia me contado sobre a vida dos cucos, e sempre que o relógio dava suas badaladas eu me lembrava dela, sentada naquela cadeira de bambu, usando um vestido claro com rendas na barra com seu grande chapéu que me parecia de palha trançada. Ele deixava entrever um pouco dos seus cabelos brancos cacheados e permitia a passagem de um pouco de sol, enquanto eu escutava sua voz baixa, carinhosa e suas histórias.

Resumidamente, o cuco invade os ninhos de outras aves, derrubando os ovos que lá encontra e coloca em seu lugar o seu próprio ovo para ser "adotado" pelo casal enganado.

O melhor conceito de "pai é quem cria" de que já ouvi falar. O casal de pássaros costuma cumprir uma tarefa extenuante para conseguir alimentar o seu "enorme" filho, já que, invariavelmente, o cuco coloca seu ovo em ninhos de pássaros pequenos.

O relógio do cuco seguia para a sua segunda badalada; mas, naquela tarde, eu estava muito preocupada em descobrir como Chopin reagiria aos suspiros da Delza e segui adiante, rumo à sala, ao disputado sofá e ao seu dono desafiador.

Estava tão ansiosa que, ao fazer a curva à esquerda que levava do corredor para a sala de estar, tropecei no final daquela interminável passadeira vermelha cuja ponta, lotada de franjas, estava dobrada e deixei cair os suspiros que se espalharam pelo chão. Naquele momento, eu descobri a faceta predominante da personalidade de Chopin.

Antes que eu pudesse perceber o que estava acontecendo, aquela enorme fera já havia saltado do sofá por sobre a mesa de centro, atravessado a sala e se encontrava bem à minha frente, mastigando o que um momento antes havia sido um punhado de suspiros. Em seguida, pulou sobre mim, lambendo meu queixo e batendo suas patas no meu peito.

Esse rápido e desastrado bailado me fez perceber o quanto aquele cão gostava de suspiros e a sua evidente determinação em receber um pouco mais daquele "lanchinho"!

A vida com Chopin me trouxe de tudo, menos monotonia.

Quando ele se comportava mal em casa, fato que ocorria quase sempre, minha mãe o deixava preso do lado de fora, no jardim dos fundos.

Essa ideia vigorou por cerca de dez ou quinze dias, não lembro ao certo.

O fator determinante para a modificação nesse tratamento foram os buracos que Chopin fez em todo o jardim de inverno adorado por minha mãe e que ficava junto ao janelão da sala de TV. E não adiantava fechar as cortinas. Ele destruiu todas as plantas e flores que minha mãe cultivava há anos.

A guerra havia sido declarada!!!

A próxima ideia para o controle dos ditos comportamentos inaceitáveis de Chopin foi a velha casa de bonecas, conjugada à pequena oficina de brinquedos do meu irmão. A sugestão de fazer com que ele passasse as noites lá durou ainda menos tempo. Chopin punha-se a uivar e a chorar com pulmões de recém-nascido e não permitia que ninguém da casa, ou do bairro, dormisse.

Quando o telefone começou a tocar nas madrugadas, o impacto causado veio em seu auxílio e o castigo precisou parar.

Há muitos anos eu não tinha nenhum cachorro para levar a passear e já pedira várias vezes aos meus pais que me deixassem sair com Chopin na guia.

Então, um dia, eles deixaram; mas nenhum dos meus irmãos se prontificou a ir comigo.

Depois de algumas tentativas vãs e de muitos joelhos e cotovelos ralados, percebi que Chopin não era — e, provavelmente, nunca seria — o meu melhor companheiro para passeios a pé pelo bairro. Não sozinha!

E, a menos que alguém pudesse me ensinar como adestrar Chopin, eu passaria mais tempo na farmácia que em casa. E eu não conhecia ninguém que conhecesse alguém que pudesse fazer isso...

Há cinquenta anos, além dos militares que treinavam os cães da PM, tenho a impressão de que não havia adestradores e muito menos especialistas em comportamento animal por aqui. Pelo menos, eu não encontrei nenhum.

Chopin comeu um pedaço muito grande de um tapete persa da minha mãe, fato que nós não conseguimos disfarçar e voltou para a casa do amigo do meu pai.

Eu decidi que iria aprender a ensinar animais a se comportarem bem. Mas não pude começar com Chopin...

> *"Os animais dividem conosco o privilégio de terem uma alma."*
> *(Pitágoras)*

Comecei a elaborar a questão e pensar muito no porquê de Lála ter sido sempre tão meiga e dócil, saindo para passear comigo sem criar nenhum problema e sem ninguém ter ensinado nada para ela.

Esforçava-me por entender como Chopin podia ser tão diferente dela, ser tão ansioso e atrapalhado, sem ninguém ter ensinado nada a ele também. Ao mesmo tempo, os dois eram extremamente mansos.

Então, a única certeza que eu tinha até aquele momento e que finalizou este segundo capítulo era a de que cães, assim como nós, humanos, podiam ser muito diferentes uns dos outros.

Cheguei à conclusão de que eu precisaria observar mais, melhor e um número bem maior de animais e humanos, se quisesse vir a compreender sobre esses temas.

O que dizer da qualidade de aprendizado e experiências sobre alegria e leveza no viver que recebi, convivendo com Chopin, aquele que primeiro se fez lembrar por se atirar em todos os pratos de suspiros que via?

Nunca mais ouvi falar de Chopin.

"Os animais podem se comunicar muito bem. E eles o fazem.
E de um modo geral, eles são ignorados."
(Alice Walker)

CAPÍTULO 3

JANJÃO

NUVENS BRANCAS, PATAS BRANCAS E MUITOS SUSPIROS DEPOIS

CAPÍTULO 3

Muitos anos se passaram desde que Chopin se fora e meu pai, pela manutenção da felicidade conjugal, não se atreveu a "ganhar" mais nenhum cachorro.

Comecei a participar das excursões do grupo de "Bandeirantes" ao qual pertencia, para ajudar a alimentar pessoas e animais de rua, ou de grupos que os recolhiam e tratavam deles. O trabalho como voluntária criou raízes...

Não demorou muito para que eu me interessasse pelos problemas das caçadas aos elefantes na África central, pela matança dos gorilas de montanha no Congo, pela iminente extinção dos guepardos na África do Sul, pela gradativa morte dos tigres das reservas indianas e, principalmente, pelo maravilhoso trabalho de Jane Goodall com os chimpanzés na Zâmbia e no Congo Belga.

A ideia de ir para a África despertou em minha cabeça e eu tocava de forma rotineira nesse assunto com meus pais.

Ao me ouvir falar sobre o tema com mais entusiasmo e profundidade a cada vez, minha mãe começou a se preocupar e, com o passar do tempo, levantou remotamente a possibilidade de visitarmos uma hípica.

Eu já implorava para fazer equitação há anos e meus pais sempre haviam me negado!

Agora, talvez por não querer mais escutar a respeito das minhas ideias africanas, ou pela pressão cada vez maior que eu exercia sobre ela a fim de que me permitisse montar durante o período escolar é que, dentre as duas possibilidades, África ou equitação, os cavalos venceram e finalmente minha mãe cedeu. Escondido do meu pai a princípio, ela começou a me levar — duas vezes por semana e depois também aos sábados — para montar numa pequena hípica em Interlagos.

Esse foi meu presente de quinze anos.

Durante os três anos seguintes a vida me pareceu perfeita. Estudava muito, montava e montava. Meu pai já havia cedido e sabia das nossas idas a Interlagos.

Eu frequentava tanto o distante bairro da zona sul que acabei ganhando de meu pai um título de um clube náutico à beira da represa aonde levávamos os cavalos a passeio e que alguns amigos também frequentavam.

Eu assistia a tudo o que podia sobre animais e lia o escasso material que obtinha sobre o comportamento deles.

Muito perto de prestar o exame vestibular, ainda não vislumbrava nenhuma carreira que pudesse me ensinar o que eu verdadeiramente queria aprender. Todos me diziam que eu devia estudar veterinária e eu respondia que essa faculdade não me ensinaria sobre o comportamento dos animais!

Por influência de um amigo, passei a imaginar que Oceanografia seria o mais perto que chegaria do meu intento. Mas eu tinha muito medo do mar para arriscar tanto e, além disso, gostava muito de artes plásticas.

Após uma tentativa sem êxito com Belas Artes (Desenho Industrial) na FAAP, onde permaneci apenas por um ano, optei por Psicologia.

Afinal, eu pensei, comportamento é comportamento...

Foi bom eu ter pensado dessa forma!!!

"É triste pensar que a natureza fala e que o gênero humano não a ouve."
(Victor Hugo)

O telefone tocou às 10:15h de uma manhã chuvosa no final de junho.

Como era o hábito da família nos finais de semana pela manhã, minha irmã e eu conversávamos sentadas na cama dos nossos pais, de onde se podia admirar o enorme ipê roxo inteiramente florido, praticamente um chamado para entrarmos, através de uma escalada de seus longos galhos, pela janela do quarto; nos deliciávamos com o som dos bem-te-vis que cantavam sem parar querendo, como minha mãe sempre dizia nos contar algum segredo.

Eu atendi a ligação enquanto meu pai entrava no quarto trazendo mais um bule de chocolate quente.

Do outro lado da linha, uma voz masculina perguntou o número do telefone e quem falava. Quando disse quem eu era e o parentesco que tinha com minha mãe, a voz simplesmente falou que minha mãe havia morrido num acidente de carro na estrada.

Essa foi mais uma ferida que permaneceu aberta, criando um turbilhão de sentimentos e emoções que eu mal consegui nominar.

Meu pai não conseguiu se recompor de nossa perda e deixou a administração dos negócios das duas famílias como um barco sem leme numa tempestade.

Que eu iria estudar o comportamento dos animais eu já sabia; só não havia percebido que a minha essência teria de ser a de uma leoa ou a de uma tigresa. Mas ainda estava cedo para eu debater os fundamentos do comportamento destes dois felinos ou de qualquer outro animal naquele momento.

Fosse ele humano ou não!

Eu acabara de completar 18 anos. Não havia mais tempo durante as tardes para montar. Não havia mais tempo para o clube ou para os amigos. Eu havia perdido minha mãe e com ela, minha noção de universo, minha vida, os cães e os cavalos.

Familiares paternos passaram a administrar a companhia de seguros, acabando por se afastarem gradativamente de nós; assim como nosso pai, que veio a casar-se rapidamente em segundas núpcias.

Nos cinco anos seguintes estudei e trabalhei.

Consegui, como se costuma dizer, salvar a "prata da casa" em meio àquela tormenta.

Num daqueles dias, no aeroporto onde eu fazia estágio para a faculdade, me deparei com o sorriso mais bonito com o qual eu já havia me defrontado.

Muito bronzeado, ele usava uma camisa branca com mangas arregaçadas que deixavam à mostra os braços fortes de um homem alto, moreno e extremamente charmoso e agradável.

Eu acabara de conhecer aquele que ficaria comigo por quase 40 anos.

Paciente, tranquila e amorosamente ele conseguiu invadir meu coração e dele tomar conta.

Terminei a faculdade de psicologia e já entendia alguma coisa de comportamento humano, quando ganhei um filhotinho branco de Poodle porte médio do meu namorado.

Aquela bolotinha de pelos atendia pelo nome de "Jean Pierre of pet's Valley" e, pela dificuldade da maioria dos cachorros em atender nomes com mais de duas sílabas, o cãozinho ficou conhecido pela alcunha de JANJÃO.

Andando pelo shopping com minha irmã (a responsável pelo apelido de Jean Pierre), uma amiga e carregando Janjão no colo, eu me perguntava como uma pessoa que tivesse um filhote de raça grande faria em meu lugar.

Como levaria um filhote grande e pesado, um bebê que não se consegue carregar no colo para passear, antes de terminarem todas as vacinas? Como conseguir sociabilizar esses cães adequadamente, se não saírem de casa?

Na verdade, eu pensava em causa própria, uma vez que sempre adorei raças grandes. Muito bem. Desculpe-me a falta de opções; mas a resposta é levar o maior número de pessoas possível para sua casa, a fim de conhecer e brincar com o "pequeno cãozinho grande".

Eu havia aplicado naquele bebê Poodle apenas duas, das três doses (dependendo da raça, mais doses são necessárias) de vacina que os filhotes necessitam tomar desde que nascem até cerca de quatro ou cinco meses.

Enquanto eu carregava minha bolsa de um lado e o pequeno Janjão do outro, este, meio desconjuntado e um tanto amedrontado pela visão de tantas pessoas, ainda assim arriscava alguns momentos confiantes, e sua demonstração de confiança me agradou.

Passei a fazer festa sempre que ele demonstrava confiança e o ignorava completamente nos momentos em que se comportava de forma tímida, tremendo e procurando abrigo entre minhas pernas ou no meu colo.

Janjão logo se tornou bastante confiante, esquecendo a timidez da sua infância.

Talvez tenha se tornado confiante demais.

O guarda-roupas do tratador de cavalos, Sr. Adolfo, mais especificamente as camisetas, podem contar várias histórias a respeito dos buracos criados por ele e suas mordidas, sempre na altura da barriga.

> *"Não te envergonhes se, às vezes, animais estejam mais próximos de ti do que pessoas. Eles também são teus irmãos."*
> *(São Francisco de Assis)*

Da minha poltrona, nestes difíceis momentos do século XXI, assisto ao Brasil e ao mundo que se digladiam em função dos incêndios na Amazônia!!!

Prossegue a polêmica sobre os "talvez"!!!

Talvez necessários, talvez desordenados e exagerados, talvez apenas incoerentes e insensatos... desmatamentos.

Aqui no Brasil ou nos poucos outros locais do mundo onde ainda restaram florestas que, ao serem extintas, levarão consigo seus exemplares de vida endêmica e que perderão também seus corredores naturais essenciais à subsistência de tantas outras vidas, é travada uma guerra desigual, onde a mata e seus filhos contam com o auxílio do "verdadeiro ser humano" que, muitas vezes, entrega sua própria vida a fim de conseguir salvaguardar apenas uma, dentre centenas de espécies que não terão a chance de prosseguir vivendo em liberdade.

Quanta incoerência!

Se, por um lado, vários exemplares de "bicho-homem"; aqueles que, para a filosofia, estão empenhados em se tornar verdadeiramente um "ser humano" perdem a própria vida defendendo as matas e os animais, por outro, há uma quantidade infinitamente superior de "homens-bicho" que precisariam refletir mais e melhor a respeito da vida que levam; a respeito dos sentimentos, emoções, anseios que o movem, e dos valores, virtudes, sabedoria e do papel que deveriam desempenhar num planeta com tamanha escassez em recursos de "seres humanos" reais.

Ecologia, meio ambiente, efeito estufa, aumento da temperatura do planeta, da água dos mares e seus terríveis e danosos efeitos para a nossa e para as próximas gerações...

Esses temas são vistos como certas doenças pelas quais apenas os povos distantes ou pessoas desconhecidas possam ser acometidas. A maioria acredita que esses problemas nunca chegarão até elas e isso talvez seja o mais impressionante, pois essas pessoas, aparentemente, já deixaram de se preocupar até mesmo com seus descendentes.

Talvez devessem se lembrar de que estamos numa época globalizada, em que tudo acontece muito rápido e que, nesse caso, não há mais onde se esconder. O planeta todo sofrerá. Recordar que, atualmente, tomar a vacina contra febre amarela voltou a ser OBRIGATÓRIO, quando há poucos anos era completamente DESNECESSÁRIO!

Eu me lembro que a primeira vez em que a tomei foi no aeroporto, dias antes do meu embarque para a África, há mais de trinta anos.

Na época, ela só era exigida caso viajássemos para países africanos, Índia, florestas tropicais ou locais tidos como "atrasados".

O que se dizer de doenças como a raiva e o sarampo, cujas vacinas são, agora, também necessárias novamente, em todo o país?

Não importa de onde ou como todas essas doenças tenham vindo; importa que retornaram, e assim como as doenças, os vírus.

"O Homem não sabe mais que os outros animais; sabe menos. Eles sabem o que precisam saber. Nós, não."
(Fernando Pessoa)

Na verdade, deveríamos pensar no porquê da desnutrição infantil, da falta de higiene, de saúde, de educação, de respeito, na sua real necessidade para o povo deste país. Os motivos pelos quais essas doenças retornaram, natural ou artificialmente, e as ditas, incoerências e reflexões sobre o tema, a meu ver, merecem destaque numa reunião ou conversa com amigos e familiares, para que sejam melhor compreendidas e interpretadas.

Janjão era um Poodle e, portanto, necessitava de tosas periódicas. Poodles não soltam pelo, mas as tosas são recomendadas por questões estéticas ou higiênicas, principalmente nos casos de filhotinhos que não tinham sossego e se sujavam muito, como era o caso daquele pequeno exemplar de porte médio que eu havia ganho.

As tosas de Janjão eram feitas normalmente, sempre no mesmo local e com a mesma pessoa; contudo, num belo dia esse senhor havia viajado em férias e outro funcionário se ofereceu para efetuar a tosa.

Ao chegar para buscar o meu "bebê", eu simplesmente não o reconhecia. Ao invés da tosa higiênica de sempre, ele estava completamente pelado.

Eu sempre usei óculos em função da miopia que me acompanha de nascença, e por ter fotofobia como uma das sequelas de várias cirurgias oftalmológicas realizadas, tenho por hábito usar óculos escuros praticamente o dia todo. Essa prática salvou Janjão de perceber um olhar de espanto e tristeza.

Ele me pareceu um pouco incomodado, mas esperou que eu comprasse uma roupinha para ele e voltamos para casa.

Mas, minha irmã não era míope nem usava óculos escuros. Assim que entramos no apartamento e coloquei Janjão no chão, ela olhou para ele e exclamou:— Que horror!!!

E falou isso colocando as mãos no rosto, a exemplo daquele desenho que usamos no celular, demonstrando evidente espanto e desapontamento.

Ela foi tão realista em sua atuação que Janjão, não sei se por medo ou se por vergonha, em dois segundos estava escondido atrás do sofá!!! Quando consegui tirá-lo de lá, ele trazia no olhar uma expressão inédita em seu repertório. Um misto de desespero e vergonha.

Eu o peguei no colo, o afaguei dizendo que estava tudo bem, coloquei nele a roupinha que havia comprado e comecei a fazer festa, elogiando e batendo palmas para ele, dizendo como ele estava "lindo"!

Mas ele não era mais o mesmo. Passeava e desfilava pedindo elogios e "nunca mais" quis ficar sem roupinhas. Apenas impressão minha?

Poodles!

Talvez... Janjão era uma excelente companhia; brincalhão, carinhoso e divertido.

Às vezes, enquanto atendia certos pacientes na clínica onde estagiava, eu perguntava a eles se tinham um cão ou se gostavam de animais. A alguns eu recomendava que os tivesse.

Sempre tive a certeza de que a companhia de um animal poderia fazer toda diferença na vida das pessoas, fossem elas crianças, adultos ou idosos.

Muito incentivei aos pais que permitissem aos seus filhos terem um "pet" de estimação; na verdade, a serem tutores de um outro ser vivo. De peixinhos dourados a tartarugas ou hamsters.

A convivência com um deles pode ser extremamente gratificante e de grande valia a qualquer ser humano.

Em primeiro lugar, muito antes de qualquer outra coisa, eles nos ensinam a amar e a nos fortalecer com as adversidades. A maioria das espécies, principalmente os mamíferos com os quais costumamos nos entrosar melhor, alegra-se com nossas alegrias, nos alegra em nossas tristezas e compartilha nossas dores.

Até mesmo em sua morte, já que em sua grande maioria os animais domésticos costumam viver menos que nós, eles nos auxiliam a lidar com a dor, com o sofrimento e com a frustração.

É preciso que nos recordemos desse fato e que o ensinemos muito bem às crianças para que elas compreendam melhor o ciclo da vida; pois, se aprendermos a entrar em contato com essa realidade de forma saudável quando crianças, acataremos as inevitáveis dores e perdas futuras com um grau menor de sofrimento.

Além disso, talvez o fato de terem sido criadas com animais incuta nelas, senão amor, carinho e compaixão, ao menos respeito e consideração quando se tornarem adultas, pelos animais com os quais conviveram na infância.

Talvez...

Uma vez que eu estava trabalhando o comportamento humano, os princípios indicadores ou fundamentos básicos do comportamento animal começaram a se formatar de maneira bastante similar aos dos humanos para mim; pelo menos com relação às crianças.

Encontrei neles os valores clássicos que haviam me forjado e que me sustentavam até hoje.

Sempre acreditei que, apesar do perigoso *establishment* no qual estamos inseridos, é preciso buscar as verdades, aquelas que todos renegam e que, em renegando, desintegram.

Após algum tempo, livros de alguns especialistas em comportamento animal que eu havia lido e que comparavam o comportamento de um cão ao de uma criança de três anos começaram a fazer sentido.

Janjão era um cão, mas agia como uma criança, e bem mimada. Levantava a cabeça dando as patas para vestir suas roupinhas, cheirava e revolvia minhas malas quando eu retornava de alguma viagem, em busca de seus presentes e pior, eu nunca podia dizer a um estranho nada com respeito a ele morder ou não morder. Eu iria errar!

A situação tomou tal vulto que eu tive que começar a fazer piadas do tipo:

— Na verdade, é difícil dizer se ele vai morder ou não.

— Depende do estado de espírito dele! (O que era mais verdadeiro do que parecia.)

Era isso que eu chamava de “passar vergonha alheia” naquela época.

Atualmente, eu apenas diria que ele era o líder da matilha...

Poodles.

Talvez...

Não ensinei Janjão a andar na guia. Na verdade, comprei aquela coleira que possui uma interminável cordinha, e passear se tornou algo perfeito a partir de então, desde que ele não se enrolasse em nenhuma árvore ou poste, é claro!

Para um cãozinho como Janjão, esse sistema me pareceu interessante e ideal. Realmente muito prático para donos de cães de porte pequeno; mas, no mínimo aflitivo e inconveniente para qualquer pessoa tentando ensinar um cão sobre “quem lidera quem”.

Se você quer adestrar ou ensinar seu cão a andar calmo e ao seu lado na rua durante o passeio diário, esqueça esse método.

E aí vai um conselho aos amantes de cães de porte médio ou grande que, por amor e pura ingenuidade, colocam coleiras do tipo “peitoral” em animais que, na verdade, se utilizarão dessas coleiras como “apoio”, obtendo assim ainda mais força caso desejarem carregá-lo para um passeio.

O tipo de coleira ideal para esses tamanhos de cães é, de fato, o tradicional utilizado pelos adestradores; ao menos até que o cão aprenda e se habitue a andar na guia.

Em pouco tempo acostumei Janjão a usar uma coleira de pescoço com identificação, sem a qual poderia nunca mais encontrar meu “bebê”, caso ele se perdesse.

Já com relação à sua higiene, eu fui mais radical e realmente consegui ótimos resultados rapidamente, partindo do princípio que:

— Filhotes, assim como cães maiores, normalmente são muito fáceis de serem ensinados por meio de festa, bom humor e energia positiva;

— Cães costumam urinar várias vezes ao dia;

— Raramente resistem a um pedaço de petisco canino;

— Desejam agradar ao seu tutor;

— Assim como outros animais, adoram e precisam de "ROTINA" (inclusive para seu bem-estar psicológico).

Foi um processo tranquilo ensinar Janjão a usar a área de serviço como "banheiro".

Em que pese o fato de que a grande maioria das pessoas prefere e acredita que os cães devam fazer suas necessidades na rua, eu defendo a tese de que saímos à rua com nossos cães para passear e, passear tem o sentido de civilidade, exercício e distração. Sendo assim, prefiro que eles façam suas necessidades em casa, mesmo porque, nem todos os tutores conseguem carregar e usar os saquinhos higiênicos caninos na rua, assim como, sempre haverá dias em que não se conseguirá levar o cão para passear.

E Janjão cresceu, desenvolvendo-se normalmente, como ocorre a todos os cãezinhos, felizmente em sua maioria, com um tutor amoroso e, no meu caso, interessado no estudo do comportamento de sua espécie. Contudo, ficou pairando no ar se não teria sido melhor para nós que eu já tivesse lido mais ou me especializado em comportamento animal antes de morarmos juntos, pois aprendi com Janjão praticamente de tudo o que não se deve fazer ou deixar um cão fazer!

Descendo a rua do prédio onde eu morava naquela época, havia, logo na esquina, um supermercado que possuía uma daquelas "televisões de cachorro" que assam frangos. Minha irmã e eu comprávamos deles, às vezes.

Esqueci a conta de quantas vezes o pequeno Janjão se aproveitou de algum descuido de nossa parte. Foram vários os frangos "roubados" de cima da pia da cozinha; mas somente da primeira vez houve o sentimento de pânico; o medo de que ele pudesse morrer de tanto comer.

A cena era dantesca: eu nunca via o "meliante" em ação e logo após dar pela falta dos frangos, precisava procurar por ele pela casa toda. E quando conseguia encontrar o pequeno "ladrãozinho" de galetos, lá estava ele, completamente impossibilitado de se mover, com o estômago dilatado, aquela barriga enorme; tranquilamente descansando ao sol, como se fosse uma sucuri à beira do rio Amazonas, relaxando após "engolir" sua presa!!!

Então, não sei bem quando, outro comportamento terrível passou pela cabeça criativa daquela "criança" birrenta e mimada.

O resultado foram os dois travesseiros novos que precisei adquirir em função de um certo "xixi" em cima da minha cama, por ter sido deixado sozinho em casa.

Resumo: a casa tinha um dono que, definitivamente, não era eu.

Por fim, foram tantas as reclamações de amigos e conhecidos a respeito de comportamentos hostis com algumas doses de agressividade por parte daquele "adorável cãozinho" que eu, finalmente, precisei tomar uma providência mais enérgica a fim de melhorar o convívio social na casa.

Então, com o coração partido, normal em toda mãe amantíssima, mas firme no propósito de afastar dos amigos o risco de serem incomodados ou até mesmo mordidos, decidi colocar Janjão na área de serviço sempre que chegasse uma visita.

A princípio pareceu que correria tudo bem. Realmente, durante os três ou quatro minutos iniciais da primeira visita, foi perfeito. Em seguida, porém, eram arranhões na porta, ganidos, choros, uivos e muitos latidos. Mas não aqueles latidos de aviso para pessoas desconhecidas que os cães costumam dar, não. Estou me referindo àqueles latidinhos esganiçados e irritantes que quase trincam cristais e estouram os nossos tímpanos, do tipo que bem poderiam ser usados como forma de tortura!

E a tal forma de tortura venceu pelo cansaço ou pela lógica; evidentemente. O método utilizado não havia sido o apropriado.

Lembrei-me do tratamento dado a Chopin por minha mãe...

É reconhecido que não se deve trancar a ninguém em lugar algum, principalmente, aqueles acostumados à liberdade, sem um bom motivo e uma ótima e justa explicação.

Percebi a necessidade premente de adotar uma nova conduta. Iria procurar um bom adestrador para nós dois.

Essa ideia acabou esquecida, uma vez que Janjão foi diagnosticado com um problema grave de saúde (cardíaco e renal) que me colocou permanentemente a seu lado, fazendo com que também me esquecesse dos amigos aos quais ele incomodava. Esqueci, inclusive, que ele pudesse incomodar a alguém, na verdade.

Passava praticamente todos os dias a seu lado, checando suas necessidades e preenchendo as nossas carências — em casa, nos consultórios veterinários, nos laboratórios, sempre. Menos no hospital de uma amiga, para o qual eu, em desespero, o levei numa noite fria e úmida.

Não me agradam mais as noites frias e úmidas.

Não existiam quartos particulares ou permissão para acompanhantes em hospitais veterinários há três décadas e por não haver cursado uma faculdade de veterinária na época, para acompanhar a evolução do caso, não me permitiram pernoitar com ele.

Meu diploma de psicologia e o fato de ser amiga da dona do hospital em nada vieram em meu auxílio. E como qualquer cidadão (traçando uma analogia com um caso humano) que estivesse acompanhando um parente próximo muito querido em um hospital público, precisei ir embora.

Antes de sair, olhei mais uma vez para a sala onde ele se encontrava.

Minha amada bolinha de algodão branca estava em pé sobre uma dessas mesas de metal prateado de atendimento veterinário com sua coleirinha vermelha, repleta de quadradinhos de *strass* que brilhavam, refletindo a luz do enorme holofote redondo de teto que o iluminava. Quando percebeu meu olhar, ele me devolveu o dele, lançando duas certeiras flechas indagadoras e portadoras de um velado pedido de socorro diretamente de seus olhinhos de jabuticaba. Eles pediam para que eu ficasse com ele!

Fui embora com aquele olhar apertando meu coração.

Foi a última vez em que vi Janjão com vida.

O telefone tocou pela manhã e me pus a caminho do hospital. Fui buscar o dono das pequeninas patas brancas que eu tanto amava e que naquele dia eu não levaria para passear.

Eu o enterrei e plantei minha primeira moreia branca no alto da colina de King's Ranch.

Enquanto meu coração chorava e o vento batia no meu rosto, alguns pensamentos criavam forma na minha cabeça, tentando ser úteis e afastar a minha dor.

Eu ainda não havia entendido, não até então, que a dor é "INEVITÁVEL", mas que o sofrimento referente à maneira pela qual decidimos interpretar os acontecimentos dolorosos, para com a forma de nos comportar diante desses fatos dolorosos, é, definitivamente, "OPCIONAL".

Percebi apenas com o tempo e com as diversas dezenas de animais com os quais convivi em minha vida que, se eu pretendia tê-los a meu lado e cuidar deles até o final da minha ou de suas vidas, eu deveria modificar a maneira de encarar o ciclo da vida, incluindo nele a morte.

Lembrei das vezes em que havia estado na África como voluntária cuidando de várias espécies de animais como guepardos, chimpanzés, leões, elefantes, rinocerontes e gorilas.

Ah! pensava eu naquela época... Preciso contar a todos o quanto *cheetas* podem ser mansos. Mais tarde, optei por me calar.

Meu trabalho girava em torno de reabilitação e reintrodução dos animais ao seu "habitat" natural.

Uma parcela deles era extremamente agradável e gratificante de se trabalhar, já que respondiam de maneira rápida e positiva ao tratamento veterinário (reabilitação física), estando habilitados em pouco tempo à etapa seguinte de reintrodução (área comportamental) que, normalmente, ocorria de forma protocolar e tranquila.

Muitos deles, porém, mesmo após tratados fisicamente, guardavam sequelas psicológicas tão profundas dos maus tratos recebidos que, apesar de formalmente reabilitados, a chance de uma reintrodução ao seu "habitat" natural era impraticável.

Outros chegavam aos locais de tratamento já tão debilitados física e/ou psicologicamente que reabilitação e reintrodução eram inviáveis.

Vale ressaltar também que, após algumas idas e vindas, constatei que, estando na África, você precisa se adaptar muito rapidamente às regras que a natureza daquele local determina; caso contrário, a África lhe cobrará e, você perderá para ela em algum momento, quando menos esperar.

Assim é a mãe África. Assim é a vida.

Para além do que possamos ou não desejar, um leão é um carnívoro e, portanto, precisa caçar a fim de sobreviver.

O antílope, por sua vez, é um herbívoro, precisa fugir de ser caçado por carnívoros. Essa é a regra.

O leão é mau, um vilão, ou o antílope é um coitadinho, um discriminado pela sorte ou pela natureza? A resposta é NÃO a ambas as perguntas.

Tente pensar que, se leões ou leoas não matarem antílopes ou outros animais, todo o bando, sua alcateia, perecerá de fome; suas ninhadas não terão leite para beber de mães leoas desnutridas, fracas demais para abater uma presa. Iniciar-se-iam as brigas, as doenças, as mortes, culminando com uma diminuição relativamente rápida do número de leões na natureza que, aliás, já se encontram em extinção.

Com a sobrevivência dos antílopes a todas as caçadas dos leões, a quantidade dessa espécie aumentaria exponencialmente. Ocorrendo o inverso, os leões, os quais obtêm sucesso em apenas 30% das suas caçadas, conseguiriam eventualmente se alimentar a cada dois dias e o número de antílopes não se alteraria.

Há cerca de noventa espécies de antílopes na África; cada qual com incontáveis manadas e cada manada com tantos indivíduos que se torna praticamente impossível um levantamento.

Já com relação aos leões... O poderoso "Rei das Selvas"!!!

Pobre "Rei das Selvas".

Com menos de vinte mil exemplares vivendo livres na natureza no continente africano, é esperado que seu número decaia pela metade nos próxi mos quinze ou vinte anos. Há trinta e cinco anos contávamos com algo em torno de sessenta mil; contudo, a busca por "troféus de caça", tapetes com cabeças felinas, o uso de partes do corpo dos grandes felinos como afrodisíacos ou remédios alternativos para problemas como artrite e outros mantêm a caça clandestina destas espécies em alta no mercado negro.

Os grandes felinos caminham rapidamente para a extinção, caso providências enérgicas não sejam tomadas. Mas esse também é um assunto para outro momento.

Existe a morte. Essa é a regra. É a lei da natureza. É também parte da evolução do planeta e dos que nele habitam como um todo.

Ao se trabalhar ou conviver com a natureza, as regras são dela e não nossas; são muito claras e, portanto, se adaptar a elas é entender o ciclo da vida. Integrar-se a elas é o nosso objetivo. O propósito do verdadeiro "ser humano".

Certamente tal raciocínio não resolverá o problema da dor. No entanto, o fato de se ter em mente que o tempo de vida daquele bichinho, do lindo cãozinho ou gatinho que acaba de chegar para viver em nossa casa será, possivelmente, bem menor que o nosso; que nós estamos ali para cuidar deles quando jovens, caso adoeçam, quando envelhecerem e quando vierem a morrer facilitará bastante o momento em que precisarmos enfrentar o sofrimento.

Muito bem!

No final deste capítulo decidi reinventar minha maneira de sofrer. Resolvi que, daquele dia em diante, ajudaria mais aos animais, a mim mesma, e que o sofrimento pela morte dos meus amigos, meus tutelados, serviria de incentivo para que eu aprendesse a amar melhor e a encontrar uma forma de não estar longe deles quando precisassem de mim, como ocorreu com Janjão.

"O que mais me atrai nos animais é que eles não usam palavras...Eles usam sentimentos."

(Chico Xavier)

CAPÍTULO 4

DE KING LARK A YUCATÁN

DIRETAMENTE DAS NUVENS AO LODO

CAPÍTULO 4

Eu contava com cerca de vinte e cinco anos e voltara a montar na pequena hípica em Interlagos, onde minha mãe me levara quando adolescente; estava tremendamente feliz.

Fazia aulas de forma amadora com "JR", um cavalo castanho, SRD (sem raça definida), castrado e muito manso, com o qual, aos finais de semana eu costumava passear até a represa de Guarapiranga que ficava perto dali. Eu seguia pelas ruas de terra do bairro tranquilo e bastante arborizado, cujas árvores eram muito bem-vindas, não só pelo ar fresco, mas pela sombra gratificante que nos forneciam nos dias mais quentes.

Eu prosseguia com JR, cumprimentando velhos e novos sorrisos conhecidos ou nem tanto. Algumas vezes, parava na casa de algum amigo para dar um "Oi" e logo continuava o passeio, completamente despreocupada com o tempo, com o fato de estar sozinha ou com os perigos de um bairro afastado, talvez por um resquício de irresponsabilidade juvenil ou por excesso de alegria causada pela companhia daquele animal.

Eram tardes de grande felicidade para mim, ou, como diria um orador espírita muito conhecido: — Eram "Épocas de Otaviano".

Esquecia das aulas sem estribos, das voltas intermináveis fazendo "trote elevado" e, principalmente, daquelas em que precisava trotar sentada com chicote nas costas, entre os braços, a fim de obter equilíbrio e postura...

Eu pegava um saco de cenouras, já cortadas em rodelas grossas, uma garrafa de água e colocava na velha mochila que levava às costas; estava pronto o meu "Kit passeio".

Prosseguimos assim, JR e eu, até que um grupo de cavaleiros vindos de uma hípica maior que fechara, alugou metade das baias do local, levando para lá, todos os seus cavalos.

Conheci, então, um novo estilo de equitação e um mundo completamente diferente daquele ao qual eu estava habituada. O verdadeiro mundo equestre.

Quando o grupo saiu daquela pequena hípica de Interlagos, indo para uma nova hípica particular em Cotia, um local distante dali, mas que teria melhor infraestrutura para a prática do esporte, decidi ir com eles. Essa decisão foi um verdadeiro divisor de águas em minha vida.

Nesse novo mundo hípico as coisas pareciam ser bem diferentes do canino ou felino com os quais eu era familiarizada. E com algumas "restrições emocionais", entendi, após várias explicações, que eu estava em um momento da minha equitação em que precisava de um "novo cavalo".

Foi-me colocado que JR era muito bom para cavaleiros iniciantes no hipismo. Porém, sem qualificações físicas para um nível mais elevado de equitação, como era o meu caso naquele momento, e por não dispor de um local para o qual pudesse levá-lo, sua venda era necessária.

Iniciava-se ali, naquele momento, um longo aprendizado para mim; tentar entender que poderia ser obrigada a aceitar a possibilidade de eu vir a me separar de animais amigos, dos quais eu gostava, mesmo que eles não tivessem morrido.

Esse pensamento me soou muito estranho, não me agradou nada. Mas, foi tudo muito rápido e, na verdade, eu mesma, apesar de gostar muito de JR, concordei com a "tal" explicação convincente que me pareceu bastante lógica naquele momento.

Interessante e, por vezes, enganador, esse nosso raciocínio lógico. Na sociedade em que vivemos, é intrigante como nos parece normal acatarmos comportamentos e situações pré-estabelecidos, pelo simples fato de as coisas "sempre terem sido assim" e, então, não ser necessário ou viável, questionarmos a respeito. Até quando eu mesma pensaria assim?

"Todos os argumentos para provar a superioridade do homem não podem quebrar essa dura realidade: no sofrimento, os animais são nossos iguais."
(Peter Singer)

As nuvens haviam começado a se formar sobre mim; contudo, eu me encontrava tão embevecida por pertencer àquele novo mundo que não olhei para cima, fiz ouvidos mouros à minha intuição e optei pela lógica, tão evidente no momento.

Pedi a um amigo para encontrar alguém que gostasse muito de cavalos e a quem eu pudesse vender JR. Muitos anos mais tarde eu me questionaria a respeito desta e de outras futuras decisões semelhantes.

Uma vez vendido JR, fomos em busca do meu novo cavalo.

E "King Lark" chegou.

Nunca havia me passado pela cabeça comprar um animal como aquele. King Lark era um garanhão de linhagem famosa, de "sangue quente ", como falavam os cavaleiros e tratadores, para designar cavalos cujo temperamento era forte. Sua pelagem era conhecida como alazã tostada e reluzia ao sol, brilhando como uma "opala de fogo" e tão macia ao toque quanto o mais nobre veludo. Seus olhos, castanhos, enormes e sempre irrequietos, revelavam uma parte de sua personalidade de puro-sangue inglês que eu demorei anos para desvendar.

Quando batia as patas dianteiras, de seus 1,66m de cernelha, pisoteando o solo e empinando para demonstrar sua juventude repleta de energia e personalidade, eu, secretamente, o admirava.

E King Lark, por onde passava, estufava seu pescoço de potro, ainda com quatro anos, e relinchava. Era simplesmente maravilhoso!

Muito bem.

Com a ajuda de pessoas queridas, eu havia comprado um cavalo maravilhoso. Era um sentimento diferente do usual. Aquele animal satisfazia o meu EGO. E agora? Eu havia sido corrompida.

Bom! Foi bem evidente o resultado dessa compra, pelo menos para conhecedores do assunto.

Obviamente, porém, eu não estava incluída entre eles! Continuava tão feliz que nem me importava o fato de não conseguir montá-lo.

Entretanto, a lógica e o velho ditado hípico sempre disseram a bons ouvintes: A Cavalo novo, cavaleiro velho e a cavaleiro novo, cavalo velho!

Se eu tivesse um mínimo de bom senso, deveria seguir o velho ditado. E a lógica! Segui a ambos; mas tardiamente.

Desta feita eu aprendi um novo termo hípico: Ė muito cavalo para mim!

Não precisei "cair do cavalo", literalmente, para entender.

Eu simplesmente não reunia as condições necessárias para montar aquele animal majestoso; ou seja, não possuía um nível de equitação suficiente para subir naquele cavalo e fazer aulas com ele.

Nem sequer para conseguir me manter em cima dele...

Afinal, alguém muito, muitíssimo importante já disse, há cerca de dois mil anos, que um cego não deve guiar outro cego.

Ora, se realizar tentativas nesse âmbito não fosse um verdadeiro desastre para o desenvolvimento de ambos, animal e humano, eu diria que cenas dessa natureza chegam a ser, quando não aflitivas, quase hilárias.

Alguém que não eu, precisaria exercitar Kim (o apelido que lhe dei), fortalecer a sua musculatura e, em seguida, iniciar seu treinamento, ensinando a ele todo o necessário, até que ambos estivéssemos, no mínimo, em níveis equivalentes para que eu o montasse. Assim eu pensava. E, é claro, ninguém me desmentiu.

Quanto a mim, se quisesse me aperfeiçoar no esporte, deveria comprar outro cavalo enquanto o aprendizado de Kim evoluía.

Apresentaram-me "Svetaketu".

Calmo, quieto, castrado e já mais velho, Svetaketu tinha 17 anos e exalava tranquilidade através de seus olhos atentos e serenos. Era o contrário de Kim.

Um cavalo mais baixo, com cerca de 1,62m de cernelha, castanho escuro; era ligeiramente mais peludo que o normal, talvez por ter passado muitos invernos rigorosos na Argentina, de onde ele veio.

"Sveta", como ficou conhecido, pertencera a um ginete muito bom e já havia saltado muitas provas altas, até mesmo Grandes Prêmios, quando mais jovem eu não tinha a exata dimensão da abrangência dos detalhes relacionados à negociação de um cavalo de salto; sendo assim, mais uma vez, confiei nos que me auxiliavam e o comprei.

Acredito que até mesmo os que me ajudaram tenham sido enganados pela "campanha" referente àquele cavalo e pela maneira suave e amiga com que a pessoa que o vendera dissera:

— Tranquilo, tranquilo... non para... non bate!!!!

Foi decretada a temporada de aprendizado de saltos e quedas para mim.

Eu fazia aulas de duas a três vezes por semana. Como a nova hípica se encontrava em um local bem afastado, onde havia estradas de terra batida para cavalgarmos, também formávamos grupos e saíamos para "fazer exterior" aos finais de semana, quando então subíamos e descíamos altos e íngremes barrancos a fim de exercitar e muscular os cavalos, caso não houvesse nenhum campeonato. Minha equitação progrediu; mas, King Lark crescia e se musculava mais a cada dia. Enquanto eu aprendia como saltar 1,00m e, posteriormente, 1,10m de altura com Svetaketu, Kim brincava com varas colocadas a 1,00m, depois a 1,10m, em seguida a 1,20m, 1,30m e assim por diante.

Ao final de um ano, ambos participávamos das provas oficiais da FPH (Federação Paulista de Hipismo), mas cada um em sua categoria. E eu ainda não conseguia saltar ou fazer aulas com meu amado Kim.

Todavia, eu, que não reunia conhecimento, prático ou teórico, suficiente a respeito do hipismo, e atravessava um momento muito difícil em minha vida pessoal, decidi, mais uma vez, mudar de hípica.

Eu havia caído algumas vezes de Sveta, que começara a refugar (parar) frente aos obstáculos, quando eu errava a distância até eles, sendo que, após algum tempo, em alguns obstáculos, por culpa minha, ele já refugava mesmo quando a distância estava certa. Esse comportamento de Sveta, aliado ao meu despreparo, quase sempre me levava ao chão.

Concluí que algo havia acontecido com Svetaketu entre sua época áurea e sua chegada até mim. Sua confiança não era a mesma. Em si e no próximo.

Eu soube que ele confiara extremamente no ginete com o qual fizera conjunto em seus bons tempos; contudo, algo havia mudado naquele cavalo e muito!

Quem sabe, eu pensei, as pessoas que o montaram na sequência daquele de quem ele gostava e em quem ele confiava foram quebrando a sua confiança, assim como eu mesma estava fazendo.

Parei de montar Sveta e, como havia mudado para uma hípica grande de São Paulo, comecei a observar todos os conjuntos de cavalos e cavaleiros que montavam nas pistas, agora sob um outro prisma: o dos cavalos.

Foi um longo e produtivo tempo de observações, perguntas, pesquisas e um enorme aprendizado. Passeava pela Hípica, pelas cocheiras, duchas, ferradoria, veterinária, perguntando e me informando sobre tudo que pudesse me ajudar a entender um pouco mais sobre cavalos e o meio equestre. Coisas que não se aprendem em livros ou na escola.

Durante essa busca de conhecimento, definitivamente acolhi os cavalos naquele cantinho secreto onde, até então, cabiam apenas os cães.

Seus olhos e seu comportamento diziam muito mais que a beleza e a harmonia observada em fotografias, exposições, leilões ou quadros famosos expostos em paredes alvas e suntuosas dos Jockeys Clubes.

Seu valor começava a parecer infinitamente maior que o resultado de uma medalha, um troféu ou uma aposta; como um visgo que chegou e tomou conta de mim. E tudo se revelou tão mais doce, tão mais sofrido!

O tempo passava e meu aprendizado sobre cavalos e a vida equestre seguia seu rumo.

Uma amiga e eu fomos ao nono batalhão de polícia de SP e comprei um novo cavalo. Dei-lhe o nome de "Piccolo Coniglio", evidentemente em função de sua altura e temperamento.

Piccolo tinha a mesma altura de Sveta, era mais jovem, mais magro e muito, muito mais alegre. Assemelhava-se de fato a um pequeno coelho, muito disposto a saltar, fosse o que fosse.

Há um ano eu saltava 1,10 m e estava bastante satisfeita com meus resultados até então.

Uma tarde, ao voltar do trabalho, passei na hípica para ver como estavam os cavalos e encontrei King Lark na veterinária. Havia sido chicoteado, durante o trabalho, por sua "rebeldia". Por não se submeter aos comandos do seu treinador, por não entender o que se esperava dele, apanhou a ponto de necessitar de cuidados veterinários.

Mal pude acreditar no que havia acontecido.

Dispensei o treinador, trocando de professor poucos dias antes de um grande campeonato que se realizaria no campo de polo da Hípica.

Péssima decisão para alguém em treinamento e que se encontrava com um cavalo recém-adquirido com o qual nunca havia participado de uma prova. Mas havia sido uma decisão ética e moral. O bem-estar dos meus cavalos era uma prioridade!

Pois bem, o resultado foi que o novo professor decidiu me inscrever com Piccolo Coniglio, na prova de 1,20m, mais alta que aquela a qual eu estava acostumada a saltar, afirmando que o cavalo era muito bom e que eu podia saltar mais alto.

Acreditei nele. Afinal, o cavalo era, realmente muito bom!

E para alguns profissionais, para ginetes ou amazonas que montam bem, para quem possui cavalos muito bons apesar de não montarem bem ou para alguns sortudos, talvez saltar 1,10m ou 1,20m seja a mesma coisa.

Quebrei o nariz em um dos tombos mais fantásticos daquele ano hípico!

O novo professor possivelmente não tenha tido tempo suficiente para notar que eu não era tão boa quanto o cavalo e que não deveria, ainda, ter sido inscrita naquela altura. E eu aprendi a acreditar mais nas minhas intuições que nos meus professores.

Talvez nas provas de hipismo, principalmente nas de salto, além da equitação do ginete e do preparo do cavalo, seja preciso contar com o fator sorte; ou seja, como ambos, cavalo e cavaleiro, se encontram física e emocionalmente no momento da prova, a fim de formar um bom conjunto e conseguir apresentar um resultado satisfatório.

Nem sempre um conjunto que apresenta excelentes resultados numa determinada altura consegue impor o mesmo placar 10 cm acima. É necessário muito treino e, por vezes, exercer a humildade e o retorno à antiga altura, a fim de adquirir mais técnica.

É possível que você, leitor, pergunte por que então não comprar cavalos melhores, cavalos BH ou cavalos europeus? Respondo. Porque nas décadas de 1980 e 1990, quando ocorreu a maioria destes fatos, o hábito, no Brasil, era montar cavalos puro-sangue ingleses comprados nos Jockeys Clubes ou adquirir cavalos de origem argentina ou uruguaia.

Cavalos puro-sangue ingleses e sul-americanos sempre exigiram mais equitação dos ginetes que a maioria dos europeus.

E mesmo atualmente, montando cavalos trazidos da Europa e com uma criação nacional de boa qualidade, alguns ginetes têm sofrido as mesmas quedas de anos atrás, com as mesmas consequências e pelos mesmos motivos; sejam eles, falta de equitação, negligência profissional, problemas financeiros, desinformação técnica, ansiedade, vaidade, prepotência, excesso de ego, arrogância daqueles que sobrevivem apenas de marketing e aparências, ou mesmo por "sofomania" (hábito de achar que sabe tudo). Nossas hípicas estão repletas dessa diversidade.

Por outro lado, tratando de lembrar sobre o "copo meio cheio", desejo e conselho unânime de dez entre dez dos nossos maiores avatares mundiais na luta para a nossa evolução, sejam eles filósofos, religiosos, profetas ou apenas pessoas de bom coração, devemos ser otimistas e imaginar que tudo dará certo, uma vez que as providências necessárias foram tomadas. Ou seja, uma vez que a vitória foi devidamente esquematizada junto ao treinador e arduamente treinada pelo ginete com seu(s) cavalo(s), ele precisa acreditar nela.

O único detalhe esquecido por todos é o imprevisto; aquele detalhe que ninguém espera possa ocorrer e com o qual dificilmente sabem lidar! Nesse momento normalmente se conhece o ginete.

Alguns deles se irritam tanto por cometerem um erro e terem sofrido uma queda que, ao se levantarem do chão dão um soco no nariz do cavalo como se a culpa da sua queda fosse do animal ou pior, como se o cavalo merecesse apanhar em seu lugar.

Outros, mais sutis, esperam sair da pista para "corrigirem" o animal; porém, invariavelmente, é sempre o cavalo a ser castigado pelo equívoco cometido pelo cavaleiro ou pela amazona.

Apesar disso, há também que se ressaltar o fato de existirem bons ginetes, amazonas, bons treinadores e, inclusive, bons criadores de cavalos.

Podemos, eventualmente, encontrar alguns deles nas hípicas, fomentando o verdadeiro bem-estar animal aos que compram seus cavalos e tentando, gradativamente, modificar o pensamento vigente.

Montando Piccolo e tendo sido premiada com uma boa temporada fora do circuito para cuidar do meu nariz quebrado, acabei fazendo uma analogia entre ele e outros cavalos que já montara, podendo assim constatar as enormes diferenças existentes entre cada um deles.

Fatos que eu havia notado anteriormente, foram então, sendo assimilados. Notei que, assim como nós e os cães, cavalos também possuem personalidades completamente distintas uns dos outros e que, estranhamente, se comportam de forma diferente quando estão soltos, quando puxados pelo cabresto, montados por alguém que não pratica equitação e por quem saiba montar.

Percebi que, dependendo da situação, podem apresentar sinais evidentes de "manqueira" sem possuir problema físico algum ou saltar provas sentindo dores, sem demonstrar nada.

Podem perceber quem você é pelo som da sua pisada ao entrar no pavilhão em que estão alojados e até cumprimentar relinchando, recusar um agrado daqueles com quem não simpatizam e morder quando estão bravos com alguém.

Os dias se passavam e quanto mais trabalhava e me exercitava com Piccolo, mais se apresentavam hipóteses para uma definição do problema com King Lark. Baseada nas minhas observações e no que conhecia sobre cães, decidi que uma vez não conseguindo montar King Lark da forma tradicional, me aproximaria dele de outra maneira.

Apesar de garanhão e potencialmente capaz de causar danos físicos, tratava-se de um animal mamífero e gregário; atavicamente deveria gostar de aconchego e afeto. Comecei, pois, a treinar King Lark através de palavras e carinho.

Iniciei minha nova metodologia, aprendendo com o tratador dele, a melhor maneira de levá-lo pela guia, com o mínimo de riscos à minha integridade física e em seguida, também a lhe dar banho, a rasqueá-lo e a escová-lo.

Não é nada fácil a princípio, encarar a exteriorização de tanta força e energia, de tanta natureza contida em um só animal. Conseguir que aquele garanhão me acompanhasse sem tantos escândalos, pulos e manotadas foi um processo que envolveu grande dose de paciência de ambas as partes e muita, muita cenoura.

Passadas algumas semanas, apesar de duas escoriações no braço e o dedinho mínimo do pé esquerdo roxo, consegui. Pequeno pedágio para uma grande causa. O percurso não era o de uma maratona, porém, eu já o levava sem percalços até o redondel para ser trabalhado na guia e de lá até a ducha para um banho.

No mês seguinte, eu me divertia muito dando banho nele e acredito que ele também gostasse bastante da brincadeira.

Rasquear King Lark envolveu um pouco mais de destreza e habilidade, uma vez que ele, ou por cócegas ou por dor, ao chegar na região lombar iniciava um complexo "estilo de dança" envolvendo sapateado e coices que eu precisava driblar sem muitas discussões ou uso de violência à qual os cavalos podem, às vezes, ser submetidos nesse processo. Aprender a escovação foi tarefa simples. Tirei de letra.

Durante essa aprendizagem, o meu respeito e admiração por bons tratadores de cavalos, ao menos pelo tratador de King Lark, aumentou tremendamente.

O carinho com que aquele senhor cuidava não somente dos meus cavalos, mas de todos os outros sob sua responsabilidade no pavilhão, me remeteu a um novo e intrigante raciocínio.

Eu não tinha ideia sobre o quanto os tratadores poderiam se afeiçoar aos cavalos ou se eles chegavam, realmente, a se afeiçoar; mas, e quanto aos cavalos? Convivendo diariamente com os tratadores, acaso fossem bem tratados por eles, certamente se afeiçoariam e muito.

King Lark parecia gostar dele. Não o mordia, apoiava sua cabeça em seu ombro às vezes, e eu percebia que a seu lado se mantinha mais sereno.

Passei a reparar no comportamento dos outros cavalos com relação aos seus tratadores e, finalmente, a ajudar o tratador de Kim.

A cada vez que encerrava o ritual do trabalho e ducha, eu lhe dava um balde de cenouras fresquinhas na mão, cortadas em grandes rodelas, sentada num banco ao lado da sua baia aberta. E enquanto lhe entregava as cenouras, conversava com ele.

Interessante notar, mas esse não é o comportamento padrão, natural na maioria das pessoas que praticam equitação nas grandes hípicas brasileiras. A maior parcela possui o hábito, instaurado há várias décadas, de avisar o horário de sua chegada, montar o cavalo, praticar o esporte e ao findar desse tempo, após desmontar e dar ou não uma cenoura ao cavalo, tomar banho e ir-se embora.

Nada contra os ginetes ou amazonas; mas tudo a favor dos cavalos. Eu mesma procedi assim durante algum tempo ao chegar da pequena hípica de onde vim. E mesmo achando que esse procedimento criava um distanciamento entre nós e os cavalos, admiti que facilitava bastante a prática da equitação.

Precisei de alguns anos para compreender o real motivo por trás desta prática. Ao manter-se distante do animal, você não cria vínculos fortes e ao decidir vendê-lo, também não sentirá saudades ou remorsos. Os cuidados para com ele ficam a critério do tratador e eventualmente, do veterinário e sua equipe. Mas será que apenas ter um animal para a prática do esporte é o que importa? Para alguns, talvez...

Existem muitos sócios nos clubes hípicos que nunca montaram ou que deixaram de montar por um motivo ou outro e até mesmo que, como eu, possuem cavalos que não montam. Isso ocorre por vários motivos. De comerciais a emocionais.

Com o decorrer do tempo e das minhas observações, percebi o *Modus operandi* daquele clube hípico e em algumas ocasiões tentei aconselhar pessoas, que eu acreditava, em meu universo íntimo, serem minhas amigas. Aprendi novas e duras lições a respeito dos seres humanos durante esse processo.

Foi realmente um simpósio sobre quanto o orgulho, a arrogância e a presunção podem jogar contra alguém; desvendar pessoas que normalmente se vitimizam, colocando-se como inexperientes e perguntando a todos sobre tudo, quando, na verdade, não desejam respostas para nada.

Ao final, essa grande aula equestre te ensina que pessoas desse tipo são apenas carentes demais, necessitando ter outros por perto a fim de preencher aquele eterno vazio interior dos que não conseguem conviver consigo mesmos.

Dessa forma, a fim de possuírem circunstantes permanentemente, perguntam tudo a todos, enaltecendo seus egos e fazendo com que os mesmos acreditem estarem sendo ouvidos. Seus interlocutores, por sua vez, na maioria incautos ou despreocupados, deixam-se levar pelo momento e todos se aprazem e se divertem.

Tolos são os que creem nesse engodo e se tornam sua plateia; porém, atualmente, são bem poucos aqueles que ouvem até mesmo a si próprios.

Foi muito triste, aflitivo e incrivelmente desconfortável à época assistir aos atos impensados de uma dessas amizades de mão única, e notar que, após vários imbrólios nos quais se envolveu, esta pessoa reagia com revolta e indignação a princípio. No entanto, posteriormente, demonstrando subserviência travestida de condescendência, retomava o convívio social com alguns dos amigos espertalhões, os mesmos que, com o descaro de sempre, atuavam de forma cativante e arrebatadora no início, para, ao final, demonstrar o seu escárnio costumeiro, amparados por uma oligarquia hermética e hipócrita. O eterno jogo dos que se beneficiam emocional e financeiramente daqueles que se julgam muito espertos.

Para outros sócios, bem poucos infelizmente, o esporte e a esperteza não traduzem o mais importante, e sim a relação criada com o cavalo.

A cada dia, passei a "escutar" mais os cavalos. Não tinha ideia, mas a cada decisão, a cada nova posição tomada, mais próximo do meu refúgio eu chegava.

E Kim se acostumou comigo, ao som da minha voz, e passou a saber quando eu entrava no pavilhão onde sua baia era a última, lá no final do corredor, junto ao quarto de selas. Começava a relinchar bem alto para me dar bom dia ao ouvir o som dos meus passos. E era sempre um ótimo dia.

Ao findar de algum tempo, ele me seguia até o redondel (onde trabalhamos os cavalos sem montar) e, sem que eu precisasse usar a guia, ele andava, trotava e galopava para ambos os lados apenas ao som da minha voz.

Eu estava radiante e Kim parecia muito contente com a brincadeira. Ele nunca gostou de guias!

O tratador de Kim, observando tal modificação no seu comportamento, comentou que talvez já fosse a hora de montá-lo, mesmo que precisasse usar a voz como ajuda. Ao escutar esse comentário eu tive um *insight* e pensei:

Claro! Por que não montar sem ajudas e usar apenas as palavras???

Decidimos que voltaríamos no dia seguinte ao redondel e desta vez eu montaria Kim

A pelo, sem a sela, apenas com a cabeçada e com as rédeas soltas, enquanto o tratador, no centro do redondel, seguraria a guia, também frouxa, apenas para o caso de haver algum problema.

Assim o fizemos. E ao montar, acariciei o pescoço de Kim pela primeira vez ali de cima e disse:

— Paaaasso... .

Quase não cabia em mim de tanta alegria quando aquele garanhão saiu andando tranquilamente ao passo. E assim prosseguiu, ao passo, até eu dizer:

— Trooooote... .

Ele começou a trotar.

Pedi um "galooope" rapidamente, pois ninguém aguenta trotar a pelo.

Na sequência, assobiei para que parasse e pedi para virar, efetuando o mesmo procedimento na outra mão (do outro lado).

Ao descer daquele animal no qual tentava montar há cerca de três anos sem êxito, sentia tanta felicidade que meu coração parecia querer saltar do peito.

Nesse dia, Kim enjoou de tantas cenouras que lhe dei e dos abraços e beijos que tentei lhe dar...

O tratador de King Lark chorou.

A sensação de felicidade que eu senti foi tão grande e me acompanhou por tanto tempo que meu sorriso era largo e nada conseguiu me entristecer por um longo período. Eu havia descoberto como montar King Lark!

Nessa época, iniciaram um torneio no clube, em que cada cavaleiro ou amazona poderia entrar com um cavalo, formando assim um conjunto que disputaria provas mensais, tornando-se campeão aquele que, ao final do ano, acumulasse o maior número de pontos. Era o início da "Copa Santo Amaro"!

Adorei a ideia e me inscrevi com Piccolo Coniglio. Estava muito bem classificada no torneio e feliz da vida com a campanha de todos os amigos nas várias categorias.

Foi a temporada das madrugadas.

Montávamos, uma turma grande, muito cedo; por volta das seis ou seis e meia da manhã, o "Comando da Madrugada" já começava a se formar.

Eu era sempre a última a chegar, pois na época morava nos Jardins e o trânsito me tomava uma hora até os portões da Hípica. Então, praticamente, eu apenas os encontrava quando estavam indo embora...

Mas a ideia do Campeonato havia sido genial! Até que as regras mudaram no meio do jogo e ficou decidido que a cada cavaleiro ou amazona seria permitido participar com mais de um animal.

Muito bem!

Perfeito para aqueles que possuíssem dois ou mais cavalos; perfeito para a tesouraria do clube que receberia mais inscrições; imperfeito e injusto para todos os demais concorrentes que possuíam apenas um cavalo e imaginaram regras iguais até o final do torneio.

Enfim, as inscrições fervilharam e, como eu me encontrava em segundo lugar no ranking, me inscrevi com King Lark também.

Era uma verdadeira loucura. Eu nunca havia sequer feito uma simples aula com aquele cavalo; apenas o montava a pelo, à base de blá, blá, blá. Mas não havia outra saída, nem outro cavalo.

E como diria Julio Cesar:

— "Alea Jacta Est"!

E já que a sorte estava lançada...

Coloquei o capacete que o tratador me deu e, só então, me dei conta que estava montada em King Lark no "paddock".

Oh my... Então reparei que não estava montada no meu Kim. Era em King Lark, o garanhão que eu via chegar na raia relinchando e cujo pescoço crescia um palmo para cada lado ao entrar na pista com os profissionais. E agora ele fazia o mesmo comigo. Escoiceava e corcoveava, ameaçando empinar como um potro chucro.

O dia estava muito quente, o sol estava a pino e eu, que adorava me bronzear, por um curto lapso de tempo imaginei que, ao invés dali, bem que poderia estar placidamente deitada ao sol na piscina do clube, na minha cadeira branca, comendo uma maçã, como era o meu hábito naquele horário.

Não pude prosseguir com aquele devaneio! Kim relinchava e crescia mais a cada segundo e eu já estava tão angustiada que me esqueci completamente que poderia e deveria conversar com ele.

Mas como, se não era ele!?! Não era aquele cavalo que me permitia montar a pelo e seguir conversando com docilidade. Aquele era o garanhão montado pelos profissionais que o saltavam em provas bem mais altas. Era a eles que aquele cavalo se habituara a enfrentar ao entrar num "paddock" e numa pista de saltos, não a mim. Assim como eu não o reconhecia, acredito agora que a energia que eu estava emanando também o estava confundindo naquele momento.

Faltava apenas um competidor para a minha hora de entrar na pista e eu ainda estava dominada pelo pânico; só conseguia lembrar de que aquele, era "cavalo demais para mim".

O sino tocou, era a minha vez. Meu treinador à época percebeu meu desespero e disse apenas:

— Claudinha, fique calma; entre lá e só se preocupe com o percurso. Deixe o resto pra ele. Kim sabe o que fazer.

— Vá com ele!!!

Uma nuvem imediatamente se formou à minha frente naquele momento e eu simplesmente fiquei inerte.

Completamente atordoada, esqueci a pista que deveria fazer. Basicamente eu não raciocinava. Concentrei-me em Kim e em ficar em cima dele, apenas isso. Era somente o que eu conseguia fazer.

E King Lark ganhou a prova!

Eu chorava como uma criança no momento em que recebi a premiação. Não pelo orgulho do primeiro lugar, mas pela gratidão imensa àquele cavalo que fez a pista inteira sozinho, com uma pequena ajuda externa do meu treinador, de quem, em certo momento escutei um berro:

— Pra esqueeeerda...

Eu escutei, reconheci sua voz e virei à esquerda. Sou grata até hoje ao meu treinador e amigo de sempre, Sergio Brandão Gomes, o "Brandão", por esse berro.

Como esse milagre não aconteceria duas vezes, era melhor eu conseguir outro cavalo antes da próxima prova.

Seu nome era Gibraltar. Eu o adquiri ali mesmo na Hípica, de um amigo que também montava e que não havia se entrosado com seus saltos.

Gibraltar, o grande Giba, era alto, bem mais alto que todos os meus cavalos anteriores e mais claro também. Dono de uma pelagem alazã, não se conhecia sua idade, pois sendo SRD, não possuía documentos que a comprovassem.

Seu temperamento era similar ao de Svetaketu. Calmo e sereno, como se nada pudesse incomodar sua paz, ele andava com tranquilidade pelos caminhos de terra repletos de "segredos": galhos, insetos, pássaros, novas plantas e flores aos quais seguia desvendando com seu olfato curioso e seu andar pachorrento, nos longos passeios que fazíamos pelo exterior fartamente arborizado da Hípica.

Gibraltar era tão gentil ao passear que jamais imaginei que seu temperamento pudesse se transformar tanto ao ser exigido fisicamente. Esta foi mais uma dura lição que aprendi no meio hípico.

Participei até o final daquele Campeonato com Piccolo e Giba, classificando-me em segundo lugar.

No ano seguinte entrei em vários outros torneios, me saindo bem na maioria deles. Até que um dia, por acaso, encontrei uma antiga dona de Gibraltar que me confidenciou ter feito uma neurectomia na mão esquerda dele. Isso explicava o fato de Giba não se importar ao bater com as mãos nos obstáculos.

Que perigo!

Em função dessa cirurgia, dos coices e reações imprevistas que Giba começou a demonstrar conforme exigíamos dele mais esforço em pista para saltar mais alto, caí dele duas vezes. Numa delas, quebrei um dedo e na outra oportunidade, a ponta de uma vértebra, o que me levou a passar dois meses com um desconfortável e dolorido colete que me presenteou com a postura de uma princesa da renascença por algum tempo. No entanto, à parte os tombos e o risco que havia corrido de me tornar paraplégica, eu só conseguia pensar em voltar para a Hípica e montar novamente.

Meus familiares e conhecidos próximos estavam atônitos com esse comportamento. Não podiam entender como eu, uma pessoa inteligente, culta e esclarecida, enfim, alguém racional e consciente dos perigos que poderiam advir da prática desse esporte, ainda persistia na ideia de praticá-lo.

Eu própria cheguei a me questionar algumas vezes sobre o motivo de tanto ardor, tamanha paixão por um esporte que, de um momento para outro, poderia me deixar paraplégica ou pior...

Na verdade, eu conhecera pessoas que haviam ficado tetraplégicas, e até mesmo crianças que morreram ao praticá-lo; mas todos nós, todos os que exercemos a equitação acreditando que o fazemos por amor aos cavalos, somos movidos por uma paixão maior, pela necessidade de preencher uma lacuna emocional, algo que transcende o mundo das palavras para entrar na esfera espiritual.

Eu simplesmente ainda não conseguia pensar em parar. Mas fui obrigada a concordar com a venda de Gibraltar, desde que apenas para passeio.

Enquanto eu realizava minhas proezas na área de comportamento animal com Kim, outro profissional da Hípica o montava para que ele obtivesse êxito nos campeonatos; contudo, eu seguia acreditando (o diagnóstico era subluxação sacro ilíaca) que Kim sentia dores na região lombar.

Essa particularidade, unida a alguns fatos ocorridos no decorrer de sua vida hípica, acarretaram, sob o ponto de vista psicológico, o mesmo efeito que eu presenciara nos animais levados para reabilitação e reintrodução na época em que trabalhei na África, e em vários cães que eu havia tratado. Ele não podia ver os aventais brancos usados pelos veterinários e enfermeiros; transformava-se num "cão feroz", pronto para morder.

Depois de algum tempo me lembrei que os veterinários que o castraram em pé e, consequentemente, com o mínimo de sedação, trajavam aventais brancos.

O nome em veterinária para esse comportamento é Síndrome do avental branco!

Pedi para que os profissionais passassem a vir sem os aventais e tudo se acalmou.

Ao ouvir determinadas vozes, Kim colocava as orelhas para trás e se preparava para escoicear; ele, claramente, não gostava dos donos daquelas vozes.

Estava quase sempre irritadiço e ansioso, sendo que nas horas em que eu o tirava da baia para trabalhar, saía do pavilhão tentando empinar ou corcoveando em sinal de revolta por estar sendo montado; mas se acalmava logo em seguida, caso eu pedisse a ele que fizesse uma curva à direita, não seguindo em direção à pista e sim para o exterior, que significava passeio e diversão.

Nessas fugas do trabalho, íamos ao campo de polo, onde podíamos galopar à vontade. Não haviam obstáculos a saltar, nem professores, ninguém. Só nós dois, a grama e o vento.

Kim permanecia calmo e dócil o tempo todo. Após suspender sua participação nos campeonatos de salto, Kim e eu passamos a aproveitar bem mais a hípica. Ele foi me ensinando, dia a dia, como um cavalo gosta de ser tratado; mais que isso, o quanto um cavalo pode demonstrar seu reconhecimento por receber carinho e atenção.

Então, ele começou a se contorcer e refugar sempre no mesmo tipo de obstáculo, em curvas feitas para o mesmo lado, que exigiam mais e mais da sua coluna e da sua lombar.

Desta vez eu mesma fiz o diagnóstico: dor e *stress!*

Não havia mais como me convencerem de que ele não sentia dores e, antes de mais nada, de que não desejava mais saltar provas.

Retirei o concorrente King Lark das pistas de salto, dos campeonatos e passei apenas a passear com o meu cavalo Kim.

Foram os melhores tempos para nós dois naquela hípica. Todos os dias saíamos para o exterior, onde trotávamos, galopávamos e brincávamos. Muitas das vezes íamos galopar no campo de polo apenas com uma manta (o clube não permite que se monte a pelo), e lá eu cantava para ele, que parecia sempre contente. Mas dos dois, era eu quem ficava mais feliz!

Acredito que por pura inércia, por aquele sentimento inexplicável, mais uma vez me vi em busca de um novo cavalo. Porém eu estava cansada de errar, de cometer equívocos e de ser enganada. Não pensar mais como as pessoas que frequentavam a hípica pensavam e como desejavam que eu também pensasse, começava a cobrar seu preço em minhas decisões.

Interiormente, já não acreditava mais em falsas promessas que nunca se concretizavam.

Eu só tinha certeza de uma coisa. King Lark ficaria comigo!

"Dois pés movem seu corpo. Quatro patas movem sua alma!"
(Autor desconhecido)

Como se tivesse sentido uma nova intuição a respeito do futuro hípico de Kim, pedi ao fotógrafo que costumava auxiliar-nos em provas e campeonatos que tirasse algumas fotos minhas saltando Kim, antes que fôssemos embora para King's Ranch definitivamente.

Ele concordou e, numa linda e ensolarada tarde, já ao findar de abril, fomos até a escolinha da hípica; Kim, o tratador dele, o fotógrafo e eu. Tiramos algumas fotos para guardar como lembrança de um tempo e um comportamento que eu estava começando a abandonar.

Para a difícil empreitada, ou seja, a compra do cavalo que seria a minha última tentativa no salto, levei o tratador de Kim comigo. Sim, era arriscado, mas nele eu confiava.

Após um ano de buscas, encontramos um novo puro-sangue inglês, desta feita tordilho, de altura mediana e com uma índole maravilhosa. Contava com seis anos quando o comprei. Eu o vi, gostei e o montei. Lá mesmo no Jockey. Simplesmente assim. Apesar de seu nome de origem no RG, dei-lhe outro. Chamei-o Yucatán. Eu já havia construído King's Ranch e foi para lá que levei a ambos, Kim e Yucatán, sob os cuidados de seu tratador, já que precisava ir aos EUA encontrar um amigo que criava lobos na Flórida e com quem eu pretendia fazer um curso sobre comportamento animal.

Os trâmites legais para a demissão do tratador de Kim pela Hípica e sua contratação como tratador particular apenas dos meus cavalos felizmente ocorreram sem intercorrências, permitindo que ele se mudasse para King's Ranch.

Minha viagem aos EUA se mostrou mais demorada que o esperado. Drago, o cão sobre o qual falarei no próximo capítulo, foi o absoluto responsável por esse e por um outro curso que fiz, além de minha ida à Espanha, para onde fomos em função de um campeonato de Agility.

Entre idas e vindas, demorei cerca de dois anos para retornar aos cavalos. Ambos estavam lindos e muito bem cuidados pelo seu tratador, Sr. Adolfo, de quem me lembro com enorme gratidão e muito carinho.

> *"Se vives de acordo com as leis da natureza, nunca serás pobre; se vives de acordo com as opiniões alheias, nunca serás rico."*
> *(Sêneca)*

É maravilhosa a sensação de não ser esquecida por um animal!!!

Kim chegou na beirada do piquete, me olhou, e em seguida se aproximou, me cheirando as mãos e logo após, o rosto. Parecia um potro quando me reconheceu.

Na verdade, o que eu via mais se parecia com a coreografia de um cachorro do que propriamente com a de um cavalo. Ele escoiceava, corria em círculos, empinava, corcoveava e depois corria até mim, parando bem pertinho e empinando à minha frente! Logo em seguida, fazia tudo novamente! Aquele cavalo havia me reconhecido e estava realmente feliz em me ver!!! E eu também...

Fiquei imaginando quanto tempo um cavalo, um cachorro, um gato ou um animal não humano de qualquer outra espécie guardam nossas faces, nosso cheiro, nossos trejeitos na memória. Não tomei conhecimento de experiências a esse respeito; porém, particularmente, acredito que para sempre.

Mudei-me para o rancho e lá comecei a montar os cavalos e educar os cães que comprei e sobre os quais falarei logo mais.

Uma vez por semana ia a São Paulo, levando comigo um dos cinco cachorros que eu tinha, em sistema de rodízio, como parte do treinamento deles e, nos dias restantes, retomei as aulas de equitação; desta vez, com um amigo que concordou em me dar aulas em King's Ranch com Yucatán, duas vezes por semana.

Foi uma época maravilhosa da minha vida. Tinha a sensação de que felicidade devia ser a vida que eu levava enquanto morava em King's Ranch ou, caso me enganasse, certamente seria algo muito semelhante. Meu amigo se tornou meu instrutor e iniciamos uma sociedade na compra e venda de cavalos, na qual os animais ficariam estabulados no rancho.

Eu cuidava dos cães e dos cavalos pela manhã, corria, nadava, tomava sol, treinava os cães, depois Kim e mais tarde, fazia aula com Yucatán.

Yucatán me presenteou com o que nenhum outro cavalo jamais havia me dado. Era tranquilo e calmo para se montar; além disso, também era confortável, saudável, feliz e gostava de saltar. Eu sentia confiança nele e acredito que o sentimento era recíproco.

Após algum tempo de treinos em King's Ranch, começamos a participar novamente dos concursos e provas hípicas, com Yucatán se saindo sempre muito bem. Muitas vezes, nos treinos, meu amigo trazia seu filhinho que, à época, tinha cinco anos e nos divertíamos muito com os cavalos, os veadinhos, os coelhos, emas, pavões e até mesmo pescando no lago ou aquecendo marshmallows na lareira.

Acredito ter me apegado mais àquele menino do que deveria; após alguns anos, quando paramos com as aulas e a sociedade foi desfeita, não tive mais contato com ele.

Eu nunca tive um filho, mas descobri como é perder um quando terminamos nossa sociedade.

Eu tinha King Lark, tinha Yucatán, tinha Drago, meu cão, e outras cinco cadelas: Crystal, Charlotte, Carmel, Zeta e Gaya, (estas duas últimas, filhas de Carmel). Tinha ainda incontáveis veadinhos catingueiros, além dos outros animais que cito abaixo.

Finalmente, após anos de luta, eu estava colocando em prática o velho sonho de permitir que aquele pequeno veadinho assustado, com suas maravilhosas pintinhas brancas, orelhas ovaladas e lindos olhos amendoados que conheci quando criança, pudesse correr e saltar livremente.

Como era doce e indescritível a sensação de ser aceita entre animais que, normalmente, repudiam humanos!

E lá estava eu, entre Philipa e Dominick, meus veadinhos prediletos, pavões de todas as cores, meu casal de emas, Armand e Marguerite, além de Tumble Down, um lindo e enorme cavalo, tão temperamental, problemático e exausto das pistas de salto quanto os anos de vida que tinha.

Todos precisavam de mim. E eu, desesperadamente deles!

Entrei numa faculdade de Veterinária.

A dúvida entre permanecer apoiando a utilização de cavalos nos esportes ou radicalizar e simplesmente parar de montá-los, foi ganhando mais espaço a cada dia, em minha vida.

É impressionante e inenarrável a sensação de se iniciar uma nova faculdade aos quarenta e dois anos, quando o restante da classe tem apenas vinte.

Se por um lado reinava na turma a disponibilidade juvenil, por outro, o contraste existente entre o tratamento que os alunos dispensavam há duas décadas e atualmente aos professores, seu nível de conhecimentos gerais e falta de disposição para estudar e aprender eram tamanhos que me assustei profundamente.

Foi de grande valia o convívio com aquela turma; agradeço por mais esse aprendizado.

O enriquecimento animal estava em franca expansão no Brasil e ao término do curso, como ainda não constava em nossa grade escolar a matéria "Etologia", optei por esse tema para o meu TCC, uma vez que já havia trabalhado na área por algum tempo na África e pretendia seguir atuando com comportamento animal.

Por intermédio de um maravilhoso amigo e grande veterinário, Dr. Faiçal Simon, de quem nutro muitas saudades, efetuei meu estágio e TCC com tigres, macacos-aranha e lobos guarás em um zoológico particular no interior de São Paulo, que me permitiu colocar em prática a experiência adquirida no exterior. Essa é uma grande recordação e, sem dúvida, um dos maiores momentos com que a vida me presenteou.

Espero estar presente neste planeta quando a ciência confirmar que tigres apreciam e realmente se acalmam ao escutar música clássica.

Um trabalho de quatro meses. Uma conclusão repudiada pela "mesa do júri". Tigres realmente apreciam música clássica, piano, violino e flautas.

> *"Quando o poder do amor for maior que o amor pelo poder, o mundo encontrará a paz."*
> *(Jimmy Hendrix)*

Era um final de tarde ensolarado quando o tratador de King Lark, passando pelo seu piquete, o viu deitado na grama. No alto da colina de King's Ranch, entre tantas outras, eu plantei mais uma Moreia branca. King Lark, meu "Kim", havia morrido.

Com ele se encerrou um capítulo da minha vida, no qual aprendi sobre verdadeiras "almas livres". E foram tantas as aulas!

Eu, inocente e erroneamente, havia experienciado uma tentativa de aprendizado nesse sentido, através da convivência com uma pessoa a qual pensei durante décadas que fosse o exemplo da liberdade.

Não poderia estar mais enganada. A pessoa não era livre e para que eu percebesse o real significado de "Liberdade" demandou o tempo que deveria, porém, muito mais do que eu gostaria. Acredito hoje que liberdade seja uma questão intrínseca.

Kim era, inquestionavelmente, LIVRE!!!

Que me perdoe Olavo de Carvalho em seu belíssimo e imperdível livro "O Jardim das Aflições", cuja leitura recomendo veementemente. Mas estive revendo os escritos de Epíteto, um filósofo estóico, escravo grande parte de sua vida, e me deparei com uma colocação muito mais fundamentada do que eu poderia imaginar.

Para Epictetus ou Epíteto, a felicidade só pode ser encontrada dentro de nós e a liberdade, somente pode ser alcançada se desprezarmos tudo aquilo que não depende de nós.

Atualmente, estou relendo "O Jardim das Aflições".

Vendi "King's Ranch".

Isso parece ter acontecido há um milhão de anos; porém, Kim continua relinchando todas as manhãs para mim e eu continuo cantando a mesma canção.

Trouxe Yucatán para a hípica comigo. Ele estava, então, com dezessete anos. A decisão sobre o dilema cavalos x hipismo foi antecipada com a morte de King Lark; mas eu somente conseguiria chegar a uma conclusão sobre esse impasse através de Yucatán, meu último cavalo, que segue comigo até hoje e a quem prometi deixar de montar naquele momento.

Pensei que haveria muito a falar e explicar sobre os motivos que me guiaram à conclusão que cheguei, mas me espantei ao notar o quão desnecessário me pareceu dar qualquer esclarecimento às pessoas a respeito desse assunto naquela época e mesmo atualmente.

Imaginei-me fazendo uma palestra para uma audiência parte atônita, porém concorde, parte irônica e sarcástica, parte contrariada e agressiva. Então, concluí que em determinadas situações a consciência, o tempo e a experiência nos falam, ensinam e orientam melhor que todos os professores, e que palavras, sejam elas quais forem, não serão ouvidas por alguém cuja mente não se encontrar disposta ou preparada para escutar; que cabe a cada um de nós, ao acordar e abrir os olhos, tomar sua decisão, decisão esta que trará consequências com as quais haveremos de arcar num futuro qualquer.

O fato é que decidi deixar de montar e, doravante, passar a discordar da utilização de cavalos para finalidades desportivas, apoiando sua utilização apenas como meio de transporte em áreas rurais, como auxiliar em trabalhos agropecuários e na equoterapia, sem deixar de conscientizar aqueles que passassem por mim e questionassem, mesmo que apenas vagamente, a respeito.

Alguns anos mais tarde, talvez eu escrevesse um livro.

> *"Ao estudar as características e a índole dos animais, encontrei um resultado humilhante para mim."*
> *(Mark Twain)*

Hoje faz muito frio em São Paulo, onde vivo atualmente. Acabo de chegar da hípica, onde está havendo um grande evento neste final de semana. É mais um aniversário de existência de um local que respira vida e nos permite aproveitar de seus campos, de suas árvores frondosas e de seus estreitos caminhos de terra batida que a circundam, por onde podemos andar a pé respirando de seu verde ou passear com os cavalos, como se estivéssemos numa floresta. E isso tudo, há mais de oitenta anos, bem no centro de São Paulo.

Em meio às minhas reflexões, imagino por quantos anos ainda existirão clubes hípicos.

Cerca de mil e trezentos concorrentes, entre jovens e adultos, homens e mulheres, se inscreveram nas várias possíveis provas hípicas, entre salto clássico e adestramento, que ocorrem durante estes dias.

Há muito envolvido em algo que aparenta ser apenas mais um show. É uma disputa justa, dizem as amazonas, uma vez que, dentre os esportes olímpicos, o hipismo é o único que permite a ambos os sexos competirem em absoluta igualdade de condições e sem limite de idade.

Montados em seus cavalos (verdadeiros ou imaginários), tal como D'Artagnan, Zorro, Dom Quixote ou El Cid, os concorrentes competem por seu esporte, por suas verdades, por suas paixões, por dinheiro e fama, por suas guerras internas, por seus egos.

Alguns, com olhar brilhante e casacas vistosas, exibem aos seus espelhos, aos seus pares, ao público ou à mídia troféus obtidos através do suor de ferraduras gastas e andaduras sofridas. Outros, com olhar já distante e botas surradas, distribuem a esmo, sem qualquer orgulho ou vibração, estes mesmos troféus já sem preço ou valor.

Seguem, porém, todos montados, sempre!

Se por paixão, por ego, por necessidade, por vício ou por inércia, difícil identificar. Mas seguem montados.

A princípio, trazendo à mão estratégias certeiras para a sua própria felicidade ou para o sucesso daqueles a quem instruem, cobertos de verdades absolutas para uma guerra na qual todos sofrem conquistas e derrotas, sucessos e fracassos que deveriam lhes auxiliar no desenvolvimento emocional, psíquico, espiritual e até mesmo financeiro. No entanto, com raras exceções, desenvolvem chances mínimas de vencer a batalha contra si mesmos.

Em sua maioria, acabam por atuar no palco nada ingênuo de manobra da própria espécie, arte nem sempre sutil a olhos cansados de tanto observar o jogo travado entre os que acreditam que tudo podem e aqueles que se creem sabedores de tudo. Sempre mais do mesmo.

Pessoas que, com o passar do tempo que a tudo desvela, colherão o fruto de sua semeadura quase sempre insensata, de suas estratégias e de seus objetivos iniciais repletos de palavras nobres e grandes que se tornarão torpes e pequenas pela estrada.

Outros, recém-chegados, são recebidos com champagne e aplausos. Verdadeiro grupo de "bois de piranhas" a se afogarem lenta e gradativamente num pântano sem retorno, pois que na bagagem também lhes pesa o ego, e que a cada verão passado sobre a sela de um cavalo, mais se acomodarão à maravilhosa sensação de bem-estar proporcionada por esses animais. Eventualmente, sentindo mais felicidade e menos gratidão para com o verdadeiro responsável por esses incríveis momentos.

O cavalo, aquele a quem se deve agradecer por esses maravilhosos instantes de felicidade, será trocado por outro, assim que o estágio do ginete solicitar. É a regra do jogo.

Ele será trocado por outro, a pedido do novo treinador que, aliás, provavelmente já estará substituindo o antigo treinador, que não satisfazia mais as necessidades do ginete e assim por diante, sucessivamente.

Se o cavalo for jovem o bastante ou bom o bastante apesar da idade, será vendido a outra pessoa e depois a outra, e assim também ininterruptamente, até que, por velhice, acidentes de trabalho, ou morte, possa descansar.

Resumindo, a exemplo de como ocorre nos relacionamentos humanos, o Homem-bicho ou talvez o ainda "bicho-homem" que se autodenomina "ser humano", espera que suas necessidades sejam supridas; caso isso não ocorra, ele troca de parceiro. Simplesmente o descarta.

A intolerância e a impaciência para com as falhas e dificuldades alheias está alcançando índices inacreditáveis na atualidade, fato que se reflete diretamente no descarte habitual cruel e impensado de seres viventes sencientes, sejam eles cães, gatos, cavalos ou humanos.

Vivenciamos uma tônica extremamente materialista neste planeta atualmente. O homem acabou por tornar a si mesmo um objeto, vendo também o próximo como um objeto, como se este não tivesse essência, uma identidade que precisa ser manifestada.

Negligentes para com o controle dessa identidade, alguns indivíduos permitem que outros invadam sua psique, modificando paulatinamente suas determinações e antigos objetivos.

A dúvida entre manter ou não um cavalo que não fornece o retorno financeiro esperado passa a ser cada vez maior. Após alguns meses, uma definição torna-se inadiável e a decisão tomada é, quase sempre, a de vender o animal. Solução tomada e continuamente alardeada como "muito triste" e muito difícil. Bem poucos estão dispostos a pagar tanta dívida emocional para com um animal com um pouco de sacrifício financeiro.

O corriqueiro nesse mundo equestre, caso o animal não disponha de documentos que comprovem idade ou uma conhecida campanha hípica, é a supressão automática de alguns dos anos de sua idade que, normalmente, ultrapassam uma quinzena, a fim de aumentar o preço na negociação do "animal amado". Esse comportamento faz parte do *Modus operandi* dos tutores, no dito percurso do seu desapego ao antigo animal.

É admirável a quantidade de ocorrências das ditas "extremas tristezas", seguidas da imediata comercialização dos cavalos, caso o ginete precise; para não falar daqueles(as) proprietários(as) que adiam indefinidamente a aposentadoria dos seus "amados" cavalos, mesmo que estes nem consigam mais andar, tão doloridos e mancos devida à extensa vida útil que todo esse "Amor" lhes causou! São muitas e de muitos estilos as personalidades narcisistas e manipuladoras que podemos encontrar em qualquer esquina, mas que, em locais fechados como uma hípica, podem fazer muito mal aos sócios mais crédulos. Estes em função de suas carências ou pura desinformação, se deixam levar por eles e suas tradicionais "campanhas de marketing", preparadas ardilosa e determinadamente de forma bastante contundente.

Sim, há casos em que o cavalo é valorizado emocionalmente e não apenas financeiramente, conseguindo ser visto como o ser que realmente é.

Nessas escassas situações, quase uma utopia, o tutor, apesar do gasto mensal, mantém o cavalo na hípica ou em locais no campo, adquirindo outro animal necessário à evolução de sua equitação.

Trata-se aqui de uma pequena minoria, na qual eu mesma precisei de algum tempo para me inserir, pois, para tanto, foi necessário adquirir uma nova consciência.

Formatar um estratégico plano de trabalho e acabar decidindo pela construção de um rancho foi uma consequência natural, após o choque de realidade que me colocou diante de um espelho que refletiu bem mais do que eu esperava ver: A verdadeira realidade do mundo equestre.

Criado há centenas de anos, esse nicho do mercado de trabalho auxilia muito a bem poucos, na verdade. Ao menos no Brasil, já que fora daqui, na Europa, em função do nível cultural da população, não se encontra mão de obra disponível para o trato dos animais, circunstância que deveria fazer com que a maior interatividade entre ambas as espécies trouxesse como consequência maior respeito. Essa escassez de mão de obra se estende aos EUA em geral, exceção feita aos grandes centros.

Sendo assim, ginetes e amazonas europeus e americanos ou cuidam pessoalmente de seus animais ou, em casos específicos, dispõem de uma equipe multidisciplinar para tal.

Logo, auxiliar a classe trabalhadora não é exatamente a prioridade desse esporte.

Voltemos ao Brasil, onde, por força do descaso com a educação, que mantém europeus e americanos distantes de serviços braçais, é farta a mão de obra braçal, material barato para esse e outros tipos de trabalho.

Recebendo o salário mínimo nacional, homens — pois nunca vi mulheres serem contratadas para trabalharem como tratadoras de cavalos nas hípicas nacionais — cuidam diariamente de cerca de uma dezena de animais, número normalmente existente de cavalos estabulados em um pavilhão hípico.

Complementam sua renda com uma "caixinha" dos sócios, donos desses cavalos, como se esse hábito fosse um favor ou espécie de acordo beneficente por parte dos citados sócios.

São, por vezes, mantidos nesse mesmo trabalho por toda uma vida, sem vislumbrar qualquer melhoria em termos salariais ou esperança de um verdadeiro reconhecimento por parte de seus contratantes ao término dessa longa jornada.

À parte os realmente necessitados, a seguir podemos vislumbrar uma lista de eventuais beneficiários em ordem crescente: fornecedores, lojas e restaurantes no interior das hípicas, equipes veterinárias internas e contratadas, juízes e narradores de concursos, as hípicas e seu corpo administrativo, federações hípicas estaduais, federais e, claro, os comerciantes de cavalos que, no caso, pode se tratar de amadores, profissionais do esporte ou criadores, o marketing envolvido em cada campeonato e, assim por diante.

Eu diria que este é um nicho e tanto para os envolvidos e que, cada um deles, certamente defenderia e lutaria ferrenhamente a fim da manutenção do seu quinhão nesse latifúndio equestre, e mais intensamente ainda pela conservação desse *Status quo.*

Ah, sim. Falávamos sobre cavalos, não é mesmo?

"Não importa se os animais são incapazes ou não de pensar. O que importa é que são capazes de sofrer."
(Jeremy Bentham)

É preciso acordarmos para notar que seres humanos inteligentes e sencientes não devem tratar outros seres, também inteligentes e sencientes, como inferiores, apenas por serem de outra espécie. É nosso dever perceber o quanto esses nossos amigos fraternos estão necessitando do auxílio de um "tutor" para sua sobrevivência, pois eles se encontram fora do seu contexto de vida natural, da vida em que deveriam estar e da qual foram retirados por nós, *Homo sapiens sapiens* que nos catalogamos como superiores e mais inteligentes.

Os donos do planeta Terra!

E dizemos que precisamos deixar um planeta melhor para os nossos filhos!

"Acredito no desconhecido que disse devermos deixar filhos melhores para este planeta."

Jeremy Bentham, o filósofo responsável pela última frase de destaque, bem coloca, e acredito que valha a pena ser lida no livro "Introdução aos direitos animais" escrito por Gary L. Francione, sua opinião a respeito de liberarmos ou não os animais do cativeiro em que se encontram.

A explanação de Gary sobre o tema "Tratamento humanitário", tão utilizado em retórica pelo grupo ligado ao bem-estar animal, dispõe, em linhas gerais, a necessidade de se aplicar o princípio de igual consideração aos interesses humanos e animais. Afinal, animais possuem o direito intrínseco, assim como nós humanos, de não serem tratados como COISAS.

Seguindo a teoria de Bentham, Peter Singer, autor de "Libertação Animal", vem colocando pontos brilhantes; contudo, segundo a dedução de seu relato efetuada pelo autor Francione, a falha de sua teoria, provavelmente esteja em manter os animais sob nossa propriedade.

Mas, sugerindo novamente essa leitura, coloco aqui o debate sobre a dificuldade em se contra-argumentar essa colocação.

Sob um prisma geral, no entanto, aceitamos o fato de que devemos manter um tratamento humanitário para com os animais e que neste princípio está incluso o de igual consideração, uma vez que seres humanos sencientes não desejam sofrer de forma alguma, há que se crer, tampouco os animais não humanos!

Então, é nossa obrigação evidente, aceitar que aos animais cabe receber algum tipo de proteção ao seu interesse, moralmente significativo, em não sofrer.

Por mais que pareça estar fornecendo um tratamento adequado a um animal, caso você o esteja utilizando para o seu deleite e ele, por estar contido, esteja sofrendo de alguma forma, física ou psicologicamente, pense melhor nessa equação.

Qualquer tipo de relacionamento no qual um dos envolvidos sofre não é um relacionamento saudável, a menos que seja uma relação sadomasoquista consensual (o que, decididamente, não é o caso).

Um cavalo, assim como um cão, um gato, ou qualquer outra espécie animal que seja mantida sob os cuidados de um tutor, é inteiramente dependente dele. E todo ser inteiramente dependente acaba por se afeiçoar ao seu tutor — vide seres humanos sequestrados x síndrome de Estocolmo.

Trocar de tutores, bem como de tratadores várias vezes no decorrer da vida de um cavalo, talvez não seja adequado psicologicamente, assim como não o seria para cães, gatos e outros tantos animais, incluindo aqui o ser humano.

E foi justamente esse pensamento que me incomodou, fazendo com que eu abrisse os olhos para o que estava acontecendo.

Tudo bem que assistir a um grupo de pessoas nuas invadindo a pista durante uma temporada internacional a fim de chamar atenção para o tema seja um tanto desconcertante e, possivelmente, sem grandes possibilidades de êxito em seu intento.

Mas foram pequenas associações que passei a elaborar com o decorrer do tempo, enquanto me deparava com situações que não me agradavam e que, em algum momento, me provocaram um *insight*.

Por um instante me recordei de um fazendeiro que conheci em Nairóbi, no Quênia, que me contou ter sido um ótimo caçador de leões em sua juventude.

Ele formava e liderava grupos de europeus e americanos que iam à África apenas com a finalidade de retornarem às suas casas com um belíssimo troféu de caça. Animais constantes do grupo "Big Five" (leão, leopardo, búfalo, elefante e rinoceronte) eram suas presas. Depois, quando as caçadas, finalmente, se tornaram ilegais, ele — não se sabe, se por uma questão moral ou legal — se tornou ambientalista e fazendeiro no mesmo local. Sua nova proposta condizia com as regras legais e ele seguia as leis com muita convicção, demonstrando até mesmo remorsos ao ver tão próxima a extinção de espécies animais às quais tantas vidas ele, pessoalmente, havia ceifado.

Fazendo uma analogia com esse caso, pelo menos eu não havia agido de forma consciente ou proposital.

Bem... a princípio essa convicção é reconfortante. A linha de raciocínio atenua, porém não justifica!!!

No entretanto, mesmo de uma maneira tortuosa e *de per si* já vagarosa, o ser humano evolui. Pode até estacionar por um tempo; porém, não retrocede em seus aprendizados.

Como a natureza não dá saltos, finalmente abri os olhos. E minha consciência se encarregou de não me permitir mais voltar atrás.

Quando imaginei cães, como cada um dos "meus cães", tão apegados a mim, aos quais amo como sendo da minha família, sendo vendidos para outra pessoa, sofrendo a minha falta e demorando sei lá quanto tempo para se apegar a ela, e sendo, após mais alguns anos, novamente vendidos e assim por diante, uma horrível sensação de angústia se apossou de mim e nunca mais me abandonou.

A maioria dos cães perderia sua referência emocional, teria problemas para criar novos laços afetivos, como ocorre com crianças adotadas e que são, eventualmente, devolvidas. Assim como certamente ocorreu com seres humanos durante o tempo em que estivemos sob o período da escravidão.

Animais domésticos cujo contato com determinado ser humano foi intensificado adquirem muitos dos hábitos dessa pessoa, de sua personalidade e até mesmo de suas doenças, sejam elas de ordem física ou psicológica; mas, principalmente, se envolvem emocionalmente.

Retirar esse animal do convívio da pessoa à qual esteja acostumado, de sua rotina, de sua alimentação regular e de seus outros referenciais significa submetê-lo a um aumento de *stress* que acarretará diferentes desequilíbrios, mormente na área emocional que, eventualmente, se manifestarão na esfera corporal. E por que isso não aconteceria a um cavalo?

Cavalos são cães grandes. Grandes demais para ficarem no colo, dormirem em nossa cama, passearem de carro conosco, para serem chamados de pets. Contudo, a diferença entre eles continua sendo apenas o fato de serem grandes. Mas esses grandes cavalos, tanto quanto baleias ou elefantes, possuem os mesmos sentimentos, dores, prazeres e emoções que você.

Demonstram claramente essas suas vontades, seus sentimentos e dores àqueles que os observarem bem, que estejam interessados neles.

Mostram seu desejo de afagos e toques, inclusive em graus de sua necessidade; expressam seu prazer em ter companhia, demonstrando inclusive, formas de entrosamento social logo no primeiro encontro.

Manter a tutela de um cavalo sendo usado como uma máquina, para ser vendido várias vezes seguidas, com ou sem vínculo de ordem emocional, seja por desinformação, seja por negligência, causará nele o mesmo vazio psicoemocional existente nos orfanatos da cidade, nos canis da prefeitura ou nas fábricas de pets.

Guardadas as devidas implicações, o resultado sempre trará problemas de ordem física e emocional para o animal, problemas estes que irão se refletir nas pistas, sendo em seguida, consequentemente, cobrados pelo ginete.

Trata-se então, simplesmente, de pensar no bem-estar não somente físico, mas também emocional dos cavalos. A isso se dá o verdadeiro nome de BEM-ESTAR animal!!!

E aqui, realmente é indispensável ressaltar o comentário a respeito da ambiguidade e desfaçatez com que se utiliza comercialmente o termo bem-estar animal. Da forma com que, por intermédio de terminologia e retórica bem elaboradas, o animal, particularmente o da criação industrial, passa a ser melhor tratado.

Contudo, essa "melhora" no trato do animal é efetuada, basicamente, visando a fins comerciais muito mais que ao próprio animal, uma vez que este animal morrerá em seguida.

Eu estava no terceiro ano da faculdade de veterinária e, apaixonada que sempre fui por animais, decidi viajar até o sul do país, a fim de assistir a um seminário sobre o famoso bem-estar animal, o qual seria proferido por uma sumidade no assunto.

"Enquanto houver matadouros, haverá campos de batalha."
(Leo Tolstoy)

Estava muito ansiosa por aprender novas e interessantes técnicas que eu pudesse vir a utilizar futuramente para a melhoria na qualidade de vida dos animais. O resultado seria mais um baque para ambas: minha inocência e minha ideologia.

Precisei comparecer a mais dois seminários sobre o mesmo tema para, enfim, acreditar no que havia assistido no primeiro.

Particularmente, caso eu fosse um boi de corte, um belo leitão, um frango de leite, até mesmo uma galinha poedeira, ficaria extremamente preocupada ao receber as melhorias implementadas sob o título de bem-estar animal; seria o sinal iminente de que minha morte estaria próxima.

O termo bem-estar animal e interesse econômico caminham lado a lado. A implementação desses itens têm como alvo não o verdadeiro bem--estar do animal, mas sim, atuar de forma a que este animal, ao morrer, satisfaça melhor os desejos do público-alvo e a continuidade dos ganhos econômico-financeiros do comércio de carne animal.

A demanda por carne de gado e de leitões mais macias e suculentas foi, provavelmente, o estopim para o uso deste termo como estratégia de marketing pela indústria de carnes.

E pasme: aparentemente esse estratagema, baseado no fato de que "o cliente tem sempre razão", surgiu em Upsala, na Suécia, um dos países tidos como mais evoluídos do mundo.

E a explicação é bastante simples.

Não sofrendo tanto *stress* pelo excesso dos maus tratos habituais, os animais se tornam mais calmos, não enrijecem sua musculatura e desta forma, ao serem abatidos, fornecem a solicitada carne mais tenra e macia.

O mesmo se passa com relação aos ovos das galinhas poedeiras que se tornam melhores e postos em maior quantidade, apesar do sofrimento imposto às galinhas para que isso ocorra.

A versão colocada pelos que utilizam o termo é, resumidamente, a de que estão fornecendo melhor qualidade de vida a esses animais. Não é uma inverdade, mas carrega consigo uma afirmação falaz.

Contudo, se o preço que esses animais pagam por receber esse bem-estar é a morte, se pudessem, certamente, eles escolheriam um outro programa. Você não?

> *"Eu não como animais. Eu não consigo digerir a agonia."*
> *(Arielle Dombasle)*

Pessoalmente, prefiro deixar para me aprofundar nesse tema em outra oportunidade e aconselhar ao leitor que procure investigar esse assunto por conta própria, caso tenha curiosidade e interesse.

O combate aos maus-tratos habituais contra animais não humanos tem avançado muito lentamente. A lei promulgada em 2020, sob o nº14064, conhecida como "Lei Sansão", prevê pena de até cinco anos de prisão aos criminosos infratores; no entanto, abrange apenas maus-tratos a cães e gatos, deixando à margem todas as demais espécies como as silvestres, cuja pena máxima ainda é de apenas um ano de prisão e, principalmente, aves, porcos e bois, ou seja, os modelos conhecidos como sendo de criação industrial intensiva.

Na verdade, a visão aceita e cultivada é de caráter antropocêntrico, na qual os animais são vistos como "coisas" e existem apenas para prestar serventia aos homens.

Mesmo com a extensão das medidas de bem-estar animal que agora atingem animais de esporte, estas são implementadas visando ao melhor desempenho animal e não, verdadeiramente, ao seu bem-estar.

Essa visão necessita ser modificada. É preciso que a sociedade aprenda a ver e conviver humana e civilizadamente com todos os animais e não somente com aqueles aos quais decidiu enquadrar na ordem dos "pets", ordem esta que fornece uma espécie de salvo conduto a uma categoria criada pelos próprios humanos que definiram, aliás como sempre na história, quem deve ser tratado como um ser senciente, com direitos e os que não devem ter direito algum.

Se Darwin, em sua teoria evolucionista, assim como em sua perspectiva pessoal, acreditava firmemente não haver diferença fundamental entre o homem e o mamífero superior quanto às suas faculdades mentais, alegando igualmente que estas ocorriam apenas em questão de graus e não de gênero, como ser permissível tratá-los de forma tão diferente? Por que colocá-los em categorias morais distintas? Por que as mesmas regras de um não podem ser utilizadas para os outros?

Existe um grande debate a respeito disso, e sugiro a leitura, além das outras obras mencionadas, de "Os animais têm direitos?" — Perspectivas e Argumentos — brilhantemente organizado e traduzido por Pedro Galvão.

Desta forma, você, leitor, poderá tirar uma conclusão própria, sem influências externas, a partir de informações verdadeiras e corretas acerca do assunto.

> *"Os animais são meus amigos, e eu não como meus amigos."*
> *(George Bernard Shaw)*

Cães e gatos, como já dito, são considerados pets, não integram o cardápio alimentar da maioria dos seres humanos.

Você tem um pet? Um cão? Um gato? Um porquinho? Um peixinho? Você o ama? Se você ama esse animal, por que come um outro? Ele poderia ser o pet do seu melhor amigo.

Se tem certeza de que esse animal que convive com você sente dor, frio, tristeza, alegria, amor, medo e, inclusive, pressente suas emoções, como imagina que os outros sentem?

Já pensou que porquinhos, bezerrinhos, ou até mesmo peixes e pintinhos com suas mães galinhas, podem ser e sentir da mesma forma que esse com o qual você convive?

Converse então com alguma pessoa que conviva com um deles, como você faz com o seu, e tire a prova por si mesmo. Qual a diferença entre as duas escolhas? Qual desses animais merece ser tratado como pet? Qual merece ser abatido e comido?

Esse que você, instintivamente, aceitou na sua família, chama de filho e a quem diz para não se preocupar porque "mamãe" ou "papai" volta logo?

Relembre agora que há milhões de anos, primitivos que éramos, seguindo nossos instintos animais e usando, basicamente, da nossa observação que assistia a mamíferos alimentando-se de mamíferos, sem o uso de inteligência, cultura, agricultura ou tecnologia, a humanidade necessitava de carne para sobreviver. Atualmente não precisa mais. E pelos mesmos motivos.

Dispomos de inúmeras fontes de proteínas que poderiam facilmente substituir a carne animal; todavia, esta é uma seara complexa demais para ser tratada neste momento, mas que merece muito carinho e atenção de todos nós, os humanos.

O homem precisa deixar essa visão antropocêntrica atual e acatar uma percepção onde ele, o ser humano, utilizando ao menos uma pequena parcela de sua capacidade mental, e os animais não humanos vivam em harmonia neste planeta, com a igualdade moral que possuem.

Animais "não humanos" não são objetos de decoração ou de satisfação, como já colocado, existentes apenas para o bem-estar do animal humano!

Por pensar dessa forma, atualmente, procuro averiguar individual e presencialmente a vida de quaisquer animais à minha volta, aos quais alguém pretenda implementar itens de melhorias de bem-estar animal.

Eu, particularmente, me oriento pelo tema "Enriquecimento Ambiental" criado, como já dito, para ser aplicado a animais silvestres e exóticos, em sua maioria de zoológicos, a fim de evitar o excesso de ansiedade e seus demonstrativos como o "pacing" (andar ou balançar a cabeça de um lado para o outro da jaula). Eu aplico o enriquecimento ambiental a qualquer animal, até mesmo aos humanos.

O estudo e aplicação do caso é um tanto complexo, pois trata-se de retornar às origens do animal, da espécie em questão; porém, isso deve ser feito individualmente, já que cada cão, cavalo, gato ou qualquer outra espécie será um indivíduo único a ser considerado em seu habitat. Trata-se aqui de se utilizar o antigo conceito conhecido como "Umwelt", de Jakob von Uexküll, pioneiro da etologia, anterior a Konrad Lorenz.

Um tanto trabalhoso, mas extremamente recompensador e gratificante.

Conversando sobre hipismo, este, enquanto esporte, foi incluído permanentemente em Olimpíadas a partir dos jogos de Estocolmo, em 1912, com as modalidades de salto, adestramento e cross-country.

Acredite! A crueldade animal também alcança os Jogos Olímpicos.

Nos jogos de verão de 2020, a treinadora de uma atleta perdeu a compostura e deu um soco em um cavalo em público.

Nas últimas Olimpíadas (2022), um cavalo foi sacrificado conforme meu relato a seguir, causando debates sobre ética nas provas equestres.

Em se tratando do hipismo, uma vez envolvidas nesse esporte, raras serão as pessoas que poderão contestar, a menos que sejam muito ingênuas e recém-chegadas nesse nicho esportivo, o fato de já haverem presenciado a utilização de artifícios pouco recomendáveis sob o ponto de vista moral e ético, com a finalidade precípua de forçar um cavalo a saltar obstáculos ou efetuar determinado exercício.

A prática da crueldade animal está se tornando tão permissiva que, na atualidade, alguns ginetes sequer enrubescem ao exercê-la publicamente; praticam-na sem o menor resquício de preocupação, seja por moral, por ética, profissionalismo, vergonha ou simplesmente medo de uma eventual punição.

Utilizar a força bruta ou artigos que, eventualmente, possam ser descritos como de tortura, até machucar física ou psicologicamente um cavalo, lhes parece ser um comportamento normal e aceitável.

Alguns praticam atitudes adquiridas, talvez, por falta de limites em sua própria infância e adolescência ou, ainda, por se haverem esquecido da importância existente para com o próximo e para consigo mesmo, na palavra RESPEITO.

É intrigante e bem oportuno, eu diria até mesmo fundamental, citar que as pessoas mais empenhadas em corrigir os cavalos desta forma, são justamente aquelas que deveriam ser extremamente gratas aos animais que golpeiam e ferem cruelmente sem culpa ou clemência. São esses cavalos que lhes permitem sustentar a casa, a família e lhes fornecem todos os seus momentos de glória.

E o que se dirá então de cavalos atletas, já em idades limítrofes para voltar a competir em campeonatos mundiais, sendo sacrificados em plena competição, após terem sofrido lesões que os deixaram mancos, sem, talvez, poder atender futuras expectativas do ginete ou de seus donos? E isso, nos Jogos Olímpicos!

Mas, os mesmos fatos absurdos acima relatados foram divulgados mundialmente pela mídia de forma suave e expostos como possuidores de caráter completamente diferente.

Para além do que alguns dos sócios de um clube hípico possam desejar lembrar, recordo-me de uma prova na qual um ginete, bem grande e forte por sinal, também deu, à vista de todos, um soco no focinho da sua égua em plena pista, o que, por pouco, não a tirou de combate; mas a fez cambalear.

Esse fato se deu há cerca de trinta e cinco anos; eu jamais esqueci a cena, nem o nome da égua. Ela se chamava Geraldine!

A rotina nessa prática e pior, na aceitação desse tipo de comportamento por parte dos que a eles assistem, reflete a conivência quanto à inversão dos reais valores de fundo moral e ético de um local. E, principalmente, reflete a tendência em acatar o "especismo" de um forte e poderoso grupo, atuando sob a égide de nações cujos povos se adaptaram a ter suas leis desrespeitadas por absoluta negligência quanto à punição daqueles que as descumprem.

O problema do "especismo" alcança ainda mais relevância quando damos maior valor a interesses menores de membros de nossa espécie, concorrendo com interesses maiores de membros de outras espécies.

As questões às quais me refiro neste livro expressam, infelizmente, o citado acima.

Colocando-se lado a lado, por exemplo, os interesses do *Homo sapiens sapiens* X *Equus caballus*, verificamos com facilidade que damos mais peso aos nossos "hobbies" e futilidades que às necessidades básicas desta outra espécie, como as de não sofrer dor, perder a liberdade de movimento ou, principalmente, perder a própria vida.

Na sua grande maioria, a humanidade prefere manter-se ligada a uma cultura medieval, criada há centenas de anos, cultivada no preconceito e na crueldade da época, a ter que fazer um mínimo de esforço a fim de reestruturar um conceito equivocado e obsoleto, optando por permanecer em silêncio, fingindo ignorância. E o fazem talvez por conveniência, talvez por facilidades econômicas, ou apenas por preferir se esquivar da responsabilidade advinda de um raciocínio lógico, ético e moral.

Creio que, atualmente, a grande maioria das pessoas já ouviu falar de equoterapia. Criada e infundida a fim de utilizar cavalos, (como já se utilizavam golfinhos e outros animais) para auxiliar crianças ou mesmo adultos, na maioria com problemas mentais, em sua recuperação ou tratamento.

Pois bem. E se parássemos apenas alguns minutos para chegar à conclusão óbvia de que montar, praticar qualquer tipo de esporte equestre, por si só, já é exemplo do exercício de equoterapia, e que aqueles que os procuram estão inconscientemente em busca do resultado desse tratamento?

Assisto estupefata ao debate interminável entre alguns biólogos e filósofos internacionalmente proeminentes que, através do lançamento sequencial de best sellers, permanecem numa eterna discussão que não chegará a lugar algum, a respeito do tema sobre Direitos Animais.

Aparentemente, entenderam como as coisas são e estão se adaptando a elas. Há mais de uma centena de anos renomados cientistas escrevem, debatem e colocam em discussão para outros seres humanos, o óbvio.

Será tão complicado, tão difícil assim, compreender o fato que já se encontra cientificamente comprovado de que animais sentem como nós?

É tão distante da realidade ególatra dos seres humanos ditos normais introjetar que seu cachorro ou seu gato, assim como seu cavalo, papagaio, tartaruga ou peixinho dourado possa sentir tanta dor, alegria, tristeza, raiva, medo ou nojo quanto eles próprios?

Já não basta ao ser humano se acreditar o único ser vivo capaz de habitar o universo inteiro? É preciso ser o único a sentir dor, alegria, felicidade ou qualquer outra emoção ou sentimento também?

Reunindo apenas um pouco de raciocínio e boa vontade, chega-se à conclusão básica de que animais não humanos são melhores que a nossa espécie em muitos pontos inquestionáveis.

Nenhum ser de nossa espécie consegue correr mais que um cachorro, um cavalo e, principalmente, do que um cheetah (guepardo), que alcança facilmente 120km/h.

Nenhum ser humano possui olfato ou audição tão apurados quanto a grande maioria dos animais não humanos.

Nenhum ser de nossa espécie voa, caro leitor. E quantas centenas de milhares de espécies diferentes de pássaros existem por aí? Voando e, pior, cantando suas lindas canções e se comunicando através delas. E se eu enveredar pelo caminho de animais não humanos que possuem a habilidade de se locomover de forma muito mais elaborada que a nossa como golfinhos, baleias e até mesmo macacos pulando de galho em galho, coisa que aliás nós humanos (à exceção de Tarzan, é claro!) não conseguimos fazer?

Discorro apenas sobre poucos para não humilhar a nossa "elite" racial. Mas seria injusta com esses mesmos animais não humanos caso não falasse sobre o seu senso de direção. Aquele GPS que nós humanos levamos conosco em celulares, em carros e, alguns ainda, um pouco em si mesmos?

Muitos dos animais não humanos o possuem. E a ciência global, todavia, apesar de espalhar ser esse um atributo físico, majoritariamente causado por processos quânticos existentes na retina das espécies em questão e que são responsáveis pela percepção sobre o campo magnético do planeta, ainda não explicou como essa percepção fornece longitude ou latitude a esses milhões de animais não humanos.

A ciência, mesmo provida da tecnologia moderna, não consegue justificar sequer como ocorre o bailado dos estorninhos ou dos cardumes de peixes que, mesmo estando num grupo de milhares de indivíduos, ainda assim realizam manobras sinuosas tão rapidamente que, em vez do maravilhoso balé avistado por nós, fatalmente deveriam chocar-se uns contra os outros.

Até que ponto chegarão o orgulho e a vaidade humanos?

A tese, inclusive bíblica, era a de que o homem, por ser o mais desenvolvido intelectualmente entre as espécies, cuidaria das demais espécies do planeta em que habita. Essa conotação abarca auxiliar no crescimento e desenvolvimento dos outros seres vivos enquanto espécies menos favorecidas de raciocínio lógico que ele.

Jamais a tese foi a de que se tornasse um ditador ferrenho, utilizando-se de um falso poder de decisão sobre vida ou morte a seu bel-prazer. Mover seu polegar numa arena sangrenta, para cima ou para baixo, dessa maneira simplista, implica uma maior demonstração instintiva de agressividade e selvageria do que aqueles atualmente encontrados "saudando a César".

Ah, o arroubo do egoísmo! Novamente! O que não posso ser, não posso ter, então desprezo e destruo. Pobre ser "quase humano" que somos nós!

Queremos correr, lutar, caçar, bailar, saber nos localizar, voar... E para além do que se possa compreender, ainda queremos brincar de Deus. Ou será que o desejo é tomar o lugar de Deus, na medida em que se divulga a não existência Dele?

Vale observar aqui, para muito além das tentativas extenuantes da implementação do vegetarianismo ou similares que, bem ao contrário dos nossos esforços, somos obrigados a verificar em vários países que posam no podium dos extremamente civilizados, principalmente os europeus que, além de cometerem atos de crueldade, violência e injustiça contra os cavalos que montam, ainda se alimentam de sua carne!!! Como um povo que diz amar tanto os cavalos pode comer a carne deles???

"Os animais que você come não são aqueles que devoram outros, você não come as bestas carnívoras, você as toma como padrão. Você só sente fome pelas criaturas doces e gentis que não ferem ninguém; que o seguem, o servem, e que são devoradas por você como recompensa pelos seus serviços." *(Jean-Jacques Rousseau)*

Contudo, mesmo sendo vegetariana e lutando para ser vegana, admito que nem sempre poderemos conseguir que pessoas, cuja realidade se encontra tão distanciada da nossa compreendam, aceitem e sigam nossos argumentos.

Algumas, como aquelas que conheci no interior da África, sendo que não é preciso ir tão longe para encontrá-las, simplesmente precisam se alimentar! Com respeito a essas pessoas, obviamente, o nosso raciocínio ainda deve ser outro.

Dessa forma, eu aprendi não somente sobre compaixão para com o próximo, mas sobre a necessidade de ser flexível perante as verdadeiras prioridades, deixando de lado, por vezes, as minhas "grandes verdades".

Da mesma forma com que abandono essas minhas verdades em determinadas situações, peço ao leitor que também o faça em momentos pontuais destes relatos.

É possível que algumas linhas dos meus escritos o levem a traçar paralelos existenciais baseados em sua própria história de vida. Normal, é claro, mas, se estes forem seguidos de julgamentos precipitados em função da falta de informações sobre os animais e sua vida, assim como da minha, peço então que, nesses instantes, você também decline das suas "grandes verdades" por um pequeno lapso temporal, repensando os relatos e se posicionando em distintos lugares a cada vez.

Isso tudo, todos esses casos me fazem recordar a lei que proibiu o uso de animais em circos.

Certamente havia aqueles nos quais pessoas conscientes de sua responsabilidade, deles cuidavam com respeito e real qualidade de vida. Mas que, infelizmente, se viram levadas de roldão na enchente criada pelos variados exemplos de maltrato impostos pelo tsunami da grande maioria.

Essa foi uma lei criada em função da crueldade animal, verificada durante mais de um século em circos, e que me faz relembrar uma antiga frase que escutei certa vez no clube hípico que frequento e que dizia:

— Esta Hípica... —Se alguém cobrir, vira circo e se fechar, vira hospício!!!

Mas, quem sabe, fosse apenas uma brincadeira e, talvez, essa pessoa não se referisse literalmente a um circo, nem aos eventuais maus-tratos impostos aos animais. Apenas às pessoas, ou nem a elas. Seres humanos. Talvez...

Sou forçada a concordar ter sido necessário, muito positivo e determinante, o fato de que, principalmente Kim e Yuka, criados por mim, além de outros cavalos com os quais convivi, terem me ensinado sobre "espíritos livres".

Como verdadeiras aulas de filosofia estóica, eu sentei no banco do passado ouvindo Epictetus, Marco Aurélio e outros expoentes fiéis do estoicismo, através da observação atenciosa e compassiva desses magníficos animais de quatro patas.

Quanto conhecimento e sabedoria nos pode doar a "Mãe Gaya", através da natureza e suas regras, se nela e nos seus exemplos nos concentrarmos.

Possibilitar que uma parcela maior de humanos obtenha algumas das mudanças que o convívio, a observação do comportamento de animais não humanos e uma real intenção de trocar afeto e conhecimento com eles por ter lido o meu livro foi o estopim para as primeiras linhas que escrevi.

As linhas seguintes, assim como as demais, fluíram incessantemente como um rio que, confiante e alegremente, corre em direção ao imenso, acolhedor e benevolente oceano. Nele será aceito, acolhido e sabe que terá seu conteúdo espraiado entre um número incontável, indizível de outras gotas que, como as dele, lá chegaram e, radiantes de felicidade pela oportunidade, contaram suas experiências, a fim de dar sua colaboração para a evolução da humanidade.

Acredito que somos todos como essas gotas, cada um de nós com uma mínima, porém importante contribuição a fornecer para a evolução do planeta Terra.

E, talvez, por causa da confusão e trabalho que a busca dessa contribuição costuma causar, tantas pessoas se deixem levar pelo pensamento e ideias alheias.

Particularmente, prefiro observar, aprender e trocar com os animais não humanos. Eles nunca me enganaram, nunca me levaram a seguir determinada seita religiosa ou a integrar um definido partido político, principalmente solicitando que colaborasse financeiramente com eles, sem perguntar se eu desejava ou estava em condições para tal. Sempre estiveram ao meu lado, incondicionalmente.

Animais não humanos apenas nos presenteiam com Amor e merecem Justiça. Ensinam Gratidão, Compaixão e as mais nobres Virtudes, e merecem, como retorno, ao menos o nosso Respeito!

Cavalos chegam até você, dão a cabeça para acariciar, mostram onde querem carinho e por quanto tempo, chamam você para fazer companhia pra eles e, se tiverem oportunidade, o chamam para passear com eles também; demonstram calma ou intranquilidade através dos olhos, pedem biscoitos, cenouras ou brincadeiras e apreciam demais a nossa companhia sem motivo aparente.

Discorro um pouco sobre o comportamento dos cavalos apenas para demonstrar o quanto estes animais são similares aos nossos cães, aqueles aos quais protegemos e tratamos como integrantes da família, agora denominados "pets".

E se os cavalos apresentam comportamentos tão parecidos com os dos nossos cães, por que não esperar que suas reações psicológicas e emocionais também não o sejam?

E o que dizer de cavalos tidos como "especiais", com permissão para entrarem em hospitais e casas de idosos a fim de auxiliarem na sua recuperação física e/ou psicológica?

Como acreditar que as nossas atitudes com relação a eles não os afetarão, dentro da sua medíocre vidinha hípica, ostensivamente elegante no palco, mas verdadeiramente de escravos, presos em pequenos espaços físicos por cerca de vinte e duas horas/dia na coxia? Tratados como objetos de prazer e decoração, com a mera finalidade de satisfações egóicas, de serem montados e demonstrados ou exibidos a amigos e parentes nas redes sociais ou em almoços de finais de semana em um clube hípico?

E, supondo que você, leitor, desconheça o comportamento de vacas, porcos e até mesmo de peixes, eu te asseguro que seguem pelo mesmo caminho, apesar da enorme dificuldade do ser humano em aceitar que isso possa ocorrer.

Neste quesito, creio que seres humanos bons e amorosos possam contribuir para que a criação, o ambiente, a vida de qualquer outra espécie possa se tornar não apenas maravilhosa, mas um exemplo a ser seguido.

Então, fecho mais um capítulo deste livro e da minha vida, tendo aprendido e muito sobre a verdadeira liberdade, sobre altruísmo, compaixão, tolerância e paciência.

"Pense ocasionalmente no sofrimento do qual você se poupa a visão."

(Albert Schweitzer)

CAPÍTULO 5

DRAGO

UM SER MIGRANDO NO TEMPO E NO ESPAÇO

CAPÍTULO 5

Havia se passado algum tempo desde a morte de Janjão; e escrevo "morte", em vez de "perda" porque, com o perdão da indelicadeza e até mesmo correndo o risco de afrontar algum código de etiqueta social, como dito por um ótimo palestrante espírita, não "perdemos" ninguém, a menos que, ao nos utilizarmos de um GPS ou WAZE, possamos encontrá-lo novamente.

Decidi tutorar um outro cão. Kim e Yucatán ficaram com o tratador no rancho. Eu havia resolvido viajar.

Estava frustrada por não ter sido a companhia ideal para Janjão e esperava estar melhor preparada para meu próximo cão. Sendo assim, além dos livros, fiz alguns cursos de adestramento canino, me informando, inclusive, sobre uma nova modalidade que acabara de chegar ao Brasil, conhecida como "agility".

Fui aos EUA, onde me encantei com uma espécie híbrida criada por amigos em Fort Lauderdale, Flórida. Eram simplesmente maravilhosos.

Esse amigo cruzava lobos entre si, com Malamutes do Alaska ou Huskies Siberianos em várias porcentagens selvagens x domésticas (as ninhadas podiam ter metade, um quarto ou um oitavo de sangue lupino). Ele os vendia apenas após um longo interrogatório, em que o pretenso comprador preenchia dados tais como a demonstração da capacidade quanto à manutenção e interação relativas ao animal, fotos do local onde este viria a habitar, ou seja, a sua real preocupação era para com os animais e com quem cuidaria deles.

Há trinta anos, era a segunda pessoa que eu conhecera e que eu vira se portar dessa maneira. Normalmente, os questionários eram efetuados levando em consideração os desejos dos compradores e os dotes dos cães que os interessados desejavam adquirir e, não o bem-estar do animal.

A primeira pessoa que conheci e que me fez preencher um questionário como esse foi uma senhora que encontrei fortuitamente em uma competição de cães e de quem acabei adquirindo todos os meus Rottweilers. Ela me fez um longo interrogatório a respeito da minha personalidade, estilo de vida, da minha casa, outros animais que conviveriam com ele e local onde os cães ficariam.

Desolada com o péssimo caminho pelo qual a criação mundial dessa raça estava seguindo, ela acabou por desistir de seu canil, iniciando um maravilhoso trabalho com aves (psitacídeos) que alcançou vulto internacional.

Acabou por criar uma fundação (Fundação Lymington) que agora, após sua morte, é dirigida por seu marido, William, mais conhecido como Bill.

Nós, os amantes da natureza, dos animais, dos Rottweilers, das araras, ararinhas azuis de Lear, ararajubas, harpias, de todas as aves, sentimos muito a sua falta, D. Linda Witkoff!!!

Passei pela triagem do criador de lobos, mas “Thank God”, decidi por não adotar meu bebê wolf; mesmo porque a legislação brasileira não permite a importação de espécies exóticas.

Definitivamente, essa não seria a melhor decisão para alguém que queria ter um cão e treiná-lo, a menos que eu fosse uma especialista em lobos. Mesmo porque devemos ter em mente que lobos não são exatamente adestráveis. Meu lobinho ficou lá, mas eu também.

Fiz um curso e um estágio sobre comportamento animal com esse amigo e criador de lobos e, ao final, me vi agradavelmente surpresa ao perceber minha felicidade por ter deixado os lobos onde deveriam estar.

Em seguida, viajei para o oeste a fim de realizar um outro curso em Boulder, Colorado, também sobre comportamento animal.

E quanto mais lia e estudava, quanto mais contato eu mantinha com os animais silvestres, mais eu aprendia com eles e ressignificava o contexto liberdade x cativeiro para silvestres (exóticos). Na verdade, quanto mais tempo eu convivia com eles, mais eu ressignificava o contexto liberdade para todos.

Então, ouvi falar de uma raça de cães, Pastores Canadenses ou Suíços, de pelo longo, que se assemelhavam muito aos lobos fenotipicamente falando, mas que, provavelmente, seria uma raça advinda dos Pastores Alemães.

A busca teve início e após algum tempo a casa estava novamente em festa.

Encontrei Drago.

Uma criança inteligente e feliz, era como se podia descrever aquele cão. Para ele, tudo estava sempre bem e qualquer coisa era motivo para aprendizado e diversão! Extremamente observador, atento, faminto e apreciador de um bom carinho, Drago era o cão perfeito para ser treinado. Além do que, era uma bolota de algodão! O cãozinho mais lindo que eu já havia visto em toda a minha vida. Eu estava completamente encantada por ele.

Seus primeiros meses transcorreram tranquilamente, tendo eu ensinado a ele apenas o básico, como seu nome, sentar, deitar, vir e ficar, além de onde fazer suas necessidades fisiológicas.

O único treinamento diferente que lhe dei foi acostumá-lo a dormir desde pequeno na caixa de viagens, pois tinha em mente ir com ele para vários lugares, muitos dos quais de avião; para isso, ele precisava estar calmo e tranquilo, sentindo-se o mais confortável possível nessas caixas, a fim de não se estressar ou adoecer em função das viagens.

Passeava com ele três vezes ao dia quando iniciei o processo de aprendizagem dos exercícios de adestramento básico e agility.

A melhor maneira de se ter cães equilibrados e saudáveis é manter sua mente ativa e focada, fazendo com que se sinta útil e feliz enquanto se exercita e aprende.

Nos passeios eu fazia isso, andando numa velocidade constante que beirava os cinco km/h por cerca de vinte minutos, pedindo que se sentasse nas esquinas para atravessar as ruas, não por achar bonito, mas sim porque esse comportamento pode salvar a vida do cachorro.

Durante esse tempo, mesmo que Drago quisesse parar por algum motivo, eu o ignorava e prosseguia sem lhe dar atenção.

E aqui eu faço novamente um parêntese para lembrar que prefiro ensinar os cães a fazerem suas necessidades fisiológicas em casa, uma vez que nem sempre será possível sair com eles para tal.

Passados os vinte minutos, parava em algum local como uma praça ou parque e o deixava brincar e correr por mais dez minutos e voltava no mesmo ritmo da ida.

É certo que, durante o período em que ficava livre para brincar, Drago podia fazer suas necessidades, se desejasse.

Era a fórmula perfeita para ambos, ele e eu, ficarmos em perfeita forma física e mental; havia exercício, disciplina, comida, respeito mútuo, confiança e carinho das duas partes.

Quando chegávamos em casa à noite, eu o escovava, limpava suas orelhas com algodão, escovava seus dentes, passava um pano em suas patas e pronto.

Drago se espalhava como um tapete de urso polar no chão frio do hall de entrada do apartamento em que morávamos.

Lá, descansava feliz até a hora de jantar e ir dormir na "cama-caixa", da qual eu o retirava a cada três horas a princípio (entre três e cinco meses), e depois, a cada cinco horas (entre seis e nove meses), a cada sete horas (entre dez e doze meses) e, finalmente, pude manter a caixa fechada durante a noite, por nove a onze horas (tempo de duração da maioria dos voos internacionais que faríamos).

Ao final desse treinamento, Drago estava com um ano e dois meses.

Uma amiga que morava em Portugal me convidou para um concurso de agility que ocorreria na Espanha.

Para não dizer que tudo foi perfeito, tive alguns problemas com a documentação (Ministério da agricultura) para a saída de Drago do país; mas nada que não pudesse ser resolvido antes dos trinta dias de que eu dispunha até a viagem. E lá fomos nós, Drago e eu, voando rumo à Europa.

A viagem foi ótima e Drago chegou a Portugal como se tivesse dormido em casa! Foi um prêmio aos nossos esforços!!!

Eu estava felicíssima e, enquanto não chegava a hora de viajarmos para a Espanha, minha amiga e eu decidimos passear um pouco pelo sul do país. Tudo transcorreu de forma espetacular e Drago não poderia ter se comportado melhor.

Levando em conta o fato de que ele ainda era um "adolescente", Drago me surpreendia a cada dia. Aquele cão havia nascido para viajar, aprender... e para tirar fotos!

Após alguns dias de férias, ao ver a máquina fotográfica (não existiam celulares), ele já sabia o que se esperava dele e, inacreditavelmente, fazia poses. A estrada era sua casa e tanto a ida para Alicante, na Espanha, quanto o tempo em que lá permanecemos foram coroados de sucesso emocional e profissional para mim.

Enquanto estávamos na Espanha, ocorreu um fato intrigante.

Ficamos hospedados na casa de um amigo que eu havia conhecido no Colorado quando fiz o curso sobre comportamento animal e, uma tarde, ao nos levar para conhecer a cidade, ele pediu para conduzir Drago.

Evidentemente eu concordei e lhe passei a guia do cão que, na mesma hora, sentou-se, para somente decidir levantar novamente quando meu amigo me devolveu a guia.

Foi uma situação bastante constrangedora, uma vez que o rapaz tentou puxar o cão que, por sua vez, não se moveu. Fui acusada de não ter adestrado convenientemente meu cão.

Seja como for, ele andou muito bem pelo resto do caminho e ninguém mais me pediu para conduzi-lo.

Desta forma, aproveitamos para viajar por toda a Espanha, terminando nossa jornada em Madrid, onde amigos se esforçaram muito para que eu fosse assistir à uma tourada.

Os povos e suas tradições. Nem sempre adequadas; nem sempre benéficas.

> *"Matar animais por esporte, por prazer, pela aventura, para obter os couros e peles é um fenômeno ao mesmo tempo revoltante e angustiante. Não há justificativa em se entregar a tais atos de brutalidade."*
>
> *(Dalai-lama)*

Europa.

Terra da cultura e das tradições. Por certo, berço da civilização ocidental.

Deu pátria ou guarida aos melhores pensadores e filósofos; porém, estes pensamentos parecem empilhados em prateleiras empoeiradas pelo mesmo tempo que os protegeu, delas saindo apenas por breves instantes a fim de conduzir palestras ou discursos inflamados de um fogo destinado a não queimar.

Foram-se extinguindo com o vento das eras, as maiores virtudes desejadas e previstas, sendo mantidas as tradições econômico-financeiras advindas da ganância e do egoísmo crescentes.

Dessa estranha forma de crescimento europeu, surgiram mais pragas, pestes e a miséria se proliferou ainda mais. Foram-se as suas florestas, seus mais belos animais e seus melhores homens. Os remanescentes das eras douradas herdaram a arrogância e, alguns, a cultura e o senso do dever.

Mas é de fato intrigante, apesar de compreensível, entender porque no Brasil, terra conhecida como "tupiniquim", onde a cultura costuma ser renegada aos últimos lugares em qualquer ranking internacional, sabermos o nome das capitais europeias, enquanto os europeus ainda confundem as das Américas.

Puro descaso para com uma geografia histórica e culturalmente inexistente por um lado, aliado à evidente preocupação em seguir tendências externas e desvalorizar as próprias, pelo outro; afinal, somos um país de degradados, resultado de uma cultura de retalhos, com saúde e educação à beira do colapso. Nossa "tradição" pede alegria desde as épocas do império, apenas a fim de sobreviver ao sofrimento.

Há algum tempo eu tinha medo de que, em função da obviedade do declínio intelectual da população brasileira, profissionais da "dominação psíquica" começassem a atuar fora das clínicas psiquiátricas, dos hospitais ou de suas teses de doutorado.

Hoje em dia, observo atônita a sincronicidade existente entre suas ideias, sua implementação sistêmica e o respaldo fornecido pelas mídias nacional e internacional.

Afinal, futebol, samba e carnaval já não preenchem maravilhosamente esse quesito. Saúde, alimentação, cultura e o descarte paulatino de seres humanos tidos como inúteis, certamente deixam a desejar.

Se vivemos em um país sem cultura e cujas parcas tradições estão sendo gradativa e meticulosamente encobertas, fatalmente devemos estar seguindo outras. Bem... elas vêm sendo agregadas ao nosso povo.

Do enlouquecedor arroubo de Wall Street à entrega do "fast food" americano em sua casa (símbolo do sobrepeso nacional), passando por viagens à Disney e cruzeiros às Bahamas. Sem contar com apartamentos e investimentos em Miami, FL. (Vai durar pouco, se a inflação na terra do Tio Sam aumentar tanto quanto o previsto).

E o que dizer das tradições europeias? Ainda tento compreender o porquê de países como a Espanha, fundadores de Universidades seculares como a de Salamanca, manterem a rentável criação de magníficos exemplares de touros Miúra, apenas com a cruel finalidade de exterminá-los em uma arena sangrenta. E quando questionados, os espanhóis indignados dizem que não entendemos nada de "Tradição"!

> *"Sempre que se avança em direção do touro, o que recua é a humanidade."*
> *(Francis Cabrel)*

Ah, as tradições...

Tradição de caça.

Soavam as trombetas e os cães eram soltos. Em seguida iam os convivas, montados em lindos corcéis, vestidos em seus belos e elegantes trajes com chapéus de penas de faisões, e que há pouco bebericavam, conversando gentil e educadamente; agora, com olhos vermelhos e corações disparados como verdadeiros lobos sedentos de sangue quente, somente recobrariam a sanidade ao observarem, como os cães, a raposa completamente estraçalhada.

Épocas de realeza, excesso de riqueza e extremo ócio reinante na nobreza.

Observadas as devidas proporções e efetuadas as correções, eu diria que os tempos transformaram bem pouco os velhos hábitos tão arraigados, aos quais certa classe de indivíduos se apegou como náufragos a botes salva-vidas.

Títulos de nobreza ou acúmulo de posses suficiente, a fim de garantir superioridade feudal quanto aos atuais "vassalos"; estes, considerados estúpidos, porém ludibriados em seus egos e posicionados em pontos estratégicos para a devida manipulação e perpetuação do seu *Status quo.*

As temporadas de caça continuam a matar. Talvez em número maior. Abrem-se temporadas de caça a tudo: a baleias, a golfinhos, a pássaros, a predadores e às suas presas. Com mais sangue nos olhos. E não apenas pelos animais...

> *"A caça não é um esporte. Em um esporte, os dois lados devem saber que estão no jogo."*
> *(Paul Rodriguez)*

Quando Drago e eu voltamos a Lisboa, como nem tudo são flores nesta vida, ao descer de patins uma escada durante um passeio, rompi todos os ligamentos do tornozelo direito.

Eu me senti o próprio Saci Pererê, saltando em uma perna só por toda Lisboa e, em seguida, por Sintra, até voltar a Cascais e conseguir ser atendida num hospital.

Tudo o que a Lei de Murphy poderia reservar para alguém naquela situação aconteceu. E os médicos, além de trocarem minha ficha com a de outra paciente, ainda trataram meu tornozelo de forma equivocada. Saí do hospital com meu pé enfaixado como o de uma bailarina clássica.

Pois bem! Esse imprevisto forçou uma mudança nos planos e precisei voltar ao Brasil no dia seguinte, antecipando nossa volta em vários dias e, o voo, por ter sido modificado, trouxe suas consequências.

A viagem de retorno para casa foi uma verdadeira loucura. Eu, numa cadeira de rodas, levando comigo como bagagem, "apenas" duas malas, duas muletas, uma caixa extra grande de cachorro e o próprio cachorro, que pesava 42 kg.

Como os únicos cães de porte grande com permissão de voar a bordo são os cães guia para cegos e os de trabalho específico, Drago precisou ser acomodado em um dos porões do avião.

O comandante do voo não acertou a temperatura do compartimento de cargas onde Drago foi acomodado e ele chegou ao Brasil com pneumonia.

Esse episódio me ensinou que, apesar de poder contar com 100% do interesse e disposição de um cão em aprender, sempre poderia haver alguma intercorrência, alguma variável que eu absolutamente não conseguiria controlar. Talvez as viagens que eu havia imaginado fazer com Drago devessem ser bem mais espaçadas...

Após a cirurgia de emergência que precisei fazer no dia seguinte à chegada ao Brasil, foram necessários cerca de seis meses para que eu conseguisse andar sem ter que olhar para o chão antes de cada passo.

Continuei ensinando Drago e voltei aos cavalos.

"Carroceiros e moradores de rua são os verdadeiros Alphas para os cães."
(Autor desconhecido)

Enquanto escrevo este capítulo, descendo das nuvens de onde a suavidade da música de Chopin me coloca, tento imaginar a melhor maneira de digitalizar sentimentos, emoções e energia.

A energia que nos liga a eles, aos animais. A emoção que sentimos ao perceber o conteúdo e fundamentos dessa conexão e todos os sentimentos conflitantes com os quais é preciso se trabalhar para obter um resultado meramente satisfatório com relação a um domínio positivo e edificante da nossa posição dentro do contexto homem-animal.

Sou uma mulher vivendo num planeta basicamente machista; uma psicóloga, paisagista, fotógrafa, veterinária e, por fim, etóloga, tentando compreender o comportamento dos seres vivos em um mundo onde as pessoas, em sua esmagadora maioria, definitivamente não estão em busca de sua essência; uma cientista que prefere a observação a campo aos laboratórios e, portanto, no mais das vezes, sem provas para suas teorias; alguém trabalhando há algum tempo à margem de sua época!

Você, eu e cada um, entre os outros quase oito bilhões de seres humanos que habitam este planeta, estamos todos de passagem por aqui. E qual será o nosso legado? Dinheiro? Imóveis? Indústrias? Bitcoins? Soja? Gado? Hidroelétricas?

Num momento em que a maior parte do mundo desenvolvido está pensando em novas formas de energia sustentável; em que países estão abandonando as hidroelétricas que possuem e utilizando tipos de energia, tais como energia solar, eólica, fotovoltáica, entre outras; em que pessoas estão se tornando veganas... Aqui permanece ainda o eterno debate "internacional" sobre a nossa Amazônia!!!

Desmatamentos? Queimadas? Invasão de terras indígenas? Garimpo clandestino? ONGs internacionais? Assassinatos? A quem pertence a Amazônia? Ao planeta, não aos povos.

Eu, humildemente, arrisco a pergunta:

— Quem herdará a Amazônia? A floresta com a maior diversidade biológica do planeta!

Cada um de nós, brasileiros, deveria ir até lá, como uma peregrinação de resgate da própria alma.

Não falo como se fora uma religião, como procedem muçulmanos indo a Meca. Falo como autoconhecimento, como busca de sua essência ou se não, para pesquisar sobre ela, a fim de obter uma consciência maior sobre si mesmo e sobre o nosso patrimônio.

Perceberia então sua própria pequenez e, por outro lado, sentiria a necessidade de se perpetuar aquela grandeza que nos sustenta os pulmões, em permanente atitude altruísta de doação da vida!

Andar em meio a árvores tão altas que mais parecem alcançarem o céu. Deslizar em canais de água vívida com canoas pequenas, a fim de não assustar a própria água que ainda dormita, com gotas de orvalho caindo sobre a nossa cabeça. Pisar num tapete de folhas e galhos tão efervescente, tão verde que te saúda os pés com seus alegres murmúrios, como se, a cada passada, o caminho quisesse lhe contar uma nova estória.

Celeiro de tantas bênçãos, bem-aventurada floresta em vida, vigor, amor, beleza e fulgor; casa emprestada ao planeta e que deverá ser devolvida, saudável e alegre, ou mostrando apenas lágrimas ressequidas, cantando uma canção sobre sua estrada de vida.

Encantar-me-ia ouvir sua canção. Uma canção sobre ensinamentos por meio de raízes, troncos, folhas e flores; sobre como colher plantas fornecidas à medicina do planeta; sobre respirar com um pulmão de árvores verdes provedoras de oxigênio, aprendendo de uma fauna e flora endêmicas; e sobre repassar as estórias que o vento e a chuva nos trouxerem de amores e desamores entre animais e humanos. Mas para tanto, é necessário, fundamental e indispensável que, nesse dia, essa floresta ainda seja encontrada com seu corpo vivo e coração pulsante.

Que a humanidade, até então, possa estar em harmonia para respeitar, apreciar e repartir, ao invés de guerrear, tomar e destruir.

"Observe profundamente a natureza e você vai entender tudo melhor!"
(Albert Einstein)

Como eu disse, voltei aos cavalos, mas continuei ensinando Drago.

Ambos havíamos nos recuperado de nossos problemas de saúde; eu, dos meus ligamentos rompidos e Drago, da sua pneumonia.

Mas nós dois estávamos diferentes. Cerca de seis meses haviam se passado enquanto eu me recuperava e, como Drago obedecia somente a mim, ficou bastante complicado tentar terceirizar seu treinamento durante esse período. Quando finalmente fiquei boa, modificara minha forma de pensar sobre como adestrá-lo, e ele já estava quase adulto. Em muito pouco tempo nossa vibração já era a mesma de antes e tudo estava perfeito.

Recomeçamos.

Um nascer de sol após o outro e se passaram quase doze meses sem que eu tivesse percebido. Nunca um cão aprendeu tanto, demonstrando tamanha vontade para tal, na minha percepção. Já não era mais necessário utilizar nenhum tipo de recompensa em seu treinamento. Realmente as coisas haviam mudado.

Eu havia escutado sobre o fato de caninos e felinos possuírem uma audição bem superior à nossa e que, por esse motivo, escutavam sons fora da nossa capacidade auditiva.

Depois, aprendi, aprofundando-me um pouco no assunto, que animais como os elefantes escutam infrassons e outros, como golfinhos e morcegos, os ultrassons. Esse fato, aliado à sua habilidade telepática, confere aos animais uma das capacidades mais interessantes para a pesquisa científica atualmente.

Certamente chegará um momento em que, finalmente conscientizados dessas habilidades animais, algum representante da espécie "quase" humana criará um sistema de alerta para terremotos ou tsunamis sustentado por animais.

Drago procurava por lições e marcou esse comportamento em minha memória com suas brincadeiras, acendendo em meu coração, cada vez mais, a vontade de ensinar. E eu ensinava e ensinava.

Um dia, notei que palavras se tornaram desnecessárias à nossa comunicação. Por natureza, era meu hábito usar poucas palavras; no entanto, mesmo estas com o tempo, se tornaram dispensáveis.

E nenhum de nós percebeu — eu não percebi — que passamos a viver em um espaço paralelo, onde basicamente não cabia mais ninguém. Nossa jornada se tornou uma só e Drago parecia ler meus pensamentos. Adiantava-se algumas vezes a eles. Seria telepatia?

Estávamos em King's Ranch num domingo que marcou história.

Eu tinha voltado recentemente de uma viagem ao continente africano, onde conheci um casal bastante singular. Ela, uma jovem senhora, muito graciosa e gentil, dona de olhos meigos, mas tristes, que aparentemente havia se habituado a referendar, ao menos socialmente, qualquer frase, ideia ou comentário que seu marido colocasse. Ele, o marido, sem palavras para descrever.

Sei que, por delicadeza, quando os conheci na Tanzânia, tive a ideia de convidá-los ao rancho.

Eles aceitaram. E naquele domingo estávamos todos sentados na varanda, de onde podíamos observar a pista de salto dos cavalos, com sua cerca de madeira trabalhada em " X" ao melhor estilo do Colorado, com aquele enorme barranco que cercava um dos lados maiores da pista e aqueles três buracos paralelos. Ninhos de pequenas corujas que, a depender do horário e da época em que montássemos, atacavam os cavalos como se fossem algum tipo de quero-quero defendendo sua cria. Acredito que tenha sido logo após o almoço; sei dizer apenas, que os convidados decidiram conhecer os animais do rancho, começando pelos cães.

Pedi para que um funcionário fosse até o canil, onde eu os deixara por precaução, e trouxesse a todos, um a um, para que não tivéssemos nenhuma surpresa desagradável.

O "desfile" transcorria perfeitamente e o casal estava maravilhado, quando então, como último da fila, surgiu Drago.

Foi uma cena memorável!

Até hoje, quando me recordo dela, e mesmo agora enquanto escrevo, encosto minha cabeça nas almofadas da poltrona da varanda de casa onde estou sentada e, olhando os cães deitados aos meus pés e a chuva que teima em cair na grama, ao ouvir o barulho da cascata, eu sorrio o meu melhor sorriso!

Algumas lágrimas escorrem teimosa e inadvertidamente... Saudades!

De ver o sol se deitar com Drago ao meu lado, de pressentir a chuva com ele.

A estrada ficou mais pedregosa depois que Drago se foi. Na terra onde passei a pisar não nasceram mais tantas flores, somente moreias brancas. Acaricio um dos meus cães e volto a escrever.

Voltando aos meus convidados... Fazendo a curva entre a estradinha por onde os cavalos desciam para a pista e a varanda, surgiu Drago.

Caminhando solto e leve, mas imponente e nobre como se estivesse num campeonato, sabendo o que se esperava dele, Drago desfilou como um verdadeiro rei. Em seguida, ele se aproximou de onde nós estávamos e, delicadamente, passou a "cumprimentar" cada um dos presentes, colocando seu focinho no joelho de um por um. Até que chegou a vez do marido. Muito tranquilamente como em todo seu percurso, Drago chegou até ele, olhou para mim e, delicada, porém rapidamente, levantou a pata e fez xixi na perna dele.

Olhei aquela cena meio atônita, meio extasiada. Aquele líquido amarelo escorreu pela calça de linho caramelo do homem, molhando seu belo sapato de cromo alemão marrom, formando uma pequena poça aos seus pés.

Todos os presentes se entreolhavam sem saber o que falar ou fazer e eu, como dona da casa e tutora do "meliante", precisava dizer alguma coisa e tomar uma atitude em favor do convidado.

Sendo assim, preparei e usei minha melhor face de surpresa, o que não foi nada difícil, posto que jamais poderia imaginar uma atitude dessas partindo de Drago.

Por outro lado, em função da nossa simbiose, bem que poderia ter aventado a possibilidade de que ele fizesse algo semelhante, pois eu, sinceramente, estava achando aquele homem intragável.

Afinal, a bem da verdade, aquele cão tinha feito exatamente o que eu gostaria de fazer, caso fosse um animal não humano e pudesse externar meu desprezo e mostrar publicamente meu descaso com relação àquele ser.

Repreendi, porém sem muita ênfase, o cão pelo ocorrido e pedi que o levassem dali.

Chamei alguém para prestar auxílio ao convidado e, disfarçadamente, saí para dar mil beijos no meu herói adorado! Drago não havia feito algo semelhante em toda sua vida e de fato foi algo que nunca mais se repetiu. Ameeeeeei...

Com o passar dos anos, a experiência foi me mostrando que diferenças cruciais entre certas raças são, certamente, um divisor de águas em nossa busca por um cão, um companheiro, um amigo não humano.

Costumo dizer que cães do tipo Pastor Alemão são os mais escolhidos para treinamentos por aceitarem o adestramento sem questionar e, no mais das vezes, sem demonstrar nenhum tipo de revolta ou abstração. Precisam também aprender a morder corretamente, caso se espere deles um serviço eficiente de guarda ou similar.

No caso de outros, como os Rottweilers, acredito eu que precisamos, ao contrário, ensinar a largar o objeto ou ser que estejam mordendo. Raramente é necessário treinar um rott a morder.

Pastores, na sua essência, preferem evitar o conflito, assustando os invasores com seus latidos fortes e porte avantajado. Fazem o possível para manter a paz, mas isso não quer dizer que não encarem com garra e bravura uma boa briga, caso a paz não se estabeleça.

Entretanto, cães como os Rottweilers normalmente negociam suas atividades, questionando passo a passo sua autoridade ou motivo para cada ação solicitada. Essa faceta "teimosa" de sua personalidade arrebatadora, restringe o tipo de tutor que esse indivíduo poderá vir a ter. Certamente deverá ser alguém com mais experiência no trato com cães.

É evidente que existe um item prioritário no quesito adestramento: o fato de você ter ou não se tornado um "alpha" para os cães da matilha. Contudo, Rottweilers, assim como os Pitbulls, mesmo os equilibrados emocional e psicologicamente, são mais intensos em seus posicionamentos que a maioria.

Em minha casa, normalmente tenho pastores latindo, para avisar sobre os barulhos e perigos, não permitindo a entrada de estranhos, e Rottweilers, calados, para não permitirem a sua saída.

Detalhes como os citados sobre a personalidade de cada raça ou indivíduo são fatores determinantes durante a escolha do cão correto ou do melhor cão para cada ser humano; mas, ainda é necessário que eu faça um questionamento.

Por que foi sancionada uma lei obrigando Rottweilers e Pitbulls a usarem focinheira, como se os tutores de cães dessas raças não conhecessem seus animais, e, ao mesmo tempo, as leis permitem que os cães de todas as demais raças possam andar sem focinheira? Acaso os demais cães não mordem?

Se você já foi atacado por um cão, ele era Rottweiler ou Pitbull? Cães agressivos ou mal educados existem e ponto.

Não é uma questão de raça ou serventia. Pastores alemães, Dogos Argentinos, Cane Corsos e, inclusive, aquele Pinscher no colo da sua amiga podem ser potencialmente perigosos. Mas assim o decidiram e essas raças pagaram o preço.

Foi um final de semana em que tudo aconteceu no rancho, inclusive o fato de minha irmã, que sempre teve problemas com a natureza e seus representantes, ter decidido pernoitar por lá em vez de voltar para a "segurança" pavimentada da cidade, em São Paulo.

Os hábitos que adquirimos quando vivemos no interior ou em locais mais afastados e menos urbanos são basicamente os mesmos. Acordar e dormir com as galinhas é o primeiro desses exemplos. A sensação de aproveitar mais e melhor o dia é indescritível.

"Cada dia a natureza produz o suficiente para nossa carência. Se cada um tomasse o que lhe fosse necessário, não havia pobreza no mundo e ninguém morreria de fome."
(Mahatma Gandhi)

Na verdade, tenho observado que pessoas cuja escolha de vida, mesmo que tardia, seja essa, trazem consigo uma essência voltada para o que é simples e natural, o qual, cedo ou tarde, se pronuncia cobrando seu espaço, porém, fornecendo muitas graças. Alguns chamam de relógio biológico, outros nomeiam como Dharma, outros ainda dizem que a vida ensina e o/a encaminha ao seu destino.

O fato é que minha irmã não se encontra nesse grupo e, por ter muito medo de qualquer animal alado noturno, como morcegos, além de aranhas, gafanhotos ou simples besouros, quase nunca passava conosco o final de semana completo.

Naquele em especial, algum motivo desconhecido a fez optar por ficar e escolher o quarto cuja porta francesa se abria mais perto da churrasqueira e piscina.

Em algum momento no meio da noite, notei que Drago saiu silenciosamente do meu quarto onde dormia todas as noites; no entretanto, acabei adormecendo antes de perceber o seu retorno.

Quando acordei na manhã seguinte e o encontrei, achei sua cara diferente; parecia desidratado. Olhando melhor, notei escuras e profundas "olheiras", como as que se formam sob nossos olhos após uma noite mal dormida.

Minha irmã, que já estava acordada tomando café na grande mesa da churrasqueira, escutou o meu comentário, riu bastante e, finalmente, elucidou o mistério.

Contou que durante a madrugada acordou escutando um barulho estranho e, com medo, chamou por Drago.

Este, é claro, se prontificou a ajudá-la e, após algum tempo procurando pelo tal barulho em seu quarto, o identificaram como sendo uma mariposa.

Bem, Drago nunca foi treinado para atacar ou matar, e tampouco era de sua índole fazê-lo. O resultado inusitado foi que ele, em certo momento, conseguiu prender a mariposa sob suas patas e não desejando acabar ou permitir que acabassem com a vida da pobre criatura, permaneceu assim, na mesma posição, cuidando para que o "barulho" findasse, mas que ninguém precisasse perder a vida por esse motivo.

O final do relato de minha irmã diz que, ao acordar, encontrou Drago deitado exatamente na mesma posição em que o deixara de madrugada, com suas patas brancas sobre a mariposa, mas com a aparência cansada.

Ela o chamou e ele, finalmente, soltou a pobre mariposa pertencente ao mundo dos sortudos, porém um animal desesperado que, provavelmente, deve ter passado a noite em estado de choque. Mas era uma sobrevivente e, passados alguns instantes, voou.

Provavelmente para o mais distante possível daquele lugar.

Drago dormiu o dia todo naquele domingo. Para mim, foi o sono dos justos!

"Nós, seres humanos, estamos na natureza para auxiliar o progresso dos animais, na mesma proporção que os anjos estão para nos auxiliar. Por isso, quem maltrata um animal é alguém que ainda não aprendeu a amar."

(Chico Xavier)

Após anos adestrando meus cães a fim de obter o máximo de cada um, em que pese o fato de que eles necessitem aprender e receber tanto quanto as crianças de qualquer espécie, sobretudo as humanas, exercícios, regras, disciplina, boa alimentação, cuidados com a saúde, respeito, confiança e carinho, finalmente concluí que talvez estivesse trilhando o caminho errado. É evidente que precisava lhes passar os valores acima, contudo, não da forma como vinha fazendo.

Minha sintonia com Drago me alertou para esse ponto. Eu havia ido tão longe nos ensinamentos dele que o coloquei num ponto intermediário entre os cães e os humanos. Alguns diriam que eu o humanizei; não foi isso.

Na verdade, utilizei o máximo do seu potencial intelectual e emocional com fins pedagógicos e obtive sucesso. Esse é o momento em que, às vezes, ouvimos dizer que alguns animais são mais "inteligentes" que certos humanos.

O fato mais relevante a ser exposto com relação a este tema é que, ao serem educados/ treinados, animais como Drago, alcançando um ponto de inflexão, exercem um trabalho extenuante sob condições adversas para obter o seu melhor e, por força dessa vantagem, utilizando o máximo de que dispõem a fim de galgar êxito, saem vitoriosos.

Já a esmagadora maioria dos animais humanos, ao chegar ao mesmo ponto de inflexão, onde é preciso abandonar sua zona de conforto, desiste.

Automaticamente, o animal não humano reagirá de maneira mais rápida e, aparentemente, será mais "inteligente". E eu afirmaria que esse é, de fato, um direito inalienável dele!

Mas, ao realizar uma prática como essa, e havendo uma grande afinidade e convivência entre tutor humano e animal não humano, eu acredito que ocorra um processo telepático entre ambos, assim como ocorre entre humanos muito compatíveis que convivem diariamente.

A grande maioria de animais não humanos são detentores da capacidade telepática. Sua mente vive constantemente no local que nós, humanos, alcançamos apenas num estado de meditação. Sem problemas, sem traumas, sem todo aquele processo discursivo que nos acompanha e atrapalha para a utilização dessa capacidade.

Baseada nesse raciocínio, investi meus conhecimentos para encontrar um meio termo na educação dos animais não humanos a partir de Drago.

Abdiquei, gradativamente, de repassar aos cães tantos ensinamentos humanos criados por humanos, para humanos ou não, o quanto pude; abandonando qualquer linha de adestramento, fosse ele antropomórfico ou não.

A partir de então, seguiria apenas comportamentos instintivamente animais, intuição e uso de energia.

Uma tarde, quando Drago estava com oito anos, ele mancou. Foi tudo muito rápido e sem "direito a defesa". Seguiram-se as consultas, os exames, as buscas por um diagnóstico.

Em seguida, seu trato gastrointestinal apresentou problemas que a medicina veterinária da época não soube elucidar. Procurei, como sempre, os melhores profissionais que, infelizmente, davam sugestões e não respostas.

Nenhum deles pôde ajudar meu amigo; todavia, me admirei por encontrar pessoas humanas, de bom coração, durante o período em que ele teve necessidade de ajuda. Esses encontros me fizeram muito bem.

Entendi durante esse dolorido período — e fui muito grata por isso — que pessoas boas também existem, provavelmente em maior quantidade que grupos os quais perambulam sonambulando e evitando subir os degraus dessa virtude.

É bem possível, no entanto, que, por timidez, ingenuidade ou desejo de se afastar de discussões e contendas, essa expressiva parte "boa" da humanidade, ao tomar contato e se apercebendo dos mais importantes, antigos e polêmicos assuntos a serem solucionados, se abstenha de qualquer ação.

Um efeito manada, no qual a zona de conforto é a sala de estar, eventualmente pode ter sido criado e muito bem aproveitado por uma minoria para se preservar no poder.

Uma tese como essa, se colocada em prática, acalentada pela grande mídia televisiva e, posteriormente, fartamente divulgada pelas mídias sociais, traria consigo a chance de abrir espaço para minorias também manipuladas, sedentas de vingança, lutarem por causas variadas. Enquanto isso, o poder permaneceria com eles!

Neste instante me passa pela memória um ditado que diz: "Para o triunfo do mal basta que os bons não façam nada"!

Nunca soube realmente o problema que acometeu Drago.

No dia que considero como um dos mais difíceis da minha vida, Dr. Faiçal e eu fizemos eutanásia no meu mais querido amigo.

Metade do meu coração estava se desfazendo ali; ele nunca mais se recompôs.

Mas eu tinha outros cães; outros amigos que precisavam de mim e decidi que teriam mais escolhas. Levariam a mesma vida rica em respeito, alegria, confiança, disciplina, exercícios e afeto que Drago e os anteriores a ele tiveram porém tendo a chance de serem e demonstrarem suas personalidades. Viveriam em uma casa onde poderiam ser maravilhosamente "cães," coabitando com humanos.

Sem Drago, como ocorre após o término de relacionamentos longos, eu estava com dificuldades em me relacionar com outros seres vivos humanos novamente.

Era preciso falar. E não somente falar; era necessário falar o que as pessoas queriam escutar e não o que eu queria dizer. Somente assim elas me dariam a atenção necessária.

Reinício confuso e desconfortável. Essa empreitada certamente iria requerer muita ajuda.

Como de hábito, nos parâmetros de alguém acostumado a conviver com animais, me cerquei deles para contrabalançar o *stress* causado pelas consequências dos próprios ensinamentos que me passaram a respeito de instinto, autopreservação e percepção neurolinguística.

Era extremamente fácil, visível e até mesmo cansativo para mim observar e tomar consciência das verdadeiras personalidades, intenções e, obviamente, tentativas de manipulação dos animais humanos na sociedade à minha volta.

Será que eu havia trocado tanto com Drago e talvez com os outros animais com os quais convivi que adquiri sua capacidade intuitiva de "ler" as mentes, as pessoas e suas intenções?

O ser dito humano não aceita ou permite que você o perceba em sua essência. Deseja ser reconhecido através das máscaras escolhidas por ele para este fim.

E vale ressaltar que quanto mais hipócrita, narcisista e manipuladora for a pessoa, maior seu desejo natural de enganar ao próximo, mesmo que desnecessariamente.

Como a humanidade está repleta destes seres, o convívio social entre humanos é um grande desafio. É uma peça de teatro, na qual alguns representam bem, possuir magnitude e bondade para com os demais que, definitivamente, não têm a menor chance contra os argumentos apresentados, permanecendo calados ou apenas obedecendo por conveniência, desinformação ou pura necessidade a cada nova regra imposta.

Então, após cada tentativa desleal, a cada encontro social vazio e dispensável, a cada experiência desagradável com humanos, eu me perguntava: — Onde estão os animais não humanos???

> *"Os animais são todos iguais, mas uns são mais iguais que outros."*
> *(George Orwell)*

E então, um dia, no início de 2020, enquanto muitos no ocidente ainda dormitavam sob o efeito dos festejos de Ano Novo e outros, no oriente, se preparavam para brincar seu Ano do Rato, o nosso planeta, parou. E não era apenas a música de Raul Seixas tocando em algum lugar, onde podíamos ouvir que a Terra havia parado... e sorrir, cantarolando junto!

Um novo vírus, denominado Covid 19, que muito rapidamente se transformou em uma pandemia, surgiu em uma pequena cidade da China chamada Wuram, e em cerca de três meses se alastrou por todo o planeta, dizimando centenas de milhares de vidas, número que em pouco tempo vimos mudar para milhões, destruindo a estrutura psicossocioeconômica do mundo que conhecíamos.

Não é preciso que eu conte o que aconteceu, pois, na verdade, todos nós fomos afetados, de uma forma ou de outra, pela chegada deste vírus e suas variantes.

Uma reflexão sobre o nosso planeta, sobre quem nele existe e como se relacionam estes seres, onde somos todos habitantes deste ínfimo e insignificante grão de areia, voando aparentemente livre pelo espaço, mas, ao mesmo tempo, preso a esta galáxia, a nossa Via Láctea, e recebendo vida através de uma estrela solar que, por sua vez, possui outros bilhões de irmãs fazendo o mesmo trabalho que ela, em outros tantos bilhões de galáxias. Sim, essa reflexão precisava ser feita.

O que você ou eu podemos fazer com as experiências de nossas vidas? Qual o nosso verdadeiro propósito existencial?

Seja ele qual for, essa pandemia provavelmente veio para ressignificar alguma coisa, sejam os nossos propósitos ou não!

Estávamos entrando em uma "quarentena planetária" que, forçosamente, impactaria no crescimento, no amadurecimento daqueles que acordassem e decidissem se tornar um verdadeiro ser humano; daqueles que fossem impulsionados a alcançar o seu lugar na natureza deste lugar, de onde foram basicamente retirados na primeira metade do século XX para dominar as ciências humanas.

Estariam acordando agora, a fim de recuperar seu papel de ser biopsicossocial novamente e crescer para ocupar o seu verdadeiro papel neste planeta?

Assim como minerais, vegetais e animais têm suas responsabilidades para com a Mãe Natureza e a cumprem instintivamente, nós, seres humanos, temos as nossas responsabilidades, as quais, pelo uso de nosso livre arbítrio e, através de valores corretos e busca constante de virtudes e sabedoria, podemos e devemos colocar em prática. Essa seria uma verdadeira revolução na direção tomada pela humanidade até o momento.

Nós, *Homo sapiens sapiens*, assim como a maioria dos mamíferos, sejam canídeos como os lobos, felinos como leões e tigres, seguidos em terra firme pelos nossos parentes mais próximos, os chimpanzés, gorilas, orangotangos e bonobos, na água, pelos golfinhos, baleias e outros mais, todos aprendemos por observação.

Explico melhor.

Se aprendemos por observação, torna-se evidente que aprendizado ocorre através do exemplo. Esta é a palavra-chave: exemplo.

A diferença está, geralmente, no tempo que cada espécie necessita para aprender o necessário à sua sobrevivência. E nesse ponto, desafortunadamente, devo dizer que a nossa espécie, em definitivo, não é a mais rápida. Há que se concordar que somos os mais dependentes, pelo menos em se tratando dos mamíferos.

Mães guepardos expulsam seus filhotes do seu convívio aos seis meses de idade; são felinos com a tendência de conseguir superar as adversidades e sobreviver sozinhos.

Machos e fêmeas de tigres normalmente após dois anos já estão em busca de seu próprio território.

Os leões machos não ultrapassam dois anos de convivência familiar. São expulsos da alcateia por seu pai que, antevendo sua maturidade hormonal, segue as leis da natureza a fim de evitar conflitos. Já suas fêmeas, as leoas, nos ensinam uma grande lição sobre família e elos familiares, assim como os lobos e suas alcateias.

As leoas permanecem juntas, caçando, reproduzindo e mantendo a alcateia viva e reunida até o limite de suas forças físicas.

Ah, a vida dos leões! A verdadeira, inebriante, mítica e, no momento, mais curta que nunca vida dos leões!

O mesmo posso dizer sobre a vida dos lobos e sua história no decorrer dos tempos. Apenas contar a verdadeira vida desses magníficos animais merece um livro inteiro.

Mas como o assunto é outro, preciso voltar às observações, aos exemplos e mais, aos elos criados. Sim, observei estes elos entre chimpanzés, gorilas, entre leões e lobos, assim como entre elefantes, cães, gatos e cavalos, entre outros. Aliás, elefantes são um grupo à parte.

Tão ou mais inteligentes que golfinhos e baleias, animais capazes de usar a ecolocalização a fim de se comunicarem entre si ou de promoverem uma complexa estrutura social, vivendo de forma cooperativa, os elefantes criam alguns dos elos mais duradouros dentre os mamíferos terrestres.

Orangotangos, para não citar chimpanzés ou gorilas, ainda mais próximos de nós geneticamente, possuem 97% de DNA igual ao dos seres humanos. Além de usarem ferramentas, possuem a capacidade de compreender o porquê das coisas, assim como o motivo pelo qual estas ocorrem; conseguem até mesmo entender o significado de uma troca de presentes e suas repercussões a longo prazo.

Como explicar o quanto eu mesma aprendi observando toda essa enorme variedade de comportamentos?!

E a forma como conseguem união, uma boa caçada ou ao contrário, conseguem se manter a salvo de predadores? Como alguns "vão à guerra", a fim de defender seu território ou preparam emboscadas aos seus inimigos? Como é conquistada a manutenção da paz e até mesmo como alcançam e se mantêm no poder através de política ou sexo em geral, como é o caso dos bonobos?

As observações e os elos criados são detalhes que fazem toda a diferença na vida desses animais não humanos; aliás, na vida dos animais humanos também.

O animal humano, contudo, requer mais.

Aprendemos por observação também, é fato; porém, somos indivíduos peculiares, cujos desenvolvimentos psicológico e, principalmente, intelectual aprimorados possibilitam uma infinidade incontável de possibilidades.

Para o sim, como para o não… Para o bem, como para o mal…

Possuímos, intrinsecamente, no entanto, aquele "muro" no qual subimos em algumas situações e que nos coloca numa posição que, por si só, como ocorre em toda inação, é negativa.

Aprender com os verdadeiros mestres, imitando os melhores exemplos; fortalecer e ampliar nossa humanidade, consolidando a tese de que devemos pensar constantemente no todo e não apenas em nós mesmos, sendo sempre solidários é prioritário para a nossa evolução.

Estive lendo a autobiografia de Gandhi e achei interessante a parte em que ele respondia ao irmão, preocupado porque, sob o seu ponto de vista, Gandhi não estava valorizando suficientemente sua família, especificamente por estar cuidando demais de pessoas desconhecidas. Gandhi, então, responde ao irmão que era só ele "estender" um pouco mais o conceito de família!

Eu, pessoalmente, concordo com Gandhi. Acredito que viemos para contribuir para a construção de nossa humanidade.

Vivemos e convivemos em uma sociedade humana, com o que a mantém viva. Portanto, devemos respeitar e auxiliar a todos os elos dessa enorme cadeia, sejam eles, minerais, vegetais, animais ou humanos como nós. Na verdade, estamos todos correlacionados e precisamos ter consciência disso.

Interligados inexoravelmente, um dia o elo mais fraco dessa cadeia — o mais importante — poderá ser você ou eu, segundo a lei do retorno. Certamente que nesse dia esperamos encontrar compaixão, fraternidade e bondade enraizadas nos corações daqueles que, eventualmente, nos prestarem auxílio. Para tanto, é preciso aprender a construir Interdependência e cooperação com outros seres humanos. Imaginar e lutar por um todo maior que a soma das partes é o mote desse conceito; um equilíbrio entre dar e receber que se torna uma prioridade.

A teoria é maravilhosa e bem sei que muitos dirão tentar praticá-la, assim como eu mesma, encontrando diferentes graus de dificuldades na empreitada.

Não é fácil para aqueles que, tendo passado a vida praticamente insulados em seus estudos e cercados basicamente por animais, não conviveram muito com outras pessoas.

Animais não humanos na natureza e mesmo os domésticos ensinam-lhe regras claras, e não com os vários "tons de cinza" dos animais humanos.

Para a natureza não existe "talvez", "mais ou menos", "vou pensar" ou "quem sabe". Para a natureza existe apenas o momento, vida ou morte.

O raciocínio humano mais próximo a esse é o de um cirurgião que está sempre com vidas em suas mãos. Ele simplesmente não pode cometer erros, já que erros significam vidas. Seu cérebro não sabe o que significa "depois a gente vê" ou "a gente marca", pois, qualquer dia ou depois poderá ser tarde demais para um raciocínio basicamente binário.

E este é, justamente, o motivo pelo qual um *Homo sapiens sapiens*, médico ou veterinário, sendo cirurgião, responsável pela vida de outros seres vivos, sejam estes humanos ou não humanos, sempre será considerado diferente pela maioria.

Haverá, por muito tempo ainda, alguém lhe sugerindo que seja "mais leve". Diariamente alguém lhe dirá que, para ser melhor aceito, deve brincar mais, chegar nos locais contando piadas, ser diferente do que é.

Na verdade, sabem que somos diferentes deles; mas desejam que façamos parte da massa e que, como ela, sejamos manipulados por alienação, desinformação ou qualquer outro motivo. Trata-se, a meu ver, de uma solicitação no mínimo inusitada e dispensável, já que a cada um cabe sua própria personalidade e a sua demonstração.

Entretanto, vista como uma forma de manipulação, típica de pessoas narcisistas que podem e são encontradas em qualquer família, grupo de amigos, clubes, agremiações e inclusive na política, a questão toma um outro formato.

E os circunstantes sugerem tanto, falam tanto que alguns "desavisados sociais" acatam. Esquecem que esse comportamento não pertence à sua essência, à sua personalidade e, nesse instante, surge uma questão de ordem ideológica, emocional, psicológica e, claro, profissional.

Nesse momento faço uma analogia entre movimentos como o LGBTQIAPN+, o antirracismo ou qualquer outro movimento social que inicialmente causaram polêmica, mas que, gradativamente, acabaram aceitos.

Aceitos, talvez, pelo *mea culpa* de uma sociedade omissa ou, quem sabe, pela tão alardeada necessidade de diversidade social. Por outro lado, há pessoas que, simplesmente por pensarem e agirem diversamente da maioria, são aconselhadas a se portarem como o grupo, com o intuito de serem melhor aceitas pela sociedade à qual pertencem. Quem levantará uma bandeira em seu favor?

Até quando pequenos grupinhos sociais, vivendo em suas bolhas de ar rarefeito, continuarão ditando regras marcadas por suas próprias necessidades e rejeitando pessoas que simplesmente pensam de maneira diferente e que se atrevem a expressar-se desnudando verdades que não deveriam ser ditas? Onde está a tão disseminada liberdade e aceitação à diversidade de opiniões? Será que o debate civilizado de opiniões é uma utopia?

Talvez a tal Liberdade de expressão e a atual chuva midiática sobre as diversidades e suas minorias sejam assuntos especificamente escolhidos por um reduzido número de pessoas e aceito pelos milhares que foram ensinados a nada decidir.

Não seria perfeito conversar e aprender ou, no mínimo, por uma questão de respeito, ouvir a percepção de vida do próximo? Sim. Soa bastante normal e coerente que isso ocorra.

Contudo, aparentemente nossa sociedade já foi tão bombardeada com as informações consideradas relevantes pela minoria com poder decisório, tais como consumo desenfreado, gastos inadequados e redes sociais ilusórias, que se encontra alienada e embotada o suficiente para desejar participar desse grupo.

Todos desejam apenas falar. Falar sobre nada e postar sobre tudo. O protótipo da consciência vazia.

E quanto à conversa ou debate edificante dos quais falávamos? Ninguém deveria levar um simples debate, o conteúdo de uma conversa banal para o lado pessoal. Isso é patogênico.

Será que polarizar sobre concepções, discordar das opiniões alheias tornou-se um pecado capital? Até quando inteligências acima da média permanecerão sentadas em suas quinas de observação, a fim de utilizarem seus pontos equidistantes para melhor manipularem os transeuntes emocional e tecnicamente carentes e incautos?

As pessoas deveriam recorrer à sua Inteligência Emocional para auxiliar o próximo, como faz a maioria dos animais, em vez de de permitir a manifestação de sua raiva ou frustrações incontidas sobre pessoas passivas ou menos agressivas.

Essas reações são fartamente documentadas nos estudos dos chimpanzés efetuados por Jane Goodall, sobre quem discorrerei a seguir.

A observação desses vídeos é altamente recomendável, uma vez que, ao mesmo tempo em que eles exibem fatos, revelam comportamentos de nossos "parentes" mais próximos, com cerca de 98,6% de genes iguais aos nossos e que estão em evolução, assim como nós.

Essa é uma visão odiável e indesejável para uma grande porcentagem da população humana terrestre, mas é também um choque de realidade intrinsecamente necessário.

Abrir os olhos e formatar uma colcha de retalhos através de meditação, da busca pelo autoconhecimento é, indubitavelmente, o melhor caminho a fim de quebrar paradigmas, compreender e aceitar algo que, apesar de comprovado, até o momento apenas povoou o imaginário do ser humano.

A visão da agressividade em evolução e a constatação de que sustentamos uma civilidade frugal, extremamente superficial e hipócrita é a base de sustentação para o entendimento e busca de mudanças comportamentais de nossa parte.

Grupos de indivíduos solitários, decadentes e carentes, sentados ao redor de uma mesa, dia após dia nas mesmas cadeiras como se tronos fossem, trocando antigas memórias, sob nuvens de passado e poeira, reivindicando para si uma vida de realeza de quem invejam o viver, mas que nunca viveram.

Que tolice! Esquecem apenas que a época dos reinados passou e ainda que assim não fora, lhes falta o essencial para reinar: os fundamentos da verdadeira Realeza: honra, verdade e compaixão.

São grupos que podem, eventualmente, ter ou fazer, porém, jamais SER.

Então, retorno à autobiografia de Gandhi no momento em que ele diz:

"Não consigo entender a satisfação de um ser humano ao ver outro se humilhar diante dele".

Pessoalmente, fico muito triste por todos os que se deixam levar por esses pequenos grupos que, na verdade, não dominam e sim, são totalmente dominados.

Dominados pelo orgulho, pela vaidade, pela arrogância, pela soberba. Pessoas dominadas pelo pensamento de se considerarem melhor que os demais humanos, seja por qual motivo for.

Seres sob essa condição, estes são realmente aqueles que, ao final, se tornam difíceis de conviver, pois não estão abertos a nenhum tipo de troca, nem permeáveis a qualquer novo aprendizado. Preferem viver superficialmente, sem precisar se aprofundar em nenhum tema, levando a vida como ela sempre foi, aceitando determinadas imposições de ordem pública, midiática ou social sem questionar e, sendo então, eles sim, manipulados como gado.

Mas sempre JULGANDO!!! E como nós, os animais humanos, julgamos! A tudo e a todos, todo o tempo.

Ainda se julgássemos apenas a nós mesmos... mas não!

O tal do espelho faz com que normalmente se despeje no próximo todo o lixo encontrado deste nosso lado, e que não é desejado.

Coitado do "próximo" gentil, educado, carente e passivo. Passará, com o tempo, a ser julgado por uma ou mais pessoas do grupo, fatalmente se transformando no bode expiatório de todos.

É urgente e necessária uma terapia para aprender a dizer "NÃO". Este é o início do processo de salvamento de sua saúde mental, emocional e física.

Então, eu diria que o conceito de conseguir um entendimento com os outros animais humanos ou, melhor dizendo, com os da própria espécie que habitam o mesmo planeta que nós mesmos é, definitivamente, muito complexo. Nem por isso, no entanto, nos é permitido desistir.

Na verdade, é incrivelmente importante e válida, além de extremamente necessária, a tentativa permanente de contato e entendimento, acreditando no êxito dessa empreitada, por amor ao nosso planeta; por amor a tudo e a todos que nele habitam. Estranho ciclo. Estranha utopia.

Condizente com o que escrevi mais acima, no início deste raciocínio, e prosseguindo no tema, animais não humanos que possuem regras claras e pessoas ligadas à área da saúde, cujo raciocínio tende a ser binário, têm grandes chances de chegar a um bom entendimento, sendo estes, basicamente, os socialmente mais excluídos por não se adaptarem às pessoas e sim, aos animais.

Ao passar algum tempo da minha vida na África, mais precisamente em Nairóbi, no Quênia, tomei conhecimento do maravilhoso trabalho de Jane Goodall.

Dra. Jane Goodall, primatologista, etóloga e antropóloga britânica, considerada mundialmente a maior estudiosa em chimpanzés, passou praticamente quarenta anos, das suas quase nove décadas de vida, pesquisando em campo, no Parque Nacional de Gombe Stream, na Tanzânia, onde estudou os chimpanzés, sendo a primeira a testemunhar comportamentos de primatas semelhantes aos de humanos, incluindo aqui o conflito armado.

Eu a vi em uma palestra na África. Sempre fui completamente encantada por aquela mulher.

Jane Goodall representava tudo o que eu mais desejava alcançar profissionalmente: cultura, contato próximo com animais e com a natureza, descobertas incríveis sobre o comportamento deles e poder repassar esse conhecimento ao público.

Isso descrevia a felicidade para mim!! Talvez eu tenha chegado tarde demais.

Perceber que toda aquela cultura, todas as décadas de pesquisas a campo, suas incríveis descobertas sobre o comportamento dos chimpanzés; enfim, o trabalho de uma vida que deveria ser utilizado em favor desses animais foi, para dizer o mínimo, subestimado em favor da nossa espécie, que não se dá ao trabalho de se tornar "humana" e tratar com humanidade e respeito, nem ao menos aos demais de sua própria espécie. Isto foi um golpe na minha busca de propósitos.

É evidente que seres responsáveis pela formatação de políticas públicas, assim como populações inteiras, aceitam com naturalidade uma realidade na qual os de sua própria espécie são vistos como inferiores e merecedores da humilhação de uma qualidade indigna de vida, permitindo que sofram e até morram. É como se a vida deles, por estarem geograficamente distantes das suas, possibilitasse automaticamente que suas necessidades e problemas jamais viessem a tocar seu mundinho fútil e egoísta.

São seres que, na maioria das vezes, não se importam com o que ocorre além do portão de suas casas, desde que dentro delas esteja tudo bem; seres que barganham, fazendo política pelo poder e não pelos demais; seres que por qualquer motivo guerreiam e se matam; que pregam a paz e proporcionam as guerras; seres aos quais, aparentemente, falta apenas retroceder ao canibalismo.

Na verdade, são seres com um comportamento tão próximo ao dos chimpanzés que, provavelmente, ficaram horrorizados com as descobertas de Jane Goodall, uma vez que, talvez, os chimpanzés estudados por ela tenham demonstrado mais civilidade, coerência e compaixão que a maioria de sua (nossa) própria espécie.

Isso posto, e acrescentando o fato de não podermos esquecer que as florestas africanas continuam a ser devastados pelos europeus; que, as pequenas tribos de "animais humanos" africanas também precisam se alimentar para sobreviver, Jane, com certeza descobriu que os povos destas tribos continuarão a matar, comer e revender partes do corpo de chimpanzés, assim como de gorilas.

E o que poderia ela ter feito? Citar Darwin e sua teoria evolucionista como referência? Dizer que ele mesmo citou que somos todos iguais? Diferentes apenas em graus, não em gênero?

Como se faz para continuar pesquisando e cuidando de uma espécie animal que você ama se, literalmente, você presencia seres da sua própria espécie sendo obrigados a matá-los para não morrerem de fome? Que decisão se pode tomar?

Eu não sei você, querido leitor, mas eu não dormi por dias. Meu propósito de vida havia se esvaído nas selvas africanas. Foi destruído por amor e compaixão àqueles irmãos vivendo em meio à total miséria e desinformação. Seres humanos deixados ao largo, apenas trazidos à tona em função de um documentário direcionado especificamente a uma cientista renomada.

Estranha dicotomia dos opostos. Solução tão simples! Prática totalmente impossível em todos os nossos tempos: passados, últimos, atuais e próximos.

Não neste planeta. Não agora. Tampouco nestes futuros séculos.

"As pessoas costumam dizer que os seres humanos sempre comeram animais, como se esta fosse uma justificação para continuar a prática. Segundo esta lógica, não deveríamos tentar impedir as pessoas de assassinar outras pessoas, pois isso também tem sido feito desde os primórdios dos tempos."
(Isaac Bashevis Singer)

Não podemos nos dar ao luxo de dar notoriedade a animais que não sejam definidos por nós, seres humanos superiores, como PETS.

Afinal, há que se lembrar da antiga máxima, extremamente sábia, que nos lembra do fato de que o ser humano sente a necessidade intrínseca de destruir tudo aquilo que ele não entenda, domine ou que seja mais belo que ele.

Que nos ensine sobre esse contexto o tigre, o mais belo de todos os animais.

A cada ano mais tigres desaparecem das suas próprias reservas na Índia. O governo indiano chegou ao cúmulo de, em julho de 2012, proibir as atividades turísticas em suas reservas de tigres. Contudo, as atividades de "poachers" ou caçadores clandestinos se mantiveram.

O número de animais baixou dos já reduzidos 1. 233 em 16 reservas de 4 grandes estados do centro e do oeste da Índia, para míseros 490. Uma diminuição superior a 60%.

Assunto triste e vasto sobre o qual caberia uma boa investigação que, presumivelmente, será efetuada da maneira "tradicional", isto é, trazendo as respostas usuais e motivações, idem.

A Índia segue os passos da África, criando seus próprios "Game Lodges" altamente sofisticados e rentáveis, no interior de novas reservas, para turistas com grande poder socioeconômico; novos e exóticos locais onde, em seus safáris, poderão avistar tigres, Gaurs (boi selvagem), Dholes (cães selvagens indianos), chacais, javalis, antílopes, gatos selvagens, leopardos e até mesmo os raros ursos preguiças.

Antes de efetivar esse esquema, porém, o governo indiano aproveitou o que a sorte e o destino lhe enviaram e, assim como por aqui, as favelas podem, de forma imprevista, amanhecer em chamas com labaredas, eventualmente incitadas pelo clamor imobiliário local. Por lá, o mesmo fogo ardente da ganância leva à morte seus mais belos espécimes, tornando o tigre de bengala ainda mais raro e, consequentemente, mais desejado.

Enfim, foi criado o denominado "Projeto Tigre", com responsabilidade sobre vários parques nacionais e outras tantas novas reservas.

De volta ao continente africano, o mundo conheceu uma nova Jane Goodall ambientalista que começou a dar palestras para as tribos africanas que matavam seus adorados "chimps". Agora, Jane ensinava àquelas crianças como escovar os dentes.

Que reviravolta! Contudo, haveria outra saída? Essa atitude não seria tomada por outras pessoas.

Como acabamos descobrindo por meio das grandes vozes dos nossos avatares ou através de nossas próprias experiências, a tal felicidade não está no final, mas sim, no caminho que trilhamos. Essa vida deve ter proporcionado uma dose imensa de felicidade durante a entrega de décadas da dra. Jane Goodall.

Quanto a mim, que não fui agraciada por essa convivência e conhecimento a respeito de chimpanzés, a natureza se encarregou de mostrar que, ao menos no quesito profissional, essa trilha de felicidade ia me trazer um trabalho com muitas horas extras, reiteradamente utilizadas em detrimento do tempo, empenho e auxílio que poderiam ser fornecidos a algum animal, ligados a seres humanos nem sempre desejáveis.

É preciso ter em mente, todavia, em que pesem as reações das pessoas que não compreenderem minhas colocações, que tanto as constantes neste livro quanto minhas opiniões pessoais não são inelutáveis; talvez possam ser consideradas fortes, agressivas, assertivas ou objetivas demais para aqueles acostumados ou desejosos da leveza e frugalidade reinantes em sua vida.

Mesmo assim, a apresentação de argumentos eficientes e verídicos, pautados em silogismos simples, apresentados por pessoas idôneas e absolutamente confiáveis, merecerá o meu respeito.

O que eu tenho a comunicar precisa fazer alguma diferença, caso contrário, que contribuição eu vim trazer a este mundo?

> *"Quando um homem mata um tigre chamam de esporte, quando um tigre mata o homem é chamado de ferocidade."*
> *(George Bernard Shaw)*

Recordei-me também de uma outra grande mulher, Dian Fossey, zoóloga americana que, seguindo o exemplo de Jane Goodall, iniciou e realizava um trabalho incansável junto aos gorilas-das-montanhas Virunga em Ruanda e no Congo, trabalho este que lhe custou a vida.

Dian Fossey morreu assassinada, no centro de pesquisas Karisoke em 1985, aos 53 anos, ironicamente, por amar gorilas e tentar protegê-los.

Um filme foi lançado tendo este assunto como tema, e atualmente um documentário sobre o problema dos gorilas de montanha está à venda nas TVs por assinatura e streamings. A realidade, no entanto, é a premente extinção dessa espécie de gorilas.

Entre 1998 e 2008, fui a praticamente todos os Game Lodges africanos, pelo menos à maioria que prometia o avistamento dos "Big Five".

Minha tristeza após o conhecimento das pesquisas sobre os novos números das espécies em extinção aumentava a cada ano e eu sentia uma necessidade imensa de me certificar da verdade.

Eu, recentemente, soubera que, pressupostamente, os tigres de bengala existentes nas reservas indianas estavam sendo dizimados por caçadores "pagantes". Ao juntar essa informação àquelas que constantemente recebia sobre os animais da África, resolvi viajar imediatamente. Se tivesse ido apenas com a intenção de fazer turismo, teriam sido as melhores viagens da minha vida!!! Bem, preciso concordar que Bora Bora é "Hors Concours, n'est pas"?

Voltando aos Game Lodges africanos, os lugares são esplêndidos, as vistas maravilhosas e os passeios incríveis. Seja nos hotéis, seja nas barracas, você é extremamente bem atendido. Tudo é perfeito do início ao fim das viagens.

O fato de acordar às 04:00h da manhã se torna uma aventura até mesmo para aqueles que preferem dormir até encontrar o sol a pino. E o que dizer da gastronomia, assim como do serviço local? Impressionante! Fiquei estupefata!!!

E, ao mesmo tempo, foi impossível deixar de imaginar o investimento efetuado para se obter um resultado "seis estrelas" como aquele e, principalmente o porquê.

E, por favor, não estou me referindo aqui àquele famoso hotel seis estrelas construído na África do Sul, "okay"?

Sim; é evidente que todos estes hotéis na selva estão situados, providencial e estrategicamente, nas cercanias de vilarejos pobres aos quais seus proprietários, basicamente europeus e americanos, de forma "altruística" e evidentemente, com o auxílio de muita mídia, amparam com benefícios como escolas e empregos nos Games Lodges. Contudo, não é necessário ser especialista em contabilidade para compreender a discrepância entre custos e benefícios desse negócio.

Anos mais tarde, relaxando alguns dias na praia de Juquehy como faço algumas vezes ao ano, e convidada por um casal amigo para o almoço, descobri que em meados de 1998 foi criado um jogo onde ganhava pontos quem melhor conseguia "organizar" um desses hotéis.

Achei esse joguinho estranhamente interessante sob o ponto de vista de alguém empenhado, porventura, em fazer expandir o seu negócio com o auxílio intelectual de milhares de "voluntários mundiais".

Enfim, constatei a excelência desse negócio que se parece e certamente será o zoológico do futuro. Algo criado oportunamente, em meio à atual sexta extinção em massa da biosfera deste planeta. Eu chorei por meses...

Chorei por Jane Goodall e sua entrega de quarenta anos; por Dian Fossey e sua morte precoce; pelos chimpanzés sem proteção; pelos gorilas sem mães, sem mãos ou sem vida; pelo extermínio dos tigres de bengala nas reservas indianas; pelos elefantinhos órfãos; pelos leões e cheetahs que eu nunca mais veria em liberdade nas savanas africanas.

Chorei por mim, pelos meus sonhos, pela minha África.

Voltei para casa.

> *"É mais fácil mudar a natureza do plutônio do que mudar a natureza maldosa do homem."*
> *(Albert Einstein)*

Drago!

Meu amigo, meu irmão.

Errei tanto com ele que precisei pedir perdão. Ensinei tanto para aquele cão que não houve nenhuma possibilidade de retorno do mundo em que o coloquei e no qual ele se instalou com toda sua bagagem.

Sim. A busca pelo caminho de volta foi o maior dos ensinamentos que recebi de Drago. E esse caminho era longo e solitário.

Nunca mais houve outro Drago. E para mim, nunca mais haverá. Para o bem dos meus cães e também para o meu. Talvez esse caminho de volta deva ser, realmente, solitário.

Interessante, mas algo triste é perceber que o uso da "telepatia" animal deve, como tudo aquilo com o qual não estamos familiarizados, ser feito com critério e muita parcimônia por nós, "quase" humanos que ainda não estamos completamente aptos a ela.

Meus olhos insistem em deixar escorrer águas, como se lágrimas pudessem justificar a volta do meu amigo ou conseguissem apaziguar a falta que ele me faz.

Contudo, uma das lições mais difíceis de serem aprendidas é esta: não se brinca de Deus impunemente. Ele sempre acerta, você não.

As decorrências de experiências como essa trazem suas implicações, normalmente doloridas ou, no mínimo, aflitivas, incômodas e repletas de sentimentos de culpa para seu articulador. Li muito sobre sentimento de culpa, e cheguei à conclusão de que ele não deve existir.

Devemos ser "responsáveis" por nossos pensamentos e atitudes. Em seguida, devemos aceitar que suas consequências implicam situações pelas quais apenas nós mesmos teremos o dever de responder, cedo ou tarde.

Na sequência, já tendo compreendido o engano, temos a obrigação de repará-lo. Fase difícil e complexa, pois esse engano poderá ter sido simples e afetado somente a nós mesmos, ou mais complicado que isso, afetando a outros, com os quais temos o dever moral de nos redimir.

Uma vez que criamos coragem para expor nossos reais sentimentos no pedido de desculpas, cabe ao ofendido aceitá-lo ou rejeitá-lo.

Mas esta passa a ser uma questão somente dele, do ofendido. A nós cabe fazermos a nossa parte, e não temos nada a ver com os eventuais problemas dessa pessoa em lidar com a nossa atitude. Dar ou não o seu perdão. Talvez esse indivíduo necessite de mais tempo ou nunca chegue a um tempo.

O importante é que estamos cumprindo as etapas para nos livrarmos do nosso engano.

Após percebido e aceito o engano, efetuado o pedido de desculpas, ainda é muito importante e necessário que nos coloquemos no lugar daquele a quem magoamos ou ofendemos de alguma forma.

Há quem diga que essa seria uma explicação simplificada para a "Roda de Sansara" com seu Karma e Darma do budismo, dizendo que durante suas vidas você colhe aquilo que planta. Acredito nela.

Acredito também na bela definição sobre a romagem evolutiva do princípio espiritual descrito na magnífica obra de Léon Denis, o poeta da filosofia espírita, intitulada *O Problema do Ser, do Destino e da Dor.*[1] Diz o autor: "Na planta, a inteligência dormita; no animal, sonha; só no homem acorda, conhece-se, possui-se e torna-se consciente [...]".

Discussões à parte, efetuar essa rotina me trouxe o que mais próximo da paz interior eu pude granjear.

> *"Lágrimas não são argumentos."*
> *(Machado de Assis)*

1 DENIS, Léon. *O Problema do Ser, do Destino e da dor*. Brasília: FEB Editora, 32ª edição, 2019.

Com Drago e por Drago, aprendi muito mais que sobre virtudes, a busca por elas ou sobre enganos e como desfazê-los. Acredito que aprendi sobre telepatia; ou algo muito similar ao significado desta palavra. Creio que muitos, a maioria dos animais não humanos, a possuem como uma de suas habilidades e, como já mencionei, ao se relacionarem intimamente com um outro ser, seja ele de que espécie for, a compartilham.

Fui premiada pelo amor de Drago e por sua sede de saber. Mas acredito que o ônus desta simbiose lhe tenha custado muito caro. A mim também.

“Saudade é uma dor que fere nos dois mundos...”
(Chico Xavier)

CAPÍTULO 6

CRYSTAL, CHARLOTTE, CARMEL, PANSY, PHILIPA, DOMINICK, MARGUERITTE E ARMAND

VÁRIOS MOSQUETEIROS E SEUS MOINHOS DE AMOR

CAPÍTULO 6

Descontando a época em que Lála teve suas ninhadas e pude conviver diariamente com aqueles filhotinhos deliciosamente encrenqueiros e fonte adorável de trabalho incessante, não me recordo ter passado por uma temporada mais ligada ao estudo da infância canina.

Eram três indivíduos completamente distintos e totalmente dispostos a demonstrar esse fato.

No espaço de um mês chegaram Crystal, Charlotte e Carmel.

Crystal, uma fêmea de Rottweiler, tão pequena e geniosa quanto bonita e bem conformada fisicamente.

Charlotte, outra fêmea, veio em seguida, esta da raça Dogue Alemã (Dinamarquês) arlequim. Um verdadeiro projeto de "lady", tal a delicadeza e a meiguice de seus atos e sentimentos. Depois, Carmel, também uma fêmea, da mesma raça de Drago: Pastor Canadense ou Suíço de pelo longo. Um caso à parte, conforme vim a descobrir posteriormente, estudando outros cães com essa mesma personalidade, tal Pansy, outra rott; aliás, falarei disso mais adiante quando abordar a vida de uma fêmea chamada Claire. E King's Ranch se transformou em uma creche.

Criar três meninas como Crystal, Charlotte e Carmel era um trabalho árduo, porém recompensador.

Eu havia acabado de adotar minha primeira veadinha, Philipa, a qual instalei num dos canis ao lado das outras recém-chegadas.

Philipa perdera a mãe dias antes, morta por caçadores que invadiram meu rancho.

Funcionários a encontraram escondida sob um arbusto, toda molhada e assustada. Estava petrificada pelo pânico e foi fácil trazer a pequena recém-nascida até a casa grande.

Comecei a alimentar Philipa na mamadeira e tentei que se acostumasse às cachorrinhas.

Essa possibilidade me pareceu muito boa a princípio; contudo, o cenário sempre se repetia.

Quando estavam juntas e Philipa corria atrás das cachorras, ela parecia se divertir bastante; porém, bastava a situação se inverter e as cachorras correrem atrás dela para o pânico se instalar e Philipa perder o controle. Nessas situações ela podia se machucar muito, pois se jogava sobre qualquer superfície, parede ou qualquer local, sem olhar; apenas seguia seu instinto de fuga.

Desisti rapidamente dessa empreitada, mantendo uma cerca de separação entre as cadelas e ela.

Nessa época eu estava finalizando as negociações com o IBAMA para receber meu criadouro conservacionista, e como o zoológico de São Paulo possuía um excedente de veadinhos catingueiros (Mazama guazoubira), recebi alguns deles. Formavam um grupo e se comportavam como tal, o que era muito interessante observar.

Philipa não se adaptou a eles. Criada por mim, ela havia se habituado com humanos e, ademais, não conhecera ninguém da sua própria espécie. Eles a assustavam, quando nós, humanos, é que deveríamos assustar...

Então ganhei mais um veadinho recém-nascido; desta vez um machinho a quem dei o nome de Dominick. Precisava ser criado na mamadeira também, como Philipa; porém, fiz uma tentativa de incluí-lo no grupo existente, falhou. O grupo não o aceitou.

Após essa rejeição, pensei em colocar Dominick com Philipa que, como os demais também não o aceitou.

Interessante essa constatação por espécie: grupos formados não aceitam filhotes órfãos, e animais criados por outra espécie podem não aceitar os de sua própria.

Depois, recebi duas fêmeas adultas às quais dei os nomes de Sophie e Louise, uma vez que não se desgrudavam nunca.

Ficaram todos em King's Ranch com seus respectivos grupos, fossem esses de sua espécie ou não.

Grupos como os de Dominick e eu, Philipa e eu que sobreviveram a todos os ataques sazonais de escorpiões porque, por terem sido criados por mim, ficavam quietos e eu conseguia que abrissem a boca para tomar até comprimidos. E grupos como o de Sophie e Louise, além do grupo maior cujos membros, infelizmente, morreram conforme foram sendo picados. Tomei todas as providências para evitar os ataques, incluindo um ruidoso mas lindo grupo de galinhas d'angola, amplamente reconhecidas por se alimentarem de cobras e escorpiões. Contudo, posteriormente me dei conta de que estas duas espécies, as d'angolas e os escorpiões, possuem horários distintos para suas atividades. As galinhas durante o dia e os escorpiões, à noite. Logo, nunca se encontram!

Relembrei a minha estadia na mãe África.

Foi definido que não devemos interferir na natureza. Sempre questionei essa regra!

Hoje sigo questionando e por ainda mais motivos.

É fato que, efetivamente, somente nos é possível auxiliar animais silvestres que estejam sob nossa tutela (treinados para serem atendidos) ou criados por nós, como o caso de Philipa e Dominick relatado acima; entretanto, estamos falando de animais que não voltarão à vida livre. Falamos de animais de zoológicos ou de criadouros.

E me refiro aqui, inclusive, aos animais dos Game Lodges africanos, os quais considero como os novos zoológicos do planeta, uma vez que, isolados em seus "hot spots", têm sua alimentação por vezes fornecida pelos proprietários dos locais que habitam, os quais também não abandonam por uma questão alimentar.

Esse tipo de interferência dos proprietários dos Game Lodges, inclusive, foi um dos motivos para um problema na migração anual dos gnus e zebras no Serengueti há alguns anos. Em função de possíveis enganos estratégicos em algumas decisões agrícolas tomadas em determinados lodges, parte da migração dos gnus e zebras quase não aconteceu. Trata-se da Grande Migração do Serengeti, uma das maiores atrações turísticas do continente africano.

Comportamentos deste formato foram mantidos no "Back stage" e auxiliaram o aumento de uma rede magnífica de hotéis de luxo, perfeitos para os amantes dos animais e da natureza ou de pessoas apenas afeitas a viagens exóticas, curiosas por conhecer a África e seus atrativos turísticos como os "Big Five" (leão, leopardo, rinoceronte, búfalo e elefante).

Acredito, inclusive, que esse tema dos "hot spots" utilizados pelos Game Lodges africanos seja tão importante para quem se interessa pela vida animal que é possível que seja abordado mais extensamente no futuro. Nessa oportunidade, talvez me posicione a respeito da criação desses mesmos "Game Lodges", agora instalados também na Índia.

Mas fica aqui, no entanto, um *spoiler* para você, leitor, pensar a respeito de como, por que e para que esses novos "zoológicos" estão sendo criados.

Seja por influência dos avestruzes que conheci nas várias fazendas de criação africanas existentes e dos quais gostei muito, não apenas pelos ovos enormes com os quais fazíamos omeletes para 12 ou mais pessoas utilizando apenas um deles, mas também pelo fato de serem os machos os responsáveis por chocar e cuidar dos filhotes de todo o grupo, decidi adquirir um casal de emas brancas. Chegaram Armand e Margueritte.

Desde esse dia, passei a sentir pena do tratador de King Lark.

Ele se afeiçoou a essas aves e tomou para si a responsabilidade de cuidar delas. O pobre homem nunca mais foi o mesmo. Vivia com os braços arranhados e com pequenos machucados nas pernas.

Depois de uns meses, eu o via frequentemente usando um casaco de couro boa parte do dia… fizesse sol ou chuva.

E a situação piorou quando ambos, Margueritte e Armand, pegaram uma gripe que, apesar de ter sido muito bem tratada, evoluiu para uma pneumonia bacteriana.

Em questão de dias, apesar de todos os nossos esforços, Margueritte morreu, tendo o tratamento de Armand se prolongado por cerca de mais duas semanas.

Foi travada uma verdadeira batalha épica para conseguirmos manter Armand vivo, até porque ele não se mostrava nem um pouco disposto a colaborar com o tratamento. Comprei um novo casaco de couro para o tratador. Armand sobreviveu! O tratador também!!!

Sem a companhia de Margueritte, porém, Armand se tornou arredio e agressivo com todos nós. Durante algum tempo, tivemos a impressão de que ele a procurava ou que aguardava sua chegada a qualquer momento.

Todavia, conforme os dias se passaram, seus olhos já não buscavam a porta ou as laterais do piquete com tanta intensidade; deixou de virar a cabeça como um periscópio e suas longas pernas não corriam mais junto à cerca do piquete onde viviam.

Num daqueles dias percebi nele um detalhe que apenas havia visualizado em animais moribundos até então: os olhos de Armand deixaram de brilhar. Nunca mais bateu suas lindas e enormes asas brancas ao sol ou correu pelo piquete. Armand desistiu.

Eu nunca havia estudado aves… E talvez não precise.

Uma grande ave, um macho adulto de ema branca, me ensinou que elas também sentem e sofrem como nós... Algumas, talvez um pouco mais.

Armand morreu dois meses depois, de causa desconhecida!

Eu o enterrei junto a Margueritte e plantei uma nova Moreia branca no alto da colina de King's Ranch.

"Invejo as flores que murchando morrem,
E as aves que desmaiam-se cantando
E expiram sem sofrer...
(Álvares de Azevedo)

Voltando ao início deste capítulo iniciado com a apresentação das três pequenas fêmeas que chagaram a King's Ranch, passo agora, a descrevê-las dizendo possuir cada uma sua própria personalidade e que requeriam demonstrações de amor distintas, tanto quanto treinamento diferenciado.

Até se podia dar aulas para as três simultaneamente, nas quais muitas vezes eu também colocava Drago, enquanto ele ainda era vivo. Quando isso acontecia, as aulas transcorriam de maneira mais fácil e tranquila, uma vez que as meninas imitavam o comportamento dele.

Com o passar do tempo, as personalidades foram se definindo ainda mais. Crystal era a dominante, Charlotte vinha logo após, seguida de Carmel.

Estavam sempre brincando, e Crystal adquiriu o hábito de mordiscar as canelas de Charlotte, o que a deixava muito incomodada. Brincadeira habitual entre filhotes. Ao observar o comportamento de Crystal, Carmel começou a imitá-la.

O resultado foi o início de um *bullying* contra Charlotte.

Por força dessa situação, estranhamente, passadas algumas semanas, Charlotte inverteu o jogo. Sempre que o tratador as soltava para brincar, ela de imediato começava a morder as canelas de Carmel, retirando de si mesma e atraindo a atenção de Crystal para Carmel também.

Ok! Concordo que esse seja um comportamento normal e natural da idade canina. Mas de todas as formas, Carmel estava perdida!

Um mês depois ela havia se tornado uma "kamikaze". De super mansa e tranquila, agora acuada pelas outras duas cadelas, transformou-se num indivíduo que, ao ser provocado, reagia com agressividade, independentemente do resultado da briga. Na verdade, sabia que perderia para as outras duas cadelas, mas não se importava mais. Para ela, passou a ser tudo ou nada!

Foi preciso parar com as brincadeiras, pela sanidade mental de Carmel e, consequentemente, pela de Charlotte.

A paz voltou a reinar entre o trio; mas não antes de um extenuante trabalho para que as meninas esquecessem a estória de mordiscar canelas. Dei continuidade ao adestramento básico das três.

Considerei esse aprendizado extremamente interessante do ponto de vista comportamental, psicológico e científico, além de muitos outros que elas me trouxeram.

Durante essa época, me recordei muito de um livro intitulado "O senhor das moscas", de William Golding, no qual um grupo de crianças que viajava de avião com seu professor, após a queda do mesmo, se vê obrigado a sobreviver numa ilha.

Crystal se tornou extremamente territorialista, possessiva e leal. Era a líder do grupo.

Charlotte, a Tchalla, uma lady, como eu havia imaginado. Uma criança grande.

Carmel, uma verdadeira raposinha feliz e interativa. Muito mais esperta do que a maioria dos adestradores gostaria ou concordaria que fosse; acabou por se tornar uma excelente mãe.

Todavia, este é um ponto que eu tocarei e esclarecerei mais adiante, ao falar sobre outra "raposinha", Claire.

As três me veneravam e demonstravam seus sentimentos de forma, às vezes, agressiva. Era necessário ter sempre em mente o meu tom de voz e as expressões que fazia ao conversar ou contar histórias, com funcionários ou qualquer outra pessoa, pois, se eu demonstrasse irritação ou agressividade, elas imediatamente atacavam.

Crystal, a Rottweiler, era muito seletiva em relação a quem se aproximava de mim, e demonstrou em várias oportunidades não gostar de um amigo meu de longa data, mordiscando sua canela como um aviso, das formas mais incomuns. Era a única pessoa da qual Crystal, definitivamente, deixava claro não gostar. Ela o mordeu por três vezes...

Eu a perdi para o tempo e para o megaesôfago. Tentamos de tudo, desde modificar a sua alimentação, levantar comedouro e bebedouro, para uma alimentação em pé e muita, muita medicação, até o extremo de uma, talvez desnecessária, cirurgia.

Crystal foi, finalmente, operada do seu megaesôfago e acabou morrendo comigo; por minhas mãos que não suportavam mais lhe aplicar injeções para dores, cerca de quinze dias após a cirurgia, em meio às complicações dela advindas, dificuldades de cicatrização e sofrimentos ligados ao *stress* de não poder levar a vida que sempre teve.

Desnecessário comentar o quanto foi intrincado e tortuoso o caminho para a aceitação do ocorrido.

Mais uma vez, aprendi.

Minha Lady Charlotte, a Dogue Alemã que corria como um coelho por todo o rancho, e se espremia tal qual uma sardinha em lata na vã tentativa de conseguir caber no meu colo como na época em que era um filhote. Uma tarde, bambeou e caiu.

Notei que estava com problemas neurológicos. Eu a levei a São Paulo e imediatamente entrei em contato com um antigo professor da faculdade que era o melhor neurologista que eu conhecia.

Vários meses se passaram entre tantos tratamentos quanto pudemos encontrar; no entanto, o problema de Charlotte foi se alterando e aumentando gradativamente.

Tchalla se foi assim; também no meu colo, na companhia do Dr. Faiçal, numa cinzenta e triste manhã de primavera.

Carmel, minha raposinha travessa, morreu tranquila enquanto dormia, de morte natural alguns meses depois.

Eu as levei, minhas três mosqueteiras, cada uma a seu turno, até o alto da colina de King's Ranch e as enterrei lado a lado, como sempre estiveram, agora aumentando o número de moreias brancas do meu triste, belo e amado jardim...

"Vida é vida — seja em um gato ou cão ou homem. Não há nenhuma diferença existente entre um gato e um homem. A ideia de diferença é uma concepção humana, vantajosa somente para o próprio homem."
(Sri Aurobindo)

Como explicar o que recebi de Carmel, minha raposinha, sempre tão feliz, alegre e espontânea quanto Chopin?

Apesar de ter sido quase enlouquecida na adolescência por suas colegas Crystal, com quem aprendi muito sobre paciência, disciplina e amor incondicional, e com Charlotte, de quem trago a lembrança de muita tranquilidade e alegria, Carmel voltou a ser quem era, tornando-se uma cadela tranquila e madura. Acredito sinceramente que essa mudança em Carmel se processou através da maternidade.

Entendi perfeitamente esse recado, pois, apesar de não ter sido mãe, o contato com animais nos dá a mesma descarga de ocitocina (hormônio entre outras coisas, responsável pelo afeto e pelas relações interpessoais) além do que, conviver com o filhinho daquele amigo que me deu aulas no rancho me proporcionou a noção de como poderia ter sido.

Então, compreendi, com décadas de atraso, o porquê de me sentir tão bem junto a Lála, aos seus filhotes e, posteriormente, a todos os outros cães! Era muito amor! Pura ocitocina!!!

> *"Animais não deveriam pedir nossa permissão para viver na Terra. Aos animais foi concedido esse direito muito antes de nós, humanos, chegarmos."*
>
> *(Autor desconhecido)*

Hierarquia. Algo muitíssimo importante e um rito de passagem entre filhotes e adolescentes; bem mais sério e perigoso por vezes, quando tentada em idade adulta.

Crystal, Charlotte e Carmel me transmitiram verdadeiras palestras sobre este tema.

A memória não me trai ao gritar que devemos colaborar uns com os outros, que devemos ter compaixão pelo nosso próximo e cuidados especiais para com o nosso planeta.

Sempre que surgiram comportamentos nocivos entre as três filhotas, estes eram muito visíveis e de fácil correção. Até mesmo a perseguição com finalidade de autopreservação junto à Crystal, inventada por Charlotte às pernas de Carmel, em vez das dela, demonstraram que também raças consideradas menos inteligentes como a dela (Dogue Alemã/ Dinamarquês) conseguem formatar uma linha completa de raciocínio quando necessário.

A pequena Carmel, tão feliz e despreocupada, depois de assediada quase até à loucura, quem diria, saiu-se maravilhosamente como mãe. Ela foi a primeira a me ensinar sobre resiliência.

Em seguida, Crystal, a Rottweiler, demonstrou força, coragem e muita, muita determinação. E o que dizer sobre disciplina e entendimento do que se esperava dela durante seu tratamento contra o megaesôfago?

À parte o ponto de vista comportamental, Crystal me fez perceber que nem sempre devemos atuar de acordo com as disposições dos profissionais veterinários que, assim como nossos médicos, tudo sempre farão em favor da perpetuação da vida, esquecendo-se, por vezes, de que existe uma qualidade de vida a ser considerada. Que existe mais do que simplesmente vida e morte em questão.

Existem emoções e sentimentos. Desejos do paciente que devem e precisam ser não apenas levados em consideração, mas sim, concretizados. Trata-se de um ser à beira da morte e seus últimos desejos.

Anos depois, seria a vez de Ava e Joshua me incentivarem a manter essa mesma linha de atuação que jamais se tornará obsoleta.

Observar seu amigo e suas reais necessidades, seus hábitos, seus desejos e seu bem-estar: essa é a proposta.

"As simple as that"!

"O animal selvagem e cruel não é aquele que está atrás das grades. É aquele que está na frente delas."

(Alex Munthe)

CAPÍTULO 7

VIGGO, SOPHIE LOUISE E MORGAN

TÃO DIFERENTES; TÃO IGUAIS

CAPÍTULO 7

Minha irmã e eu estávamos ocupando três assentos no avião. Voltávamos de Salvador.

A caixa entre nós duas fazia barulhos estranhos. Emitia sons não habituais e impróprios ao interior de uma aeronave. Ela rosnava.

Viggo, meu novo tutorado canino, voava conosco e estava determinado a demonstrar sua indignação por precisar viajar daquela forma.

Acredito que havia um pouco de irritação por tudo o que acontecera até que conseguíssemos embarcar naquela manhã.

Apesar de compradas as passagens, efetuadas as reservas para as primeiras poltronas e providenciada toda a documentação necessária para a vinda de um filhote canino como Viggo, houve um problema técnico e a aeronave precisou ser trocada.

Colocaram-nos no próximo voo que, por não sair de Salvador, também não dispunha de lugares marcados. Evidentemente, os primeiros bancos que havíamos reservado para colocar a caixa do cãozinho sob as poltronas, estavam ocupados.

Foi um verdadeiro problema. Falta de respeito e de consideração por parte da tripulação e falta de boa vontade dos passageiros que ocupavam os assentos citados.

Quase perdemos o voo e as passagens. Não fosse o escândalo inconveniente, porém necessário, que criei a bordo, nossos direitos não teriam sido preservados, Viggo ficaria sem seu lugar no avião e não teríamos embarcado naquele dia.

Tudo resolvido, o voo transcorreu normalmente; apenas com as reclamações sonoras de um certo passageiro.

O criador de Viggo me foi recomendado por uma pessoa muito idônea e precisei aguardar cerca de um ano por ele.

Qual não foi a minha surpresa quando, ao chegar a Lázaro de Freitas, em Salvador, local onde ficava o canil, me mostrarem o casalzinho de Rottweilers separado para que eu escolhesse o da minha preferência e eu ter notado que havia algo de errado!

A pelagem deles não era a de filhotes normais. Ambos sofriam de "ursismo".

É realmente impressionante como a criação de animais vem se deteriorando. Notar como criadores mal-intencionados esperam por compradores leigos e desinformados para descartar filhotes indesejados física e psicologicamente que, normalmente, também apresentam problemas emocionais.

Você paga adiantado para reservar um filhote e ter direito à primeira escolha; aguarda por um ano, viaja centenas de quilômetros para buscá-lo e, quando finalmente o encontra, percebe o engodo.

Achei melhor aprender com a experiência. Ter notado e entender mais sobre um dos motivos pelos quais a criadora de quem eu sempre comprara meus rotts havia desistido de criá-los era um bom início.

Mas, apesar de seu pequeno problema, escolhi o machinho entre os dois filhotes, por sua personalidade e comportamento bastante peculiares. Gostei dele.

Viggo se tornou o primeiro Rottweiler "pelo longo" da história! Era evidente que eu não poderia ter um cão com um pedigree excelente e peludo como um urso! Ainda não havia evolução em mim para tanto.

Esquecido esse "pormenor", a vida seguiu normalmente para todos, e Viggo foi crescendo. Crescendo e se desenvolvendo como qualquer Rottweiler. Ele se tornou um belo espécime, porém, muito forte, ativo e rústico para viver comigo no apartamento de São Paulo.

Normalmente, em função de alguma traquinagem, eu o chamava de "tropeço de Lázaro de Freitas "; essa expressão quase se tornou seu nome.

Resolvi que o rancho seria uma casa mais acertada, acolhedora e interessante para ele.

Era visível o quanto ele adorava o rancho, e os dias passados lá eram, para ele, simplesmente intermináveis. A única disciplina local seguida parecia ser os horários para acordar, comer e dormir.

No mais, festa.

Os cães andavam em matilha, seguindo sua mais recente hierarquia com Viggo no comando, fato que Sophie e Morgan aceitaram prazerosamente. Nenhum dos dois jamais desejou o posto de Alpha e seguiam, felizes, todas as diretrizes fornecidas pelo novo líder.

Nessa altura da minha vida profissional eu já tinha novas concepções com relação ao tipo de adestramento a ser ministrado aos cães, e não forçar acintosamente a liderança do grupo era uma delas.

Eu comecei a trabalhar com Viggo por meio de energia e da aceitação de sua condição perante os demais. O fato de ele me aceitar era a arma mais eficiente para a evolução do respeito e da atenção obtidos pelos demais. Ele fazia todo o trabalho, assim como Drago antes dele o fizera; apenas, de maneira mais tênue.

Eu continuei trazendo todos os cães para São Paulo em sistema de rodízio, inclusive o próprio Viggo.

Uma oportunidade a mais para eles ficarem comigo, conhecerem situações e pessoas diferentes e, para mim, de aperfeiçoar individualmente minha teoria. Eu buscava um ponto central, um meio termo.

Descobrir até onde deveria educar um cão, a fim de ajudar no seu desenvolvimento socioemocional sem, contudo, interferir no comportamento e autoconhecimento dele enquanto indivíduo de uma espécie distinta da minha, com suas próprias regras de conduta, comunicação e autocompreensão continuava sendo o meu objetivo primordial.

Eu havia ido longe demais. Precisava fazer o caminho de volta. Cheguei bem próximo ao desejado com Viggo.

Nessa tentativa, notei mais uma vez que tudo, absolutamente tudo, depende das características individuais de cada um.

Viggo veio a ser um cão espetacular. Um ótimo companheiro, guarda exemplar e extremamente leal. Saúde perfeita durante os dez anos em que estivemos juntos.

Então, de repente, Viggo passou muito mal, precisando ser levado às pressas para um hospital 24 h. Mais problemas com os humanos me aguardavam.

Cada vez, nessas três últimas décadas em que tive de procurar por auxílio profissional para meus cães em hospitais veterinários, notei que seu maior comprometimento vinha sendo para com sua disposição ferrenha de se transformarem e concorrerem com os hospitais para humanos. Desde os uniformes até os termos utilizados, como "vets intensivistas" para a área de internação dos animais. Os veterinários de pequenas clínicas, tão preocupados com seus pacientes animais e que acabavam por se tornar amigos dos seus tutores humanos entre um soro e outro, encontram-se em extinção, tal como nossos antigos médicos de família.

As mudanças nesse aspecto vêm me surpreendendo a cada vez que piso em um hospital veterinário. Porém, a negativa por parte do pessoal desse hospital que internou Viggo sem meu consentimento em deixar que eu o levasse para casa foi, no mínimo, dispensável; na verdade, chegou ao limite do inaceitável.

Tentei explicar e debater com educação e gentileza que, além de tutora e a legal representante daquele cão, eu, assim como eles, também era veterinária e que havia entendido perfeitamente a gravidade do quadro e o quanto sabia que Viggo estava mal.

Eu sabia que ele estava morrendo.

Apenas queria que ele morresse em sua casa, no seu local predileto e, de preferência, tomando o seu solzinho matinal comigo, ao invés de num local estranho, com pessoas estranhas, sozinho e cheio de tubos, picadas e dores.

Foi necessário ameaçar o hospital com a polícia para conseguir retirar Viggo de lá. Finalmente consegui assinar o termo de responsabilidade que havia solicitado, saldei a dívida e fomos embora.

Viggo morreu na manhã seguinte, tomando seu caloroso sol de todas as manhãs, deitado tranquila e confortavelmente no meu colo.

E eu, bem, eu orei muito, muito mesmo, em agradecimento por estarmos os dois em paz, sem hospitais, tubos, dores e, principalmente, sem eutanásias.

Consegui proporcionar a Viggo uma morte feliz! Senti-me estranha e intimamente feliz também!

"Seja a pessoa que seu cachorro acha que você é"!!!...
(Autor desconhecido)

Acordei mais cedo hoje. Muito mais cedo, aliás.

Deixei meu casal de Pastores Maremanos Abruzenses dormirem comigo e eles decidiram que eu deveria me levantar com eles.

Foi uma ótima ideia, já que pude trabalhar no meu livro enquanto o silêncio era completo e, agora, parar um pouquinho para apreciar o meu "Astro Rei" se levantar. Este é, certamente, o momento mais feliz e importante dos meus dias.

Sempre durmo com as portas francesas que dão para o deck abertas, e posso ver a mudança dos lindos tons avermelhados para amarelo, por detrás dos galhos dos arbustos da varanda, enquanto ouço a música dos bem-te-vis...

É uma bençāo!!!

Vou até a cozinha, acompanhada, é claro, dos meus dois gatos, Eleonora e Noah, e me sirvo da habitual caneca de café com leite matinal, sem a qual não sou ninguém. Tomo alguns goles daquele líquido maravilhoso enquanto volto no tempo e me lembro dela. Tão enorme, tão desengonçada, porém, tão meiga e suave ao mesmo tempo!

Essa era Sophie Louise. A minha "Pequena Sophie". No dia em que fui buscá-la, Sophie estava completando dois meses. Eu mal conseguia carregar aquela bebezinha com cerca de nove kg.

O criador, muito orgulhoso, comentou que era a mais bonita da ninhada e eu pensei comigo mesma: "Haja ração para essa bebezinha mais linda..."

Sophie era uma Mastiff Inglesa, e cresceu como tal; talvez com um pouco mais de sotaque "Mastiff" do que britânico, propriamente. E aqui, imagine um ser que baba. Agora multiplique...

Aquele rodízio que eu havia me acostumado a fazer com os cães do rancho para que eles se tornassem mais educados não funcionou com ela. Meu apartamento em São Paulo era pequeno e Sophie tinha um rabo grande. Tudo nela era muito maior que nos outros cães! Definitivamente, Sophie era uma bebê grande, para casas grandes com grandes jardins.

E merecia também ter alguém com quem brincar, já que Drago e Viggo eram adultos demais para ela.

Eu lhe trouxe “Morgan”. E King’s Ranch novamente exalava felicidade!

É impressionante como um filhote tem o poder de alegrar um lar. Seja ele de que espécie for. Imagine dois ou mais.

Morgan era mais um Rottweiler. Um belo macho com tamanho menor que o dela; mas, campeão em simpatia e gentileza para com todos.

Apreciar Morgan e Sophie interagindo era extremamente agradável, uma vez que ambos pareciam estar constantemente preocupados em cuidar um do outro. Tornaram-se grandes amigos.

Também a eles ensinei apenas o básico, mesmo porque Sophie aprendia apenas através da observação do comportamento de Morgan. Sendo assim, eu ensinava a ambos, sabendo de antemão que somente Morgan aprenderia; Sophie faria o seu melhor.

Após o treinamento de Drago, e levando em conta as várias considerações sobre o assunto que eu mesma havia feito, como já disse, passei a treinar cada vez menos os meus cães.

Por influência de meu massagista japonês à época, a quem eu dedicava grande respeito e consideração, construí uma pequena fonte na entrada da casa e a decorei como se fosse um laguinho. Estender-me-ei mais sobre essa fonte mais adiante; mas meu massagista sempre comentou que devemos ter água na entrada de casa por uma série de motivos, entre os quais a movimentação de energias positivas e progresso.

Por um, por outro ou por ambos os fatores, a hipótese me pareceu bastante favorável. Além do que, me recordo, levou-me a me informar mais sobre “Feng Shui” e aplicá-lo no restante da casa.

Sou míope de nascença e, como tal, enxergar a distância é um problema muito sério — que me desminta alguém com mais de três graus de miopia. Sendo assim, reconhecer pessoas ou animais tornou-se para mim um hábito bem mais sensorial que propriamente visual. Explico.

Eu conheço a maneira de andar, os trejeitos, a forma de gesticular de uma pessoa e a reconheço a distância por esses dados e não pelo visual em si. Todas as pessoas e os animais míopes, provavelmente, reagem da mesma forma.

O fato é que essa explanação toda, aparentemente sem contexto, foi feita para iniciar o relato das minhas chegadas em King's Ranch nessa época.

Assim que o portão era aberto e eu começava a subir a ladeira que alcançava a casa grande, os animais que já sabiam da minha chegada se alvoroçavam; os que estavam soltos vinham ao meu encontro. Era então que eu, invariavelmente, tinha a impressão de estar criando gado naquele "manège".

Sophie descia a ladeira com seu galope desajeitado, mais parecendo, para um míope, um bezerro da raça Jersey que qualquer outro ser na face da Terra. Era uma cena de filme! Eu apenas a reconhecia quando chegava a alguns metros de distância do carro e eu conseguia enxergar aquela enorme cadela galopando em minha direção com suas grandes orelhas balançando e que quase encostavam na sua língua caída para fora da boca bochechuda e babenta.

Morgan, como de hábito, muito mais tranquilo e, por ser um Rottweiler, preferindo esperar as cenas chegarem até ele que ir a elas, parava lá no alto da colina, aguardando que eu estacionasse o carro. E é preciso ressaltar que ele não fazia isso para se poupar em função de nenhum problema físico como displasia ou algo similar.

Sophie e sua baba pegavam carona na subida e não havia quem não notasse seu orgulho por estar sentada ao meu lado, dentro da camionete, mesmo que nela viesse mais algum humano. Este, obviamente, seria esmagado contra a porta, para que ela se acomodasse ao meu lado.

Claro que a pessoa sempre poderia optar por se mudar para a caçamba! Tempos alegres e quase despreocupados.

Minhas maiores preocupações eram com a queda crescente do número de tigres na Índia e dos gorilas de montanha em Ruanda.

Então, a visão mundial sobre determinadas raças de cães foi sendo modificada pela grande mídia e algumas delas, inclusive, foram banidas ou obrigadas à castração compulsória em determinados países.

Claro. São as verdades absolutas pertencentes a mentes de humanos que apresentam em suas personalidades distorcidas a sensação de sentarem no topo da cadeia. Sim, talvez no topo da cadeia alimentar, uma vez que nossa espécie possui o poder de matar e comer o que desejar.

Mas nossa espécie nunca sentará no topo da linha entre todos os seres vivos, se levarmos em consideração todas as habilidades demonstradas por cada espécie.

A necessidade legal do uso de focinheiras em Rottweilers e Pitbulls em público no Brasil, assim como de caixas de viagem para cães em camionetes, também me incomodou muito.

Eu costumava questionar aos policiais rodoviários e aos guardas militares sobre como meu cão, possuindo treinamento antissequestro, poderia me proteger e fazer o seu trabalho estando preso em uma caixa na caçamba da pick-up, ao invés de estar solto ao meu lado.

Os tempos começavam a mudar e eu, como quase todos, não percebi.

King's Ranch sofreu uma tentativa de assalto e, como já sabia, constatei que as vidas dos meus animais, mesmo os de guarda, eram muito mais importantes para mim que o meu patrimônio.

Drago havia ficado sozinho na casa-grande aquela noite, justamente quando os assaltantes entraram, e defendeu a casa sozinho, saindo machucado do episódio. Contudo, pelo estado em que encontramos a cozinha, local por onde os ladrões certamente entraram, totalmente revirada, com cadeiras caídas no chão e rastros de sangue deixados pelos invasores, tudo nos levou a crer que estes levaram a pior.

Conclusões à parte, comecei a pensar que o ciclo de King's Ranch talvez estivesse se completando. Era preciso tomar uma difícil decisão. E no final foi muito mais fácil, muito mais leve, do que eu havia imaginado.

Eu não montava ou negociava mais os cavalos ali; Kim acabara de morrer, Yucatán fora para a hípica e eu já não mantinha outros animais no local. Como os veados-catingueiros e as emas haviam morrido e a maioria dos pavões havia sido vendida, restaram apenas os cães, que poderiam ir comigo para onde eu fosse.

King's Ranch merecia mais que isso. Merecia vida, alegria, filhotes e a felicidade que sempre tivera e espalhara...

Sempre acreditei que tudo e todos evoluem no Universo. Neste raciocínio estão incluídos os minerais, vegetais, animais, humanos e, portanto, o planeta com seus respectivos lugares físicos.

Drago, como relato no capítulo dedicado a ele, começou a referir sintomas diversos e a passar muito mal, precisando de minha atenção integral até sua morte. Fiquei completamente sem chão por algum tempo.

Sophie e Morgan, os inseparáveis, continuavam sua jornada de eternas crianças grandes.

Ensinar Mastiffs é tarefa árdua e um tanto inglória.

Morgan era um Rottweiler tranquilo e gentil por natureza. Companheiro sempre presente, espalhou sua tranquilidade para todos quantos conviveram com ele. Morreu dormindo, de um ataque cardíaco aos seis anos.

Senti muito sua falta, mas, graças a Deus, não precisei fazer mais uma eutanásia. Agradeci muito por isso.

Quanto a Sophie e seu rabo espanador, dona de uma alegria constante e contagiante, um dia, ao entardecer de seus sete anos, a vi mastigando uma das ervas que planto no jardim. Era erva cidreira ou "Melissa oficinalis". Eu tinha um pé enorme dessa planta que, após ter sido descoberta por Sophie, em pouco mais de três dias havia desaparecido.

Dores... eu constatei. Aprendi também que essa erva era um bom analgésico para cães.

Sophie foi diagnosticada com um enorme tumor de mama. Passou por uma cirurgia (mastectomia bilateral total), porém, descobri em seguida que o CA já havia causado uma metástase.

A dona do mais adorável rabo abanador se foi como o passarinho que toda vida nos encantou. Repentina e solitariamente numa inesperada tarde de outono. Sem festas, sem alegria, trazendo apenas mais uma profunda dor.

À vista desses acontecimentos e de outras situações que eu vivenciava, voltei a viajar.

Havia tomado a decisão correta e que vinha adiando já há algum tempo, em função do torpor no qual ainda me encontrava. Fechei meus olhos, vendi meu lugar querido para um casal conhecido da hípica e que, eu sabia, seriam muito felizes por lá. E deixei partir mais um pedaço do meu coração, para que King's Ranch pudesse continuar vivo e eu, seguir o meu caminho.

Mudei-me para um bairro nos arredores da hípica, onde estabulei meu cavalo Yucatán e transformei a nova casa numa espécie de galpão de caça, num local muito pitoresco, cuja decoração juntava um pouco de todos os lugares por onde eu havia estado no mundo e expressava tudo de mim.

Amei meu novo lar. Tinha paz, tranquilidade, plantas, meus animais e era a casa de campo dos meus sonhos, na cidade. Iniciei um novo ciclo.

De uma viagem à Itália que, a princípio, pretendia ser apenas turística, trouxe comigo um novo integrante para a família: um legítimo representante de Pastor Maremano Abruzense ou, como se diz atualmente, Pastor de Márema.

Ao visitar um vilarejo nas montanhas, nos arredores de Márema, conheci um pastor de ovelhas que criava essa raça de cães. Entre uma taça e outra de vinho, sentados à pequena mesinha quadrada com toalha xadrez vermelha e branca adornada com um rústico vasinho de flores silvestres, a qual estava disposta de frente à janela do restaurante da única, porém graciosa e aconchegante pousada local, ele me contou sobre a vida árdua mas gratificante que levava. Ele, sua família, suas ovelhas e seus cães.

Ele me falou que já ouvira dizer das vantagens de se morar nas grandes cidades, e inclusive passara algum tempo com a família de sua irmã numa localidade maior na Toscana, mas não se habituou.

Dizia que nascera para o campo e para a vida simples e tranquila que ele proporcionava.

A seu lado, deitado, aparentando dormitar, porém abrindo os olhos atentos de tempos em tempos, um enorme cão branco com pelos longos e um tanto sujos usava uma coleira como eu nunca tinha visto em minha vida.

Era de couro grosso natural marrom com cerca de dez ou doze centímetros de largura, repleta de um tipo de pregos afiados por toda sua extensão.

Não pude deixar de perguntar a respeito dela e a resposta foi muito simples.

Era para defender o pescoço de Mirko, o cão, contra mordidas de lobos ou de ursos.

Mirko e outros cães de sua criação passavam o inverno sozinhos com as ovelhas no alto das montanhas. Eram criados junto a elas e, por esse fato, acreditavam fazer parte do rebanho, defendendo-o contra eventuais predadores.

Estes cães eram, portanto, a proteção de todo o rebanho de ovelhas daquele homem durante o inverno. Quanta confiança!

Fiquei completamente encantada com a história e fascinada por aqueles cães heróis.

Tentei negociar um casal, mas não foi possível.

Assim, cheguei ao Brasil com meu amado Egon no colo. Mas claro, sem a coleira de pregos! Egon tomou conta da casa e abriu mais espaço no meu coração com sua personalidade meiga e serena. Era um cão extremamente equilibrado e tranquilo, além de muito inteligente e sagaz. E como se isso tudo não fosse o suficiente, ainda gostava de brincar, mas era comedido nas suas demonstrações de carinho e afeto. Como foi criado junto aos gatos, Theo e Eleonora, passou a conviver com eles de forma harmoniosa, aceitando seus arroubos felinos e brincadeiras por vezes inadequadas.

"Não me interessa nenhuma religião cujos princípios não melhoram nem tomam em consideração a condição dos animais."

(Abraham Lincoln)

CAPÍTULO 8

THEO ALEXANDER, ELEONORA E NOAH

CONHECENDO OS GATOS... ESSAS MARAVILHAS

CAPÍTULO 8

Desde que levei Maria e seus irmãos para casa no ônibus da escola, quando tinha seis anos de idade, nunca mais cheguei perto de um gato. Na verdade, não sei bem se isso se deu por acaso ou se por medo de que algo de ruim semelhante ao meu imaginário infantil pudesse ocorrer novamente.

É bem verdade que estudei sua anatomia e fisiologia na faculdade de veterinária; contudo, o comportamento dos gatos domésticos é um tanto diferente dos tigres e dos leões, a cujo estudo me dediquei, apesar de pertencerem à mesma família.

Alguém bem interessado e com certeza "expert" em gatos, já disse que eles são os mais domésticos entre os animais selvagens e os mais selvagens entre os animais domésticos. Grande dedução. Frase perfeita!

O ponto é que, somente trinta anos mais tarde, fazendo estágio de veterinária na clínica do Dr. Faiçal, eu entraria em contato novamente com eles.

Dr. Faiçal era um homem de visão. Daqueles que se destacam da multidão por excesso de inteligência, busca por conhecimento e fraternidade. Era dono de uma personalidade arrebatadora.

Ele sempre me dizia que eu deveria observar melhor os gatos, que eu haveria de me surpreender com o resultado, me tornando, certamente, uma amante desses felinos extraordinários.

Bom... Eu admirava imensamente Dr. Faiçal e, sendo assim, não poderia ignorar seus conselhos; portanto, quando sua sócia que, coincidentemente, havia estudado comigo no ensino médio, me presenteou com um filhote, eu estava pronta para ele e o aceitei.

Dessa forma, Theo Alexander ganhou seu espaço em minha casa e em seguida, paulatinamente, em minha vida. Ele era um perfeito exemplar de gato vira-lata; porém, seu DNA devia ser inteiramente da raça Siamesa. Não havia como distinguir um do outro.

Aprofundei-me na leitura sobre felinos domésticos e fui surpreendida agradavelmente ao saber sobre algumas de suas habilidades, e perceber o quanto esses animais, além de transformarem a rotina da casa de forma bastante peculiar, podiam nos ajudar em momentos de tristeza, de doenças (uma vez que estas alteram nosso odor) tanto físicas quanto, eventualmente, na presença de transtornos psicológicos como quadros depressivos e ansiedade por causarem desequilíbrios hormonais detectados pelos animais domésticos como cães, gatos e cavalos. Gatos, segundo pesquisas realizadas pela Applied Animal Behavior, são capazes de detectar mudanças químicas nos seus tutores e no ambiente, e essa habilidade influencia no seu comportamento.

Seu amor é facilmente perceptível e bem demonstrado em nossos momentos difíceis e de tristeza.

Seu poder de cura se revela no processo pós-operatório de pacientes graves, como casos de cirurgias cardíacas. Sua companhia e conforto comprovadamente auxiliam na recuperação do paciente.

Aliás, devo lembrar o trabalho de cães cuja entrada como visita ao tutor agora é permitida em vários hospitais, pela constatação dessa habilidade.

Nem é necessário, todavia, aprofundar o tema sobre animais como cães e cavalos utilizados para visitas a doentes em recuperação ou até mesmo em estado terminal, em muitos hospitais aqui e no exterior.

Gatos e muitos outros animais podem, além disso e entre outras coisas, prever mudanças climáticas devido a sua excelente audição, ouvindo o som de trovões a uma distância muito maior do que poderíamos. Isso para não falar na capacidade da grande maioria dos animais não humanos de prever terremotos e tsunamis.

Apesar dos cientistas que ainda tentam descobrir como esse fato se dá, a realidade é que isso ocorre. Temos vários exemplos de animais que o demonstraram em várias situações, como os elefantes no tsunami da Tailândia em 2004, que se dirigiram para as montanhas antes do evento.

Naquela época eu treinava Drago, que morava comigo em meu apartamento em São Paulo, e iniciei um processo de aproximação entre os dois, Theo e Drago, que deu certo rapidamente.

Ambos eram muito amáveis e pareciam estar predispostos a se conhecer. Tornaram-se grandes amigos!

Minha primeira surpreendente constatação foi a de que, diferentemente dos canídeos, os gatos, desde filhotes, procuram por areia a fim de efetuarem suas necessidades fisiológicas, sem, para tanto, precisarem de qualquer espécie de treinamento; são também, como eu costumo dizer, "Autolimpantes", não precisando de banhos para se manterem higienizados.

Sua única preocupação higiênica, caso deseje ter um gato, será a de apresentar a caixa de areia a ele e, como num passe de mágica, ela será utilizada. Mantenha a caixa limpa e jamais terá qualquer problema com a higiene de seu gato.

Aconselho ainda a telar sua casa ou apartamento. Será melhor por todos os motivos.

Outra diferença entre as duas espécies que logo notei foi a forma de se alimentarem. Enquanto os cães devem, preferencialmente, ser alimentados algumas vezes ao dia, variando de acordo com a idade dele, já aos gatos é indicado que a ração permaneça à disposição durante as 24 horas. Gatos apresentam comportamento diferente; não se alimentam da mesma forma que cães, possuem um metabolismo distinto e seu relógio biológico — ah, esse então...

Essas descobertas foram apenas o início.

Em que pese a falta de contato e informações da maioria das pessoas com relação aos felinos, ainda existe uma porcentagem enorme da população que possui apenas cães.

Este fato pode se dar por várias razões, mas principalmente porque o tutor acredita que cães e gatos nunca se darão bem, ou porque a personalidade dos gatos não combina com a deles próprios, seus tutores.

Para além do que poderíamos discutir neste momento, a reflexão a respeito de personalidades, que iria requerer muito mais tempo, merece um *spoiler*.

Caninos, em geral, são adestráveis. Gatos, não. Lembre-se sempre daquela frase acima sobre gatos.

Humanos, em geral, são egoístas, querem submissão. Julgam-se, por serem mais inteligentes que as demais espécies, naturalmente superiores e, portanto, dignos de liderá-los, seja pelo adestramento ou pela força bruta e, assim, qualquer comportamento livre ou expressão de liberdade, surpreende negativamente.

Humanos deveriam repensar este conceito. Animais possuem inteligência! Está provado cientificamente.

Foram feitos experimentos, em que um grupo de cientistas treinou cães para se submeterem à ressonância magnética e ser descoberto o funcionamento de seu cérebro. Foram anos de estudo cujo resultado, divulgado pelo New York Times, foi o de que cachorros são "gente" como nós.

Basicamente, o núcleo caudado, uma área específica do cérebro, presente em ambas as espécies, humana e canina, está relacionado ao prazer causado pelo que apreciamos, como comida e uma boa música.

Não se descobriu nesse experimento de que maneira os animais pensam, todavia, essa área cerebral dos cães apresentou atividade similar à nossa. Também está relacionada à comida, ao cheiro das pessoas conhecidas e até mesmo ao retorno de seu tutor ao lar.

Nos cães, segundo tal experimento, a habilidade para sentir emoções positivas como amor e afetividade é equivalente à encontrada em crianças.

Segundo Gregory Burns, um dos cientistas envolvidos no processo, cachorros e, talvez, muitos outros animais parecem ter emoções assim como nós; o que significa que é necessário rever o tratamento fornecido aos animais de estimação enquanto "propriedade".[2]

E acredite, isso pode ser muito bom.

Todos eles aprendem. Sejam os chimpanzés (nossos primos), que aprendem, entre centenas de outras coisas, a usar pedras para quebrar nozes, ou sejam baleias orcas, que ensinam seus filhotes a entrarem em berçários de focas quase intransponíveis, dependendo da maré, a fim de se alimentarem mais facilmente.

O que dizer dos golfinhos, cães e outros, então, "contratados" pelos órgãos mais importantes e influentes do planeta para a realização das mais diversas missões?

Por que o ser humano os recruta nos momentos de necessidade e para missões praticamente suicidas, às quais ele mesmo evita comparecer, mas, apesar de confiar no sucesso da missão, não consegue respeitar a essência livre daqueles cuja vida coloca em risco diuturnamente?

Por que se evita a divulgação de informações a respeito de experiências e doutorados que comprovam, por exemplo, o fato de cães escolherem rostos de humanos sorridentes ao invés de emburrados para promoverem sua alimentação?

Ou seja, é inegável que cães refletem sobre suas próprias experiências, tirando conclusões próprias sobre as consequências de suas escolhas.

Displicentemente, Theo assistia ao treinamento de Drago e, invariavelmente, de algum local bem alto. Felinos adoram observar.

2. Mais informações em: *Cientistas analisam cérebro de cães e concluem que eles também são 'pessoas'*. São Paulo: Estadão, 2017. Disponível em: https://shorter.me/6dIWz .

Sempre presente, tranquilo, muito companheiro e gentil, Theo era um verdadeiro lorde. Tal como Drago, Theo, por influência da educação que recebeu, por osmose assistindo às aulas de Drago ou por similitude a essa personalidade e caráter, acabou também por se mudar para um lugar qualquer, entre as nuvens, completamente desconhecido de nós, humanos.

Os dois viviam numa espécie de nimbo, local onde um deixou de ser cão e outro, de ser gato. Tornaram-se ambos seres psicologicamente intermediários entre animais e humanos. Acredito eu, agora, seja este o pior lugar para se estar ou viver!

Situação análoga à de um humano quando não sabe mais a qual grupo social pertence, ou se, na verdade, pertence a algum. E Theo se esqueceu de que era um gato.

Foi justamente quando surgiu a raça "Bengal" no mercado, lembrando pequenas onças com suas rosetas bem-marcadas e temperamento mais selvagem. Encantei-me com eles por me recordarem seus primos maiores dos quais eu sentia saudades, e logo quis adquirir um. E foi assim que Eleonora chegou.

Nonô, como passou a ser chamada, era a menorzinha entre todos da ninhada e, pra ser sincera, a única opção de compra que eu tive. Isso foi uma benção!

Temperamento difícil, brava, arredia; em resumo, selvagem. Ela era, como dizemos geneticamente, uma F3. Explicando um pouco, F1 seria o gato selvagem. F2, seu filho. F3, seu neto. Ambos resultados de cruzamentos com gatos domésticos.

Pensei que, se Theo havia esquecido de que era um gato, Nonô certamente iria trazê-lo de volta à realidade.

A teoria fazia sentido; mas não foi verificada na prática. Conforme os dias foram passando, os três animais iniciaram uma interessante convivência, na qual Nonô, com seus aproximadamente 2,5 kg, comandava a todos.

Eram hilárias as cenas observadas em que Drago, com seus 45 kg e Theo, com quase 8 kg, permitiam que aquele pequeno serzinho fizesse o que bem entendesse com eles, sem nenhum tipo de reação.

Como Drago ia e voltava do rancho comigo e morreu algum tempo depois, Nonô se apegou a Theo de forma quase filial. E digo filial no pior sentido da palavra, uma vez que o pobre Theo, por ser o lorde que era, tratava-a de maneira gentilíssima, permitindo que o pior de sua personalidade acabasse por aflorar. Estou, textualmente, dizendo que Theo criou um lindo monstrinho!

Eram cerca de 3:15h de uma madrugada fria e chuvosa, quando acordei muito assustada ouvindo um choro estridente de criança. A criança berrava muito e eu, ainda meio sonolenta, não conseguia atinar de onde vinha aquele barulho todo.

Conforme ia conseguindo acordar e raciocinava melhor, primeiro lembrei que minha casa ficava longe dos meus vizinhos e, depois, que meus vizinhos não tinham crianças, assim como eu.

Pensei melhor, enquanto o choro continuava e, após algum tempo, notei atônita que o tal choro de criança vinha de algum local na minha própria casa.

Foi tudo bastante confuso, porque eu havia acabado de me mudar do apartamento onde morava nos Jardins, em São Paulo, para essa casa no Alto da Boa Vista, bairro mais afastado, bem arborizado, tranquilo e situado a apenas alguns minutos da hípica que eu frequentava.

Theo se acostumara rapidamente a dormir comigo na cama, mas Nonô sempre se escondia em algum lugar.

Naquela noite, para evitar uma corrente de vento, eu fechei a porta do quarto, deixando Theo e Nonô sem possibilidade de se encontrar durante a madrugada.

Quando levantei da cama, decidida a descobrir de onde partia aquele choro e abri a porta do quarto, me deparei com a tal criança, bem aos meus pés, esgotada de tanto chorar e berrar.

Era Nonô!

Daquela madrugada em diante, comecei a observar melhor o relacionamento dos dois e percebi o quanto Nonô manipulava emocionalmente o pobre Theo. Ela miava, chorava e gritava para tudo o que desejava e ele, simplesmente, fazia o que ela queria.

O mais interessante era que, aparentemente, Theo não se importava nem um pouquinho em satisfazer as exigências de sua protegida, e Nonô foi se tornando a cada dia, mais ditadora.

Seu comportamento me fez lembrar o conteúdo de um livro que está muito em voga atualmente, em função dos problemas que a nação brasileira tem atravessado. Seu título é *A Revolução dos Bichos*, de George Orwell[3].

Já para o comportamento extremamente gentil de Egon, colaboraram os seus maravilhosos genes e o meio ambiente, do qual Claire participou ativamente.

Essa interação fez bem a ambos, uma vez que a personalidade calma e tranquila de Egon contribuiu enormemente para que Claire pudesse adquirir a estabilidade emocional necessária à convivência que viria a ter posteriormente com Viggo e Jonathan.

Claire chegou cerca de dois anos depois dele, mantendo a alegria que a infância constrói, seja ela humana ou animal, e a felicidade com que esse comportamento nos inunda.

Claire, como eu disse a princípio, sempre foi uma "raposinha", tal era minha querida Carmel e como viria a ser, no futuro, Dayo.

---

3 ORWELL, George. *A revolução dos bichos*. São Paulo: Companhia das Letras, 2007.

"Raposinha" foi o termo escolhido por mim, a fim de explicar e denominar cães possuidores de personalidades diferentes do habitual e que, normalmente, são descartados dos treinamentos de adestramento por se comportarem de forma indesejada, não obedecendo aos comandos por fatores diversos, principalmente por dispersão.

Sem me aprofundar muito no tema e sem desejar polemizar teorias comportamentais, deixo aqui apenas minha opinião pessoal, fruto de alguns anos de observação e pesquisas.

Animais que apresentam esse tipo de comportamento tido como rebelde — assim como alunos humanos em sala de aula que se cansam da mesmice ensinada, seja por TDAH ou apenas por, eventualmente, serem dotados de QI mais elevados — tendem a se dispersar, procurando novas brincadeiras ou ocupações. Simples assim!

Então, em vez de renegá-los, melhor seria utilizar outro método mais adequado, a fim de obter uma otimização na comunicação com estes cães. Eles são mais sensíveis, mais observadores, mais diplomáticos, mais gentis; apenas não obedecem fielmente a um comando dado por ter algo melhor a fazer.

Fazem pactos, dialogam como os Rottweilers; contudo, por conhecerem o limite de sua força física, são mais políticos que esses.

O quarteto Egon, Claire, Theo e Nonô era admirável. Entre muitas diversões, eu passava horas observando suas brincadeiras e viajava em pensamento sobre teorias das mais diversas a respeito do comportamento animal entre cães e gatos. Não sei a razão de nunca haver escrito um livro especificamente sobre o tema. Deveria.

> *"O homem é a única criatura que consome sem produzir. Ele não dá leite, não põe ovos, é fraco demais para puxar o arado, ele não pode correr rápido o suficiente para capturar coelhos. No entanto, ele é o senhor de todos os animais."*
>
> *(George Orwell)*

Era domingo. Janeiro de um ano que minha mente invariavelmente faz questão de esquecer, quando rompi os ligamentos do tornozelo esquerdo e precisei, novamente, do auxílio de muletas para me locomover.

Eu estava no jardim da frente de casa quando olhei para dentro por uma das janelas e vi um dos Rottweilers passando pelo corredor que leva aos quartos. Ele jamais deveria estar lá dentro.

Preciso abrir um parêntese para explicar que a casa foi inteiramente telada e gradeada a fim de evitar a entrada de estranhos e até mesmo de mosquitos como os da dengue, sendo proibitiva a entrada dos rotts, em função dos gatos.

Enfim, os homens cujas ínfimas providências são infrutíferas diante das decisões dos deuses, os rotts, de alguma forma, abriram a porta da cozinha que não estava trancada e entraram na casa.

A sensação de impotência e o desespero que se abateram sobre mim sobrepujaram a dor que sentia, enquanto tentava colocar o pé no chão para chegar mais rápido ao cômodo da casa onde eles estavam.

Eu os encontrei em meu quarto. Em cima da minha cama, os dois enormes cães puxavam ferozmente, como num cabo de guerra, um de cada lado, o corpo já inerte do meu adorado Theo.

Completamente em choque, sem poder tomar atitude nenhuma naquele momento bizarro de uma dor inenarrável, precisei observar o desfecho daquela barbárie, uma vez que não havia mais tempo hábil para nada. Era tarde. Eu rezava, naqueles intermináveis segundos, para que terminasse logo.

Levei os rotts para fora e voltei.

Sentei na cama, coloquei meu Theo no colo, o abracei e lá fiquei não sei dizer por quanto tempo. As lágrimas escorriam sozinhas tal uma cachoeira, como escorrem agora enquanto escrevo e como sempre vertem, rebeldes, a cada vez que me recordo desse dia.

O tempo, o espaço e tudo o que pode acontecer entre eles sem o nosso planejamento ou entendimento passavam por minha mente.

Resiliência, fé, aceitação de que absolutamente tudo o que ocorre em nossas vidas está seguindo o cronograma correto, no qual nós fomos "encaixados" por vontade própria era tudo em que eu me fixava.

Então, de repente, me lembrei de Nonô. O que teria acontecido a ela? Onde ela estaria?

Ambos, Nonô e Theo, tinham o hábito de passar horas dormindo em minha cama, tanto durante a noite como pela manhã. Não havia sinal dela pela casa toda!

Como era domingo, folga do caseiro, precisei ligar para ele a fim de tomarmos as providências necessárias ao enterro de Theo.

Minha imaginação me pregava peças dizendo que ela também estava morta em algum lugar. Contudo, meu pragmatismo me salvava, fazendo um contraponto no qual argumentava não haver tido tempo hábil para tanto. Acreditei no meu raciocínio lógico e continuei a chamar por ela!

Em meu desespero, fui até a hípica ver se encontrava alguma amiga que pudesse me ajudar ou, pelo menos, me dar algum tipo de apoio emocional. Qual o quê!

Seres humanos...

Peguei-me redescobrindo a personalidade daquela que eu julgava ser uma de minhas melhores amigas.

Por gostar muito de gatos, ela se sentiu no direito de me julgar e à situação em que me encontrava, antes mesmo que eu pudesse expor meus sentimentos mais dolorosos. Decidiu que a culpa pelo ocorrido havia sido totalmente minha, por ter sido negligente com a colocação do ferrolho de segurança na porta da cozinha; pois, segundo ela, eu já deveria tê-lo colocado pessoalmente na porta.

Abro aqui um espaço para dizer que ela detém maravilhosas habilidades manuais pelas quais jamais passei perto.

Naquela tarde, sofri e chorei por duas perdas. A morte de Theo e a quebra do cristal daquela amizade. Voltei para casa e continuei chamando e procurando por Nonô.

Foi então que, por volta das 23:00h, ouvi um fiozinho do que seria o seu miado. Ela veio surgindo, pé ante pé, como normalmente fazia, mas algo estava muito estranho. Imaginei que, quando da entrada dos cães na casa, Theo, o lorde, correu para onde era o seu território e Nonô, a selvagem, para um lugar seguro. Era uma sobrevivente.

Ela vocalizava aquele fio de miado constantemente como um choro incontido. Não parava em nenhum lugar para descansar e, principalmente, não tomou o caminho para o meu quarto em momento algum. Nonô manteve esse comportamento por dias, não se importando em se alimentar.

Quando a levei ao veterinário, os exames constataram que estava com "tríade felina".

Após duas semanas, eu mesma fui diagnosticada com SII (Síndrome do intestino irritável).

O poder da cura!

Gatos, assim como cães ou qualquer outro animal que conviva intimamente conosco, possuem a habilidade da cura através do conforto de sua companhia e de outras habilidades inerentes aos animais. Neste caso específico, o choque foi tamanho que, ambas, animal humano e não humano, foram afetadas.

Seis meses se passaram e Nonô ainda não entrava em meu quarto. Decidi ter um novo gato. Talvez uma companhia pudesse ajudar Nonô a superar seu trauma. Dessa forma, Noah (o que tem longa vida) veio conviver conosco.

O pequeno filhote da raça Abissínio cabia na palma da minha mão e era um azougue. Brincava o dia todo como é usual às crianças e comia... comia muito e, estranhamente, de tudo.

Essa particularidade no comportamento de Noah me fez pensar que animais não humanos, assim como nós humanos, podem, eventualmente, vir a sofrer de compulsão alimentar por haverem sido retirados da mãe antes da hora adequada.

Talvez algum estudante de veterinária se interesse pelo assunto e o transforme em tema para o seu TCC, no futuro. Talvez alguém fazendo mestrado ou doutorado, quem sabe.

Raça muito interessante essa, a dos abissínios; ao menos o representante que conheço dela, Noah, me transmite informações diárias sobre condutas inéditas aos gatos normais.

A cada dia, mês, ano passados, mais penso que gatos como Noah acreditam firmemente que são cães! Quem sabe venham a sê-lo na sua próxima encarnação.

Causando um ponto de inflexão neste momento, e entrando numa seara de reflexão espiritual, deixo para a imaginação do leitor a possibilidade da nossa evolução das espécies ser como apregoa a filosofia espírita: iniciando pelos minerais, em seguida vegetais, passando pelos animais, chegando a nós, humanos e, posteriormente, alcançando os angelicais e os demais dos quais não temos uma noção precisa.

Como uma pescadora de ilusões, imagino Noah como um gato que possa estar no meio do caminho entre um felino e um canino. Isso, é claro, partindo da premissa de que canídeos sejam mais evoluídos que felinos.

Comportam-se, em muitas situações, como eles, além de se alimentarem de forma onívora, em vez de serem exclusivamente carnívoros. Podem não ser cães, mas certamente não se comportam mais apenas como gatos.

Nonô, com o tempo, se afeiçoou a ele. E, ao final de dois anos, voltou a entrar em meu quarto; entretanto, o abalo causado por aquele dia fatídico deixou marcas profundas não somente no âmbito emocional, mas, aparentemente, também no físico, no corpo somático de nós duas, eu e minha Bengal sobrevivente. Ela passou a necessitar de alguma medicação e de soro, enquanto eu, de dois comprimidos diários, para enjoo. Mas nos adaptamos.

É necessário ressaltar aqui que os instintos primordiais (selvagens) preservados em Nonô foram sua salvação naquele dia. Já em Theo, ocorreu algum tipo de modificação comportamental que causou a perda de sua única possibilidade de defesa diante de situações realmente perigosas e inesperadas. Ele não sentia medo.

Atualmente, como relatado acima, Nonô precisa de soro semanalmente e toma medicamentos a fim de estabilizar seu problema, mas está bem.

A cada dia demonstra um pouco mais suas emoções e sua afetividade, permitindo até que eu a pegue, coisa que até hoje era impensável e veja que ela já está com cerca de treze anos.

Passou a fazer charme para ganhar carinho e a reclamar por ficar sozinha; ou seja, trata-se, praticamente, de uma nova Nonô. Está repassando um pouco do afeto que sentia por Theo para mim.

Quanto a Noah, como já citei, deve trazer alguma questão psicológica que o transformou num comilão compulsivo. Vamos cuidar dele também.

O que eu aprendi, na verdade, é que existem laços que se fortalecem com a adversidade, e quem me ensinou isso foi Nonô.

Aprendi, antes de mais nada, que gatos possuem personalidades arrebatadoras e interessantíssimas, além do físico mais versátil que eu já vi. São seres dotados de uma percepção e sensibilidade absolutamente imensas, e arrisco dizer que, nos momentos em que um gato fixa seu olhar em você e o mantém assim, a sensação é a de que estamos sendo transpassados por um rx, onde todas as nossas verdades, até as mais íntimas, são expostas.

Não sei quanto a você, leitor gateiro, mas os meus gatos procuram deitar e dormir sobre os membros doentes do meu corpo. A medicina alternativa diz que eles sabem como transmutar energia. Eu acredito.

Meu despertar tem sido bem mais suave e agradável nestes últimos tempos.

Noah tem vindo me acordar com seu olhar fixo e sua patinha delicada fazendo carinho em meu rosto quase diariamente. Quando não, são os berros de fome lançados ao meu ouvido sem qualquer princípio de compaixão ou piedade por Nonô, antes das 05:00h da manhã.

São as incoerências da vida. Precisamos nos adaptar a essas dicotomias. Aceitar, agradecer e tirar o melhor proveito de todas.

O que sei de fato é que será muito difícil o dia em que Nonô não estiver mais aqui. Portanto, que berre à vontade!!!

E, na dúvida, não esqueço mais de cortar as unhas do Noah. Elas passam muito perto dos meus olhos todas as manhãs.

"O gato é o mais doméstico dos animais selvagens e o mais selvagem dos animais domésticos."
(Autor desconhecido)

Estamos no outono e, com os dedos quase congelados, escrevo aqui na varanda da hípica.

Penso em Yucatán. Ele fará trinta e um anos em dezessete de agosto de 2022 e, a menos que me engane, é o "senhor mais idoso" de toda a hípica. Ainda me olha da mesma maneira questionadora e petulante quando chego diante dele, e relincha cheio de interesse nos biscoitos que sabe onde estão e que receberá em seguida.

Lembro-me dos plátanos e de suas folhas com formato da bandeira canadense que seguiam por ambos os lados da entrada de King's Ranch, continuando por toda a estradinha até alcançar a subida que chegava à casa-grande e que, nesta época, devem estar caindo das árvores, voando ao sabor do vento e forrando de dourado todo o chão daquele caminho.

Seus lindos e grossos troncos brancos devem estar sendo enaltecidos e harmoniosamente enfeitados pelos lírios amarelos que plantei ao redor de cada um dos plátanos por todo o percurso.

É como se eu estivesse lá agora. Sinto o cheiro das flores, o vento no meu rosto, vejo as folhas caindo das árvores, quase tocando minhas mãos e indo ao solo. Eu as piso para escutar o crepitar daquele tapete dourado da estrada que leva até a casa-grande.

Enquanto devaneio, vou até o carro e visto um suéter de pura lã e um cachecol para proteger meu pescoço; não quero piorar da primeira gripe que peguei em quase três anos de pandemia.

Na verdade, está bem mais frio aqui na hípica do que nos meus devaneios. Decido ir para casa fazer biscoitos para Yucatán! Eu os faço cada vez com mais frequência na tentativa de que ele engorde. Nesta semana, diariamente.

Minha preocupação com ele se intensificou nos últimos tempos, pois o peso de Yucatán começou a cair mês a mês e não estamos conseguindo fazer com que ele se recupere.

Apesar de trocar a ração, dar vitaminas, acrescentar farelo e aumentar a quantidade de cenouras, ele continua a emagrecer. Seus problemas de saúde se agravaram e já não consigo mais manter Yuka saudável como antigamente. Nós o pesamos novamente e ele está 40 kg mais magro, ou seja, perdendo 5 kg ao mês.

Chamei então um veterinário especialista em odontologia para examinar seus dentes, pois estavam muito fracos e moles.

Nesse dia foi necessário extrair alguns dos dentes dele. Meu pobre bebê ficou velhinho! Meu coração dói. Acredito que seu físico já entrou em catabolismo.

Precisei trocar seu tratador. Espero ter feito a coisa certa e que ele recupere um pouco do peso que perdeu; mas sua musculatura está se atrofiando.

Continua agindo como um potro durante os passeios das tardes, principalmente quando se depara com outro garanhão ou alguma égua no cio, fato que não me permite segurar sua guia. Seu "espírito" parece não envelhecer!

Eu bem sei que o tempo passou; contudo, animais não contam o tempo. Passam pela vida serenos, tranquilos e aproveitando um dia de cada vez, da maneira que estiverem, doentes ou não.

E assim vivem e morrem, sem se preocuparem nem com uma nem com outra... Que maravilhosa lição de vida essa!

E eu continuo observando e aprendendo. Mais uma impressionante lição que aprendi com os animais não humanos e agradeço, imensamente, todas as manhãs, a eles por esse ensinamento.

Yucatán agora é meu único cavalo e será o último. Fechará este capítulo do livro que escrevo com tanto cuidado e carinho. Fechará também este capítulo da minha vida.

Depois da conversa que tive com ele, quando prometi que não o montaria mais, passaram-se cerca de treze anos.

Os dias passam e tenho receio de chegar na hípica e encontrar meu amigo deitado, “dormindo” em sua baia pela manhã.

Yucatán não ficará em King’s Ranch e não terá plantada sobre ele uma moreia branca!!!…

"A grandeza de uma Nação pode ser julgada pela forma com que trata seus animais."

(Mahatma Gandhi)

CAPÍTULO 9

PÔNIO E AS CARPAS
DESCOBRINDO OS PEIXES

CAPÍTULO 9

As manhãs de quarta-feira tinham destino marcado há cerca de vinte anos. Seu nome era Sr. Nobukazu, um senhor japonês que praticava shiatsu como ninguém. Ele estava com oitenta e dois anos quando iniciei este livro e continuava com a mesma agilidade e com a mesma força de sempre.

Lembrei-me do Sr. Nobukazu porque foi ele quem me presenteou Pônio.

Sr. Nobukazu, cuja tradução significa "confiança", possuía o caráter e a personalidade derivados do nome que recebera.

Nossas sessões de shiatsu eram intermediadas por longas conversas sobre tradição e cultura japonesas, sobre meio ambiente, problemas climáticos e ecológicos, além de saúde, ervas e plantas. Sobre muitas plantas.

Essas massagens ampliaram muito o meu conhecimento a respeito da terra do sol nascente e de seu povo maravilhoso, assim como sua visão a nosso respeito.

Sendo meu jardim bastante amplo, o Sr. Nobukazu me presenteou com algumas espécies úteis à saúde, como babosa e boldo chileno. Ele também colaborou para que eu cumprisse uma das três principais tarefas pertinentes à maioria dos seres humanos: plantar uma árvore, ter um filho e escrever um livro.

Ele me deu uma muda de pau-brasil que eu plantei num local de onde ninguém, por lei, jamais poderá retirá-lo. Acreditar nisso é tão reconfortante! Mesmo que eu não saiba o que nos reserva o futuro e que o próximo morador da minha casa venha a desrespeitar a lei que protege árvores como o pau-brasil, tenho a sensação de estar cumprindo com o meu dever e de poder dormir com a consciência tranquila.

O pau-brasil, essa linda árvore representante oficial do nosso país, estranhamente é mais respeitada e querida por estrangeiros como o Sr. Nobukazu do que pelo povo brasileiro.

Minha árvore de pau-brasil atualmente está crescida, forte e saudável, com cerca de cinco a seis metros de altura, e aumentando dia a dia. Será uma linda árvore! E quem me ensinou a amá-la foi um senhor japonês bem idoso, na casa dos oitenta anos, que mal falava a minha língua. Ele me ensinou um pouco sobre a língua dele também.

Numa bela manhã começamos a conversar sobre peixes e, com o passar das semanas, recebi de Sr. Nobukazu um verdadeiro curso a respeito desse assunto.

Ele insistia na tese de que peixes fazem bem à casa e aos seus moradores, principalmente em se tratando de carpas. Costumava dizer que eu deveria ter peixes em vez de uma piscina mal aproveitada e que, certamente, eu compreenderia melhor sobre o que ele falava se construísse um lago de carpas.

E o Sr. Nobukazu continuou a conversar comigo sobre peixes, com a sua calma peculiar, aquele seu sotaque próprio de quem imigrou, mas nunca perdeu suas raízes, e demonstrando uma postura, gentileza e afabilidade somente vistos nas almas nobres daqueles mestres orientais aos quais assistimos pela TV, em filmes de séries antigas como "Kung Fu", na qual "Gafanhoto", o seu pupilo, passa cerca de trinta anos aprendendo tudo sobre a vida, sobre sabedoria e também artes marciais com ele. Quem não???

Falamos tanto sobre peixes que o assunto acabou por se traduzir em água, depois em fontes de água, e eu acabei concordando em montar uma pequena fonte na entrada da casa. Minha fonte, inclusive, segue as recomendações do Feng Shui, técnica chinesa milenar que, juntamente com a arte, filosofia e medicina chinesas, tem como objetivo promover a harmonia de uma casa através de seu design.

E as conversas sobre peixes continuaram, até que um dia o Sr. Nobukazu chegou com um pacote plástico transparente cheio d'água e o estendeu a mim como um presente.

Quando olhei melhor, vi que havia dois peixinhos dentro dele. Agradeci, é claro. É claro! E era claro que eu não tinha a mais vaga noção quanto ao que fazer com aqueles peixes!!!

Já o Sr. Nobukazu, extremamente satisfeito com sua ideia de me tornar uma proprietária de "escamas vivas", me disse no seu português quase incompreensível:

— Vamos, então, agora, Doutora Cláudia, colocar peixinhos com esta água onde acostumados, né? Na fonte senhora fez!

— Sim, claro, senhor Nobukazu — respondi.

Eu respondi entre atônita e já um tanto feliz com a expectativa da nova experiência.

O Sr. Nobukazu havia conseguido seu intento. Eu estava me interessando por peixes...

A semana seguinte transcorreu de forma corriqueira, excetuando o fato de que precisamos fazer uma contenção para os outros animais, a fim de que não conseguissem se aproximar da fonte.

Todos os cães tinham o mesmo hábito ao passar pela fonte: dar uma paradinha e beber alguns goles de água antes de prosseguir seu caminho. Como os cachorros em questão não eram pequenos, muito pelo contrário, eu temia pela vida dos recém-chegados.

A ideia foi boa, porém não deu certo. Os cães romperam as barreiras que fizemos e precisamos aceitar a decisão deles, ou seja, uma roleta russa para os pequenos peixinhos, até que eu conseguisse fazer outra contenção.

Ambos sobreviveram aos cães, mas nunca soubemos ao certo o motivo pelo qual, com apenas dois dias de diferença, apareceram boiando mortos na pequena fonte da entrada da casa, local onde esperávamos que viveriam por muito tempo.

Penso no tempo que ainda levará até que a ciência possa elevar o nível da medicina veterinária, a ponto de se conseguir tratar a saúde de peixinhos desse tamanho.

De qualquer forma, o Sr. Nobukazu não desistiu do seu intento e, algumas semanas mais tarde, lá estava eu colocando um novo casal de peixinhos na pequena fonte de pedras construída na curva que leva à entrada da casa.

Desta vez, após cerca de duas semanas, o peixinho que Sr. Nobukazu disse ser a fêmea morreu, deixando seu companheiro sozinho na fonte. E é exatamente aqui, neste ponto triste do relato, que se inicia a história de Pônio.

Eu havia assistido, há algum tempo a um filme japonês, cujo enredo e estilo eram muito similares ao de "Procurando Nemo", e estava bastante impressionada com ele. O nome do peixe protagonista desse filme era Pônio. Decidi dar um nome ao meu peixe. Seu nome seria Pônio.

Às vezes, muitas vezes, eu penso ser verdade que a arte imita a vida, porém é fato que a vida também imita a arte.

E Pônio sobreviveu; sinceramente, muito mais tempo que qualquer um de nós poderia ter imaginado, devido às situações locais.

Naquela época, os cães que eu tutorava eram Sophie, Morgan, Viggo, Claire e Egon. Excluindo Egon, meu primeiro Pastor Maremano Abruzense, que era um verdadeiro lorde e dormia dentro da casa comigo, todos os demais, vez por outra, passavam pela fonte por motivos variados.

Não que Egon vivesse apenas dentro de casa, pelo contrário; ele apenas dormia na casa e, durante o dia, convivia com os outros cães. Todavia, era educado demais para olhar aquela fonte como algo além de simples decoração.

Já Sophie Louise e os outros... Esses eram uma outra história!

Sophie, minha adorável Mastiff Inglesa, como comentei, era bem mais mastiff do que inglesa e, como tal, assim se portava. Um doce de criatura; meio estabanada e babona, aquela linda "garota" cor de mel passeava alegremente batendo, eventualmente, seu grande rabo em algum lugar, e sempre finalizando seu passeio indo beber água da fonte.

Tenho fortes razões para acreditar que, assim como os felinos, também os canídeos prefiram beber água em movimento e de lugares grandes.

Teses científicas à parte, lembro que Viggo e Claire também paravam na fonte para beber, porém, eram bem mais delicados que Sophie.

O ponto é que Pônio morava lá e, a cada gole de Sophie, era um minuto de silêncio e ansiedade pela vida dele! E ela dava váaaarios e enormes goles!!!

Ao final de um mês, notamos que Pônio, de alguma maneira, havia descoberto como se esconder e evitar ser engolido por Sophie e pelos outros. Não nos preocupamos mais com isso e o tempo passou.

Os dias transcorriam normalmente e eu, intrigada com a vida de Pônio e desejando saber mais sobre ele, resolvi fazer uma espécie de "enriquecimento ambiental" na fonte e deixá-la mais parecida com o que seria o fundo de um rio.

Coloquei alguns seixos rolados, algumas plantas e um pequeno "navio pirata" onde ele poderia facilmente se esconder.

Aparentemente, Pônio gostou muito da minha iniciativa, e mais um mês se passou sem que houvesse nenhum contratempo, até que, no final de uma dessas tardes ensolaradas, vi uma cena que preferia deixar para outra pessoa e em outro local.

Morgan resolveu que aquela fonte seria o local ideal para fazer seu xixi da tarde e, quando vi, estava desaguando um verdadeiro rio Amazonas sobre ela! Pior, ele adquiriu o péssimo hábito de fazer isso todas as tardes.

Novamente imaginei que Pônio morreria.

Comecei a colocar água nova todos os finais de tarde, tentando assim retirar um pouco da ureia deixada pela urina de Morgan, mas com muito receio de, pelo fato de modificar o pH da água com muita constância, causar a morte de Pônio.

Isso também não o matou. E a vida seguiu seu rumo.

Após uns quatro ou cinco meses, numa manhã muito seca de verão, notamos que a pequena fonte havia rachado. Imediatamente procuramos por Pônio. Onde ele estaria? A água o teria levado embora e eu deveria procurar por ele na grama?

Iniciamos a busca desenfreada por Pônio e, não o encontrando em lugar algum sob a fonte, voltamos os olhos, uma vez mais, para a fonte e seus cantinhos.

Lá estava ele, quietinho, mas vivo! Incrivelmente, Pônio havia se refugiado na única poça d'água que restara na pequena fonte e, espantosamente, sobrevivera. Delicadamente eu o coloquei numa grande vasilha, até que a fonte fosse arrumada e pudesse ser "habitada" novamente. E Pônio sobreviveu a mais essa mudança...

Dois dias depois, a fonte estava seca e em condições de uso. Refiz o enriquecimento ambiental, coloquei água na fonte e trouxe Pônio para sua morada uma vez mais. Nosso herói estava bem e de volta!

Lá se foram mais três ou quatro meses de vida normal, até que, numa manhã como outra qualquer, sem lambida ou baba de Sophie, sem nenhum xixi de Morgan, sem nenhum problema com a fonte, com tudo em ordem, Pônio simplesmente morreu.

Fiquei um tempo sem entender. Como Pônio poderia morrer assim, do nada?

Eu precisei de alguns dias para perceber que "do nada" significava muita coisa. No caso de Pônio, "do nada" significava mais de um ano de vida intensa para um peixinho que não media mais que 4 cm de comprimento e que passou esse tempo num lugar fechado e sozinho, sofrendo os mais diversos reveses.

Pônio era um SOBREVIVENTE. A vida apenas cobrou dele a sua cota.

E eu... Comecei a pensar mais e mais sobre a vida e a inteligência dos peixes. O Sr. Nobukazu obteve êxito total em seu intento.

Na época, eu tinha uma raia para natação em casa que era muito pouco utilizada; na verdade, ela dispunha de uma meia lua com degraus, para facilitar a entrada e saída de quem a usasse; no caso, dos cães que adoravam nadar nos dias de calor.

Falando seriamente, eles usavam apenas o espaço da meia lua; já a raia, depois que eu rompi o tímpano do ouvido direito durante uma viagem pelo Tibet, mais propriamente sobrevoando o Everest num daqueles micro-aviões do tipo que costumava se utilizar na África, eu nunca mais usei.

E o Sr. Nobukazu continuava me aplicando sessões de shiatsu e conversando sobre peixes.

Após inúmeras sessões, eu estava novamente convencida a tentar uma nova empreitada. Desta feita, a proposta era construir um lago.

Nos meus planos tudo se encaixava perfeitamente e eu já me visualizava saindo do quarto e pulando no lago todas as manhãs.

Pois bem! Ideia criada, pensamento concretizado e colocado em prática.

Tudo bem que, para conseguir o lago, precisei abrir mão da raia, pois ambos disputavam o mesmo espaço no jardim. Entre outras coisas, foi necessário pedir licença e derrubar o muro da casa vizinha — que, com a ajuda dos céus, estava desabitada na época — para a entrada e saída dos caminhões.

Uma vez construído o lago, o próximo passo foi a elaboração de um deck na frente do meu quarto, sobre a parte mais profunda do lago e, na sequência, a diversão!

Todas as manhãs, ou na maioria delas, eu saía pelas portas-balcão do meu quarto que sempre permanecem abertas durante a noite e iniciava o meu dia pulando no lago. Uma verdadeira delícia!

Os cães aprenderam por observação e começaram a pular também. As manhãs em casa viraram uma festa. Então, chegaram as estrelas do lago!

Conforme recomendação do Sr. Nobukazu, devemos ter carpas apenas em número ímpar. Sendo assim, encomendei treze.

E como nunca estamos livres dos enganos alheios, alguns meses mais tarde, conforme foram crescendo, percebi que, na verdade, vieram doze carpas e um "cará" (espécie de tilápia).

Chegaram com cerca de 15 cm e após alguns meses de bom trato já acreditavam piamente serem tubarões...rsrs! Estavam enormes! Alguns anos mais tarde, alcançaram 50 a 60 cm.

Nessa época eu tutorava quatro cães: um casal de Maremanos Abruzenses e um casal de Rottweilers.

Interessante notar a diferença entre eles. Enquanto os Maremanos entravam no lago para cheirar as flores, lindas e delicadas ninpheas, ignorando a presença das carpas, os Rottweilers, por sua vez, atropelavam as flores, em busca dos peixes. Puro instinto! Intransferível e individual, porém, previsível.

Certo dia, uma das levas de peixinhos que eu costumava comprar com a finalidade de manter as pedras do lago e a própria água do mesmo, limpas, veio contaminada com um tipo de herpes vírus que afetou duas carpas.

Daquele tipo de peixinhos que, nos aeroportos da Tailândia são deixados em bacias com água pelas pedicures e as pessoas colocam os pés para que a pele morta seja retirada.

Faz cócegas!

Ao acrescentar ao lago peixes desconhecidos, aprendi que é muito fácil e rápido ocorrer algum tipo de contaminação; mas, principalmente, aprendi da forma mais difícil e triste que é praticamente inexistente a cura para algumas delas. Aprendi muito mais, no entanto.

Como não havia me aproximado emocionalmente das carpas, também não dei nome a elas; portanto, para facilitar a identificação de ambas, eu as chamei de carpa 1 e carpa 2.

Quando notei a presença do vírus na carpa 1, ainda não sabia o que poderia ser e chamei um veterinário especialista em peixes que, rapidamente, me colocou a par do diagnóstico e do péssimo prognóstico. Ou seja, em poucas palavras ele disse que poderíamos operá-la, mas que a chance de retorno do vírus era extremamente grande.

Também disse que poderíamos retirá-la do lago, isolando-a, a fim de tentar não contaminar os outros peixes, mas o procedimento indicado nesse caso me pareceu cruel demais para o animal; acrescentou que a última hipótese seria fazer eutanásia. Sendo assim, preferi arriscar, investir na imunidade das carpas, na limpeza da água e deixar a vida seguir.

Após um mês, minha carpinha ainda vivia; contudo apresentava certa dificuldade para se alimentar.

E eu, que nunca havia dado importância aos peixes, agora ia ao lago duas a três vezes ao dia.

Comecei a reparar em comportamentos que jamais imaginei pudessem existir em peixes. Foi necessário realizar um *Mea culpa, mea maxima culpa;* afinal, eu jamais havia me interessado em observá-los.

Por fim, comecei a notar em carpa 1 um comportamento típico de animais de sangue quente, de mamíferos aos quais sempre havia observado. Ela começou a se isolar cada vez mais, procurando locais escuros e ermos, até que foi necessário retirá-la, por duas vezes, da caixa de máquinas do lago, local onde, uma vez tendo conseguido entrar, não havia como sair.

Carpa 1 morreu. Nós a encontramos, novamente, pela terceira e derradeira vez, dentro da caixa de máquinas.

Passados cerca de quinze dias, carpa 2 referiu sintomas do mesmo vírus. Chorei. E orei para que as demais conseguissem se tornar resistentes com o uso da medicação que eu lhes estava fornecendo na alimentação.

Foram dois meses das mesmas observações. Carpa 2 era muito maior e, aparentemente, bem mais saudável que carpa 1; no entanto, notei algo que eu não soube definir. Talvez um certo nível de inteligência? Um certo poder de observação? De comunicação? Talvez apenas instinto?

Como disse, eu não soube definir. Sei dizer apenas que carpa 2 imitou o comportamento de carpa 1. Seu instinto fez com que também se isolasse e, depois, conseguisse entrar na caixa de máquinas do lago, apesar de ser muito maior que ela, num espaço de tempo muito mais curto que carpa 1, como se já soubesse o que estava por vir.

Após a morte de carpa 1 e carpa 2, tratei a água do lago, bem como as demais carpas e o cará por meses, para melhorar sua imunidade. Acho que consegui.

Nunca mais surgiram sintomas do vírus. Eu nunca mais coloquei peixes novos no lago! E nunca mais quis me alimentar de peixes... Comecei a acreditar que peixes também são inteligentes, sencientes, observadores e "telepatas".

O episódio das carpas me fez lembrar dos polvos, animais aos quais respeito imensamente. Acredito que tenham sido o primeiro motivo para que eu não quisesse mais me alimentar de animais marinhos.

Quando descobri que estes animais possuem excelente memória de curto e longo prazo, que conseguem se sobressair em experiências envolvendo resolução de problemas, além de se localizarem em labirintos e muitas outras coisas, decidi que jamais poderia comer um animal que, de repente, pudesse ser tão inteligente quanto eu.

Porém, nunca mais soube de Sr. Nobukazu. Fiquei com um estranho medo de procurá-lo quando a pandemia apresentou uma melhora em seu número de casos. Gostaria tanto de lhe contar sobre o meu aprendizado, sobre o sentimento que havia brotado em meu coração com relação aos peixes!

Gostaria de poder lhe dizer que tinha razão...

"Jamais creia que os animais sofrem menos do que o humano. A dor é a mesma para eles e para nós. Talvez pior, pois eles não podem ajudar a si mesmos."

(Dr. Louis J. Camuti)

CAPÍTULO 10

EGON E CLAIRE

DOIS ANJOS EM MINHA VIDA

CAPÍTULO 10

Conforme discorri em capítulos anteriores, me mudei para uma nova casa em São Paulo, próxima à hípica onde Yucatán estava estabulado. De King's Ranch eu trouxe ainda alguns pavões. Adoro pavões!!!

Lembram-me a Índia e seus encantos exóticos. Palácios de rara beleza, construídos no alto de morros nos quais, atualmente, chegamos montados em enormes e pacientes elefantes; um assunto à parte, para ser debatido em outra oportunidade.

Já os pavões, trazem beleza e harmonia por onde passam. Fazem-me lembrar também dos meus queridos tigres. Ah, os tigres de bengala da velha e mística Índia! Minha eterna busca por mim mesma, através das incessantes tentativas para entender melhor o seu comportamento e assim compreender o meu.

Essa reflexão me remete a um momento no passado em que, andando nas imediações do rio Ganges, em Varanasi, na Índia, me vi perdida em um labirinto de ruelas estreitas no local conhecido como "Cidade Velha".

As mais de meio milhão de pessoas que lá habitam se espremem e se confundem em meio aos milhares de indianos de origens diversas que procuram aquele lugar, a fim de, conforme a tradição, por estarem lá em Varanasi, morrerem pela última vez não precisando mais retornar a esta vida.

Apenas se destacam as levas de turistas, muitos interessados na cultura e nas tradições locais; mas, boa parte, apenas curiosa, como se estivesse visitando um zoológico. Grupos, no mais das vezes, completamente desinformados dos costumes locais.

Já me sentia perdida e cansada quando, de repente, em meio àquele labirinto, me deparei com um local coberto, porém sem portas. Aliás, quando notei já estava dentro dele. Era uma espécie de hospital. Nele, pessoas deitadas ou sentadas no chão, encostadas umas às outras e apoiadas em paredes sujas e acinzentadas em função das cinzas lançadas pelas centenas de crematórios existentes na cidade, eram tratadas com os parcos recursos locais, por enfermeiros, alguns tão doentes quanto eles.

O choque de realidade foi tão grande que eu me peguei chorando convulsivamente sem me dar conta. Como explicar um hospital, um lugar onde, aparentemente, pessoas morriam porque a medicina local não utilizava sequer a penicilina? Ou pior, será que naquele pequeno mundinho à parte do convencional, a população doente realmente não se importava com a falta de tratamento para seus males, se deixando ficar morosamente à espera da amiga morte que viria levá-los para sua derradeira jornada?

Minha alma doía de uma forma inacreditável. E a indignação, mesclada à imensa tristeza pelo que eu estava vendo, recebeu aos poucos um toque de curiosidade por notar que nenhum dos presentes parecia reclamar das dores ou se queixar de alguma coisa; pelo contrário, havia no ar uma sensação de bem-estar ou de deixe-estar, acompanhando a névoa matinal que passeava entre os cômodos locais, encobrindo alguns ou descortinando outros dos doentes daquele estranhíssimo hospital.

Debitei a estranha e dolorosa sensação que se me apossou às dificuldades logísticas e financeiras do país e, principalmente, à imensa desinformação reinante entre o povo da cidade sobre qualquer tema ligado à atualidade ou referente às suas implicações.

Mas, se as pessoas que ali viviam ou que para lá peregrinavam preocupavam-se apenas com sua morte carnal e com sua vida espiritual a ponto de abdicar ou de não solicitar ajuda para seus males físicos, eu estaria correta nesse meu raciocínio ou esta seria realmente a tal cidade das "Trevas e dos Sonhos" descrita no livro de Richard Lannoy?

Uma cidade que, praticamente, vive do comércio da morte. Desde óleos para ungir os corpos dos mortos a uma grande variedade de madeiras para a sua cremação, onde o sândalo é a mais valiosa.

Ainda perdida e meio atônita, procurava por uma saída num lugar que sequer possuía uma entrada. Ainda com muitas lágrimas escorrendo pela face, escolhi a esmo uma "saída". Deparei-me, então, com um senhor bem idoso, muito magro, mas de aspecto saudável, sentado no chão de terra batida bem no final da viela próxima à tal saída. Ele, ao notar o meu estado, perguntou num inglês quase imperceptível se estava tudo bem comigo! Na verdade, quando entendi melhor, ele já estava dizendo que eu deveria ficar bem porque tudo estava como deveria estar naquele momento, naquele local. Dizia que eu não precisava, tampouco deveria chorar; apenas refletir e então, sorrir.

Aquele amável senhor me estendeu a mão na qual guardava uma linda flor em vários matizes de rosa e me presenteou com ela.

Uma estranha e calma onda de paz tomou conta do meu coração e segui meu caminho por aquela estranha viela que desembocou em um dos "ghats" (escadas de acesso ao rio Ganges).

Observei alguns homens em seus trajes mínimos fazendo suas abluções matinais e, em seguida, banhando-se nas águas sagradas; outros, ainda, colocando lamparinas no rio. Mulheres em seus saris multicoloridos fazendo suas oferendas, além de um ou outro "sadhu" (homens santos). Tudo tão intenso, tão mágico e também tão distante da realidade em que eu vivia no nosso mundo ocidental!

Tudo se resumia em como entender a morte e a sua "não" existência.

Observei, ao realizar o passeio de barco agendado, várias fogueiras de cremação às margens do rio e muitas, muitas pessoas banhando-se em suas águas ao lado de animais mortos que passavam boiando ao seu lado.

Como entender pessoas vivendo em meio a tanta falta de higiene, de medicamentos, de informações? Mas aquela era Varanasi. A cidade da aparente incoerência, onde tudo estava em seu perfeito lugar.

Meus pensamentos saíram das águas do Ganges, ainda iluminadas por algumas lamparinas, e me levaram de volta aos tigres da maravilhosa Índia.

Na sequência de anos de buscas e pesquisas, achados e considerações, obtive profundas respostas, nem sempre agradáveis à minha personalidade forte e inquisidora, persistente, porém teimosa para ambos os aspectos.

Cheguei à conclusão de que tigres são seres *borderlines*, trilhando solitariamente um caminho diferente demais dos outros seres que com eles habitam o planeta. Os demais, em sua maioria onde incluo os seres humanos, por um motivo ou outro, podem, devem ou precisam se relacionar para sobreviver. Tigres são seres à parte e, por esse motivo, fadados ao desaparecimento, à vida solitária, que não implica solidão, mas sim uma escolha e aceitação de si mesmo, de suas necessidades e conhecimento de suas capacidades em obtê-las; como os demais não humanos, carrega consigo a balança da justiça.

Nos áureos tempos das terras fartas e caça à disposição, nossos irmãos tigrados podiam desfrutar do fato de serem os maiores, mais bonitos e mais poderosos predadores felinos do planeta.

Nestes momentos de dor para humanos que desconhecem a compaixão para consigo mesmos, preferindo a vitimização acompanhada de grandes demonstrações de raiva e poder, não lhes resta, aos tigres, como a milhares de outras espécies, muito mais que aguardar pela morte sem piedade, advinda dos que ainda sentem uma necessidade mais gritante que a dos próprios animais de liberar seus instintos de agressividade e luta.

O resultado desse longo e triste processo de evolução é sempre uma guerra onde os mais fracos são, literalmente, massacrados, caso não venham a se encaixar aos propósitos humanos.

Às vezes me pergunto se o poder de Varanasi não se solidificou nessa massa de pessoas por estas se sentirem desprezíveis, à margem da sociedade; mas logo revejo o meu conceito, estudando sua cultura e notando que mesmo os pertencentes às mais nobres castas indianas também a procuram como sua última peregrinação. Realmente, a Índia e seu povo são um caso à parte.

> ***"Se os animais inspiram somente ternura, o que houve, então, com os homens?"***
> ***(Guimarães Rosa)***

Pena que os meus vizinhos não compartilhassem do mesmo amor que eu pelos pavões.

Precisei deixar aqueles amados pássaros no sítio de uma amiga, pois o som rouco e pitoresco que emitiam incomodava aos moradores das redondezas.

Muitas vezes pensei comigo mesma se escutar o ronco de pavões pode ser mais desagradável e incomodar mais os seres humanos que ouvir o som de *haves,* festas e churrascos animados e intermináveis aos finais de semana.

Na nova casa já vivia comigo Egon, o Maremano que eu trouxera da Itália.

Egon havia sido ensinado por mim bem pouco à velha maneira, como eu ensinara Drago. Na verdade, bem menos.

Era um cão gentil para com a maioria das pessoas e apenas olhava com um certo desdém para aquelas que não caíam no seu agrado. Então, eu as evitava.

Fazia suas necessidades sempre nos locais adequados e concordava comigo em todos os meus pedidos.

A vida continuou seu ritmo na casa, alegrada pela sua presença e pelo fato de que, desde filhote, havia aprendido o código de conduta da casa, transformando-se em um cão extremamente agradável, equilibrado e sereno, com quem vivenciei novos e interessantes momentos.

A diferença entre certas raças é enorme.

Falando especificamente na diferença entre Rottweilers e Pastores Maremanos, a sensação é a de conversar com pessoas extremamente gentis, suaves e educadas no trato social no primeiro caso, e outras, fervorosa e alucinadamente apaixonadas por uma causa, no segundo.

Ambas as raças são incontestavelmente leais e assertivas; contudo, a sensação de se estar com um maremano transmite paz, enquanto estar com um rott o mantém atavicamente preparado para a guerra.

A forma como reagem a um aprendizado também os diferencia. Os maremanos, assim como as raças que lhes assemelham, parecem aprender nas nuvens da alegria e da brincadeira, demonstrando suas carências de forma passiva; já os rotts, em sua seriedade, são muito proativos em suas manifestações de afeto ou desagrado, lembrando soldados dispostos a dar a vida por uma causa que, no caso, somos nós. Impressionante observar as diferenças.

Cães, em minha casa, passaram a aprender praticamente por "osmose" ou "energia".

Não existem mais palavras-chave ou grandes negativas, mas sim, trocas. Sejam elas no silêncio das palavras e, principalmente, na troca de energia, como para obter algo que o filhote pegou e deva largar. Neste caso, isso é imediatamente substituído por um pequeno biscoito, um brinquedo novo ou mesmo antigo que seja de seu agrado.

Mal acreditei no que via no dia em que assisti a um episódio da série de César Milan. Foi a primeira e única vez em que percebi alguém pensando e agindo como eu junto aos animais.

Segui todos os conselhos que César deu durante o tempo em que seu programa existiu e, posteriormente, após sua fama. Além disso, acatei suas recomendações, repassadas em palestras pelo mundo e em documentários efetuados diretamente do seu centro de treinamento nos EUA. Senti-me acolhida em minhas proposituras e com possibilidades de êxito, uma vez que podia, verdadeira e antecipadamente, observar o êxito obtido por ele.

Cesar galgou muita fama e sucesso rapidamente. Em apenas alguns anos transformou-se em um grande e próspero empresário internacional que, graças ao seu dom e aos cães, saiu da miséria socioeconômica mexicana em que vivia, arriscando-se, tal o fazem milhares de pessoas que ainda se vendem ou morrem, no intuito de atravessar as fronteiras para os EUA em busca de uma vida melhor.

Ao final de tudo, assisti à ascensão profissional de um homem sensível que, por se encontrar dentro da energia animal, estava praticamente fora da energia humana, assim como eu.

A grande questão acontece no momento em que é preciso escolher entre elas, as energias.

De alguma forma, sinto que em nosso caminho para a evolução seja necessário trocar, no mínimo, de 51 para 49% essa nossa energia animal, a fim de sermos mais humanos, e assim interagirmos melhor, mantendo e desenvolvendo nossos afetos e relacionamentos mais preciosos com os de nossa própria espécie.

Como ocorre com quase todos os grandes expoentes, César Milan deu o seu recado e, basicamente, desapareceu. Existem por aí dezenas de profissionais se alimentando do trabalho dele. Alguns são sérios. A grande maioria, porém, segue sendo a dos ditos charlatões de sempre que, acompanhados pela mídia amiga, tornam-se conhecidos do público em geral.

Quanto a mim, desde a tomada de consciência e a decisão quanto a modificar a minha energia, ambos os lados da minha vida se tornaram bem mais complexos. Precisava conseguir me fazer entender pelos humanos e continuar a ser compreendida pelos animais.

Mas não se consegue tudo o que se deseja; pelo menos, não ao mesmo tempo. Mais dolorido ainda quando se perde muito por um lado e não se ganha pelo outro. Minha conexão com animais ficou prejudicada. E eu, talvez por incompetência e desleixo, talvez por pura impaciência e procrastinação, ainda não consegui me aproximar dos seres humanos como poderia ou deveria.

OK! Foi quando achei necessária uma companhia para Egon. Comecei nova busca e trouxe Claire para casa.

Divertido, para dizer o mínimo, era esse relacionamento entre os dois, Egon e Claire. Dois animais cujas personalidades eram tão diferentes, convivendo e se tornando tão íntimos.

Observar e observar!

Se este for o caminho para a minha evolução, continuarei praticando até obter algum êxito com alguns humanos e trabalhar melhor a minha energia animal restante, a fim de não perder o contato com os animais.

> *"Se te incomoda ver fotos violentas de animais, luta para deter a violência, não as imagens."*
>
> *(Johnny Depp)*

Está escuro lá fora e ainda é muito cedo.

Chove e o tilintar da água no telhado é muito reconfortante, sem falar do cheiro de grama molhada que continua inacreditavelmente adorável. Alguns pequenos pássaros cantam. Agradeço a Deus por tudo que Ele tem me dado, orientado, protegido, tolerado e perdoado. Agradeço ao Cosmos pela minha vida.

Tomo minha xícara de café com leite e vou para o banho, seguida pelos meus inseparáveis gatos.

Atualmente, as redes sociais têm respostas para todas as perguntas e discorrem sobre as variáveis motivacionais que levam os gatos a nos seguirem. Acredito em algumas delas.

A casa onde moro tem um jardim bem grande que, por motivos de segurança em nosso país, é cercado por um muro bem alto com câmeras e cercas elétricas. Como a casa fica no centro do terreno, fiz um corredor acompanhando toda a volta do muro, como uma espécie de fosso medieval, no qual os cães se revesam durante o dia.

Sendo assim, faz parte do enriquecimento ambiental deles, dentro desse rodízio, variar o ambiente em que se encontram.

Digo isto, também, para deixar como observação o fato de os cães maremanos apreciarem sua estadia nesse corredor, principalmente durante as horas do dia, preferindo estar no jardim central, onde se encontra o lago de carpas, à noite.

Sua preferência vem ao encontro do exposto a respeito das diferenças entre as raças. Os maremanos gostam de dar o alarme para os rotts, que permanecem pacientemente calados e deitados onde quer que estejam. É muito bom que o façam, pois não se escuta a campainha nos fundos da casa e seus latidos são um aviso perfeito para que se atenda a porta.

O dia clareia sem sol hoje, entre escuras nuvens que, provavelmente, serão o nosso teto cinzento. Aqui do meu quarto começo a escutar os movimentos do dia e dos animais.

Esta temporada será particularmente mais difícil e trabalhosa; levei um tombo ontem, ao tentar me desvencilhar de um dos filhotes que se enrolava entre minhas pernas enquanto brincávamos, caindo sobre um dos joelhos que já estava bem problemático.

Fiz exames que diagnosticaram uma nova fratura do plateau; enquanto isso, duas muletas como apoio serão bem-vindas. Minhas mais recentes "BFF".

Se existe um acompanhamento espiritual em nossas vidas e eu acredito que exista — apesar de ter lido a trilogia completa de Yuval Noah Harari que nos esclarece de maneira extremamente pragmática, nos informando e preenchendo lacunas de conhecimento sobre nós mesmos, nossa história e provável futuro de maneira, no mínimo, abrangente e bastante instigante — , deve haver um motivo para que eu passe por tantos episódios de quedas, nos quais já tive todos os ligamentos de ambos os tornozelos rompidos, assim como ambos os joelhos quebrados.

Está é a segunda vez que fraturo o joelho esquerdo. Talvez porque eu precise me ajoelhar mais, ceder mais, ter mais calma e exercer muito mais a paciência com o tempo dos outros do que tenho feito.

A parte boa é que, uma vez que eu disponho de um verdadeiro arsenal para tratamento de tornozelos e joelhos quebrados, no qual se inclui um par de muletas e uma "órtese ínguino-maleolar" — nome complicado para um imobilizador de joelhos — , não haverá a necessidade de gastos extras com eles.

Entretanto, creio que eu poderia fazer um esforço maior para agir mais como um "bambu" do que como um "pinheiro", forma esta utilizada pela maioria dos animais.

Talvez por esse motivo eu tenha quebrado o joelho mais uma vez.

Paciência, tolerância e, antes de qualquer outra coisa, uma maior disposição quanto a entender as dificuldades e limitações das pessoas. Não adianta entender uma situação em especial e não desenvolver uma didática, uma maneira mais elaborada de me expressar e me fazer compreender.

As pessoas, definitivamente, não são como eu. Pelo menos não demonstram ser. Seres humanos agem de maneira incoerente e isso faz parte do pacote social no qual se encontram inseridos.

"Sou a favor do direito dos animais como o direito dos humanos. Esse é o caminho de um ser humano completo." (Abraham Lincoln)

Daqui de onde estou, na minha cama, com as janelas francesas abertas como de costume, posso ver Egon em sua ronda matinal, sozinho; Claire, que já acompanhou a tantos outros em suas rondas, agora costuma dormir até mais tarde. Aliás, ela tem dormido cada vez até mais tarde.

Sua jornada tem sido repleta de um aprendizado que, definitivamente, se deu bem pouco comigo. Mas foi Claire quem me ensinou a maior parte do que sei sobre como me relacionar com pessoas de personalidade muito forte, outras tantas inseguras e agressivas, além, é claro, dos narcisistas.

À primeira vista, denominamos esse tipo de cães como Claire, Pansy, Carmel e agora talvez seja o caso de Dayo, como "ligados em 440w"; depois, conforme os conhecemos melhor, são denominados hiperativos; para, finalmente, entendermos que sua inteligência emocional é superior à nossa e que, portanto, esses cães são mais capazes que nós de interagir em situações onde se envolve agressividade e raiva.

Basta para tanto observar e aprender com eles! Imite seu comportamento e verá que determinadas situações se tornarão bem mais leves.

Egon e Claire. Esse casal foi o mais tranquilo que passou por minha casa.

Claire voltou a ser ela mesma, posto que Egon a deixava livre para tanto e, ele próprio, se tornou mais brincalhão em função da convivência com ela. Egon passou a me "chamar" para brincar da maneira como aprendeu com Claire.

O que precisamos fazer é, apenas, observar.

Sim, eles, definitivamente, vivem menos que nós.

Um dia surgiu um ponto mais claro no nariz (trufa) de Egon. Percebi que, com o tempo, ele foi aumentando como se a pele perdesse a cor naquele local. Também aconteceu muito rápido e eu novamente agradeci por isso. Em algumas semanas Egon estava desnorteado e cego. Morreu no meu colo, alguns dias depois, tranquilo e confiante, apesar de, provavelmente, não ter mais noção do que estava ocorrendo ao seu redor.

E quanto a Claire?

Acompanhou a vida de Viggo, de Jonathan, de Egon, e agora está acompanhando a vida de Joshua. Assim como Carmel, que fez companhia a Crystal, Charlotte, Pansy, Zeta e Gaya.

Chego à conclusão de que cães hiperativos vivem mais e melhor! E acabam morrendo de velhice. Ao menos os meus.

Acredito que sua falta de foco, seu estilo desligado lhes permite sofrer menos *stress*, consequentemente, menos doenças, principalmente aquelas que adquirem por estarem ligados emocionalmente a nós.

Interessante!

Se pensar sob esse ângulo, a morte da maioria dos meus amigos cães, seja Crystal, Drago, Challa, Sophie, Egon e Ava, ocorreram através de doenças representativas das que eu poderia ter eventualmente adquirido. Questionável, porém digno de maiores investigações.

Com Claire, minha Pastora Maremana que conviveu com dois cães de personalidade muito forte e agressivos, Viggo e Jonathan, um após o outro, aprendi a como "sobreviver" junto a pessoas com esse tipo de temperamento.

Eu vi claramente, porém, as sequelas desse convívio brotarem em seu comportamento e, posteriormente, no meu também. Afinal, eu também convivia com pessoas agressivas e de temperamento muito forte. Não perdemos nossa alegria, mas nos tornamos mais introvertidas e desconfiadas, nossa espontaneidade e meiguice foram afetadas.

Por vezes, quando pressionadas, podemos demonstrar reações agressivas. Pura defesa. Pura terapia animal. Instinto.

Claire se recuperou bem fisicamente e a coloquei para conviver com Joshua. Tem levado com ele até hoje uma vida pacata, tranquila e alegre; mas existem sequelas. Dois machos grandes com temperamentos fortes a fizeram aprender.

Eles a ensinaram e ela me ensinou. Foi um período de instabilidades e um tempo de grandes e importantes aprendizados para ambas.

Estamos, as duas, mais maduras e um pouco mais sábias. Não compramos brigas cujo resultado não dependa de nós e não entramos em discussões que não levam a nada. Deixamos o tempo resolver essas pendências e nos poupamos para as verdadeiras guerras.

Se levarmos em conta que, tirando aqui e colocando ali, uma semana de vida de um cão basicamente equivale a um dia da nossa, tenho que aproveitar cada minuto que possa com essa minha velha amiga.

Claire, definitivamente, está dormindo bem mais nos últimos dias...

> *"Certamente existem animais não humanos, cujas vidas, em qualquer nível, são mais valiosas que a vida de alguns seres humanos."*
> *(Peter Singer)*

Aprendemos por observação e vivência que seres vivos, humanos ou não-humanos, podem estar doentes de várias formas e graus diferentes. Principalmente quanto a forma mental e mediante a maneira como nos tratam; ademais, havendo uma convivência permanente, tais fatores podem “moldar” nosso comportamento em função do medo, seja do que for: medo de agressão, medo de abandono, medo de privações ou outro medo qualquer.

Para além de qualquer comentário psicológico que possa ser feito a respeito do acima referido, conclamo a lembrança do leitor para o fato de que este é um livro sobre “ensinamentos” animais, e da observação sobre a vida animal sempre ter sido a maior constante e objetivo prioritário em minha vida.

Sendo assim, em que pese o fato de haver estado sob terapia com humanos a maior parte da minha existência, em função do exercício profissional da psicologia, os meus maiores *insights*, provavelmente por força dessa vantagem, vieram à tona justamente por meio das minhas observações ou interações com animais não humanos.

Vale também ressaltar a extrema semelhança com relação aos comportamentos instintivos apresentados por ambas as espécies, fato que propiciou a analogia criada por mim, enquanto cientista e pesquisadora, mas sobretudo como animal humano.

Tudo o que aprendi com eles, o que esses animais maravilhosos me ensinaram no decorrer da minha vida, e a percepção de que as pessoas ao meu redor não tiveram a mesma oportunidade, justamente pela falta de convivência com esses professores tão amorosos e leais, me fez pensar em contar as minhas experiências, o meu aprendizado, as gradativas mudanças que foram ocorrendo em minha vida em função da companhia deles.

Na verdade, o quanto esses animais não humanos me auxiliaram a construir uma personalidade capaz de me manter íntegra; de me manter sã e resiliente diante das dificuldades; de criar e fortalecer, dia após dia, um temperamento curioso, questionador e, principalmente, perseverante e guerreiro diante dos fatos da vida é inenarrável.

Eu sempre acreditei em Chico Xavier. E ele costumava ressaltar a necessidade e importância da conexão afetiva entre os seres humanos e os animais.

Chico dizia também que essa relação de amor e respeito mútuo entre nossas espécies pode contribuir não somente para o aprendizado dos animais, como inclusive para a nossa própria evolução espiritual. Ele sempre enfatizou que os animais desempenham um fator preponderante em nossa jornada espiritual, ao auxiliar-nos, através do seu exemplo e convivência, a sermos mais virtuosos.

Como explicar sobre GRATIDÃO!!!

Palavra largada na sarjeta das grandes e pequenas avenidas, das suntuosas residências às mais humildes comunidades.

Não importa mais, há décadas, quem faz o que e por quem. Aparentemente, os jovens, os adolescentes e as crianças de hoje estão sendo educados para acreditarem que é uma obrigação do próximo resolver seus problemas e ajudá-los quando necessário.

Alguém já viu uma cena como essa na natureza? Claro que sim. Mas em situações de vida ou morte, extrema fome ou casos esporádicos ligados à maternidade. Justificáveis, "n'est pas"? A natureza jamais perde a coerência.

Quanto aos jovens, que serão o nosso futuro, o que será deles, criados sem coerência? Sem gratidão?

Apertam um botão e conseguem o que desejam. Demorou muito? Deletam aquele para apertar outro.

Sem valores, sem regras, sem apegos; apenas desejos, em sua maioria fúteis e desnecessários, ditados pela mídia e populares entre seus pares.

Estes são, talvez, os adultos que não se importarão com a vida de ninguém. Estão sendo criados para serem egoístas e mesquinhos; serão aqueles que, facilmente, sem qualquer dor de consciência, abandonarão os pais na velhice ou jogarão um animal não humano tutorado na rua, caso desejem viajar.

Alguém criado dessa forma poderia entender sobre GRATIDÃO?

> *"Chegará o dia em que o homem conhecerá*
> *o íntimo dos animais.*
> *Nesse dia, um crime contra um animal será considerado*
> *um crime contra a própria humanidade."*
> *(Leonardo da Vinci)*

Hoje acordei mais cedo que o normal. Ainda está escuro, mas alguns pássaros também já acordaram. É domingo, e aos domingos, por ser a folga do tratador dos meus animais, sou eu quem cuida deles.

Estamos no finalzinho do inverno de 2022, e este tem sido um dos mais rigorosos invernos de que tive notícias por aqui. Assim como o calor no último verão...

O clima vem se modificando nitidamente no decorrer dos últimos anos; contudo, a humanidade, em sua maioria, insiste em não notar ou em não se preocupar com o fato. Nada fazem a respeito como sociedade ou como indivíduos.

Acredito que essa reação seja consequência do hábito adquirido de postergar a resolução dos problemas ou pior, imaginar que sempre haverá alguém para resolvê-los em seu lugar. O nítido resultado criado por um sistema paternalista, no qual se fornece o peixe, porém jamais ensinando a pescar, para manter o povo sob controle e como massa de manobra política.

Estou escrevendo ainda na cama e com muita preguiça de levantar, mas não consegui enganar nenhum dos meus bichinhos que, um a um, já vieram me dar bom dia e solicitar minha companhia.

Reflito por algum tempo e me recordo de que Claire já está com onze anos e Joshua com nove. Bem idosos para Pastores Maremanos. Imediatamente me lembro que, sendo assim, todos os meus amigos cães já alcançaram a maturidade.

Vem-me à mente que os anos de pandemia me fizeram ignorar a passagem de mais tempo e situações de que eu gostaria.

Levantei de um impulso, tomei minha xícara de café com leite e, rapidamente, me pus a tratar dos animais. Hoje, com muito mais cuidado que o normal. Já sinto saudades!

“Os macacos são muito bons para que o homem possa ser descendente deles.”

(Friedrich Nietzche)

CAPÍTULO 11

CHICO E ZÉ

UM ENORME APRENDIZADO ENTRE AS AVES

CAPÍTULO 11

Um verdadeiro desastre.

Talvez através desta frase eu pudesse resumir meu encontro com os papagaios Chico e Zé. Mas não!!! Aprendi... e como aprendi com esses dois! Tudo bem, sofri no físico e no orgulho, mas aprendi.

Sem sombra de dúvidas, papagaios são seres extremamente inteligentes, e quem desejar questionar esta afirmação deveria antes ser tutor de um.

A primeira informação a ser dada sobre eles é a de que chegam a viver cerca de oitenta anos. E não, não são apenas os papagaios cinzentos os inteligentes. Eles podem ser os mais inteligentes!

Distinguem formas, cores e compreendem o significado das palavras. Mas os demais também não ficam assim tão distante deles.

Logo, saiba que o seu papagaio está de olho em você e aprendendo; portanto, tente ficar de olho nele e aprender também. Interaja e verá se descortinar um mundo completamente novo.

Numa tarde em que eu estava na hípica, um amigo que sabia sobre meu trabalho com animais me perguntou se já havia estudado pássaros. Respondi que não e que, na verdade, além dos meus pavões e emas, nunca havia tido proximidade com penas.

Iniciamos assim uma verdadeira odisseia.

Ele acabou por me trazer dois papagaios cuja idade eu desconhecia por completo, tendo, porém, a impressão de que ambos já passavam da casa dos 40 anos.

É um bom tempo de vida e o suficiente para se obter muitas experiências.

A parte difícil fica para aquele que, não tendo convivido com o papagaio, estiver tentando adivinhar quais foram essas experiências ou, pelo menos, o quanto delas ficaram gravadas em sua mente, para o bem ou para o mal.

A intenção era a de promover com eles o programa de reabilitação e reintrodução à vida selvagem com o qual eu havia trabalhado na África. E assim procedi.

Iniciei por retirar a ambos de suas gaiolas minúsculas, transferindo-os, individualmente, para outras bem maiores dispostas na varanda da minha casa.

Por lá transitariam os dois cães Pastores Maremanos Abruzenses que guardavam o jardim interno, todos os humanos que moravam ou, eventualmente, estivessem na casa e, além disso, ambos estariam em contato com a natureza.

Pois bem. Ao final de algum tempo, os dois estavam super felizes e extremamente adaptados às suas novas casas e vinham demonstrando aos poucos suas personalidades, sendo que o papagaio mais novo, ao qual dei o nome de Chico, denotava um melhor grau de adaptação, interesse pelo meio ambiente e pelos que o frequentavam. Ele estava bem feliz na varanda.

Chamava constantemente pelo nome do cão Egon e brincava com ele quando este chegava na beirada da gaiola; todavia, parecia ter reservas com mulheres que apresentassem o meu biotipo. Justamente o meu!!!

Definitivamente parecia não estar à vontade comigo, com minha irmã ou com qualquer amiga minha alta e loira. Gostava de todos os animais, se dava bem com os homens e com mulheres morenas.

Zé, o mais velho, apesar de adaptado e aparentemente feliz, continuava sendo um mistério. Permanecia fechado em si mesmo. Não parecia ter qualquer interesse em interagir com ninguém.

Às vezes berrava muito, sem explicação aparente, para ficar tranquilo logo em seguida. Eu realmente não sabia se era de felicidade, irritação, algum trauma ou para chamar atenção.

Eu os transferi para um local do jardim bem maior, completamente telado, porém um pouco mais afastado do convívio com humanos e abri ambas as gaiolas para dar início à uma outra etapa do processo onde a interação maior seria, basicamente, entre eles.

Tudo transcorreu conforme o planejado e, após alguns meses, Chico e Zé passeavam por toda a área. Andavam pelos galhos das árvores, até as mais distantes, onde muitas vezes os encontramos à tarde e pelo chão. Ambos até faziam pequenos voos, eventualmente, quando motivados. Mas, estranhamente, algo, bem lá no fundo, me dizia que eles não desejavam voar.

O tempo foi passando e, quanto mais eu me aprofundava no programa, mais acreditava que ambos os papagaios preferiam voltar à vida na varanda, vivendo presos em suas gaiolas grandes, mas com a convivência entre humanos e animais de estimação da qual dispunham anteriormente.

Será que eu havia chegado tarde demais para eles? Será que conviver com humanos os modifica tanto psicologicamente, a ponto de inviabilizar sua reintrodução? Será que passaram tanto tempo entre nós que não sabiam mais como ser eles mesmos? Será que já haviam nascido cativos e, por nunca terem conhecido a liberdade, tinham medo da vida lá fora?

Como sempre, cheguei à famosa palavrinha: "DEPENDE"!

Por sobre a casa onde moro, sobrevoam, chegando mesmo a pousar no lago ou se alimentar, várias espécies de pássaros; grupos de periquitos, um bando de ruidosas maritacas que vêm pela manhã e voltam à tarde, pica-paus, pardais, rolinhas, bem-te-vis, beija-flores, garças, falcões peregrinos e um grupo de papagaios que parece estar sempre à busca de algum desgarrado.

Era nesse grupo social que eu pretendia incluir Chico e Zé.

O grupo passava, baixava a altura do voo e parecia observar a casa e os papagaios. Chico e Zé também os viam e ouviam.

A princípio fizeram festa com a algazarra deles, assim como faziam com a das maritacas. Com o passar do tempo, deixaram de fazer. Mas o grupo de papagaios continuou a vir. E eu continuei tentando ensinar aos dois como voar.

O fato é que numa dessas tentativas tive a exata noção do quanto Chico e Zé definitivamente preferiam estar em casa a voar com o grupo que, segundo o meu parecer, os ensinaria a se alimentar e se comportar em liberdade.

Aliás, tive noção de várias outras coisas também, incluindo o fato de que Chico realmente não apreciava o convívio com mulheres loiras como eu.

Nesse dia eu aprendi que papagaios podem ser extremamente dissimulados e malvados; aprendi ainda sobre o quanto podem esconder suas emoções, tentando manipular o próximo.

Com quem aprenderam isso? Eles vivem observando seu ambiente e aprendem por osmose.

Ainda bem que jamais saberemos quem foram seus antigos tutores; eu bem que gostaria de lhes dizer algumas verdades.

Mas, certamente, contra fatos não há argumentos. E, como já disse no capítulo referente às emas, se você tiver alguma sensibilidade e contato com animais, não precisará ser nenhum *expert* em comportamento animal para captar a essência da mensagem enviada por eles. Mesmo que atrasada!

Isso me acontece várias vezes. Sou humana e sujeita a erros e enganos como todos.

Chico e Zé enviaram tantas mensagens no decorrer desse tempo! Mas, enquanto isso, no afã de conseguir o que, mais uma vez, o meu EU como especialista considerava o melhor para eles, estava surda aos seus apelos.

Surda a ponto de Chico precisar me chamar, pedir carinho, dar o pé, e quando eu dei meu dedo para ele subir, ter recebido uma bicada tal que quase arrancou o meu dedo fora. Meu dedo indicador sangrou sem parar por um tempo que pareceu interminável e eu sangrei por dentro pelo tempo necessário a fim de apaziguar meu ego. A expressão de raiva nos olhos de Chico foi o que me marcou e é do que me recordo.

Depois desse dia, nunca mais Chico foi para o dedo de ninguém e sempre tentava aplicar esse golpe de maldade em todos os que se aproximavam dele.

Para fazer um breve resumo do que aprendi durante essa tentativa de reabilitação e reintrodução desses dois papagaios, Chico e Zé, posso dizer que fiquei bastante surpresa com o resultado da experiência e extremamente feliz por ter sido agraciada com a convivência desses pássaros que tanto me ensinaram em apenas dois anos.

O que terá acontecido com eles durante sua vida para lhes causar tanta raiva? Por que cada um reagiu de maneira tão distinta à minha tentativa de integração ao grupo? Mas negarem a reintrodução?

O que fez com que Chico mostrasse aquela faceta da sua verdadeira personalidade naquele momento? Achou que eu estava forçando sua ida para o grupo? O que ele estava tentando me ENSINAR naquele momento?

Talvez tenha concluído que eu, assim como seu antigo tutor o fizera, também o estivesse enganando e desejasse abandoná-lo?

Zé reagiu como sempre. Não veio, e quando o trouxeram, não interagiu.

A reabilitação foi feita; porém, não foi possível efetuar a reintrodução. Não porque eu não tenha esgotado o programa, mas por pura falta de vontade dos participantes de vivenciar a liberdade. Era, com certeza, tarde demais para isso.

Esses papagaios deixaram evidente, cada um à sua própria maneira, que preferiam continuar a viver em cativeiro; que eu não conseguiria fazer com que eles mudassem de opinião e aceitassem a aventura de uma vida em liberdade junto a um bando de papagaios como eles.

Na verdade, essa realidade, talvez, já estivesse, ou sempre tenha estado, muito distante da realidade de Chico e Zé para que eles conseguissem concebê-la como factível.

O que realmente se apreende dessa experiência é que precisamos ter muito, mas muito cuidado mesmo, ao desejar um pet. E mais cuidado ainda ao tentar a sua reintrodução. Pet é um ser vivo como eu e você. Pet não é um objeto.

Alguns deles, como os papagaios, podem viver até mais do que nós. Oitenta anos é praticamente um século de vida.

Sendo assim, em algumas situações, animais como papagaios ou tartarugas, entre outros, precisarão ser deixados como herança para filhos, amigos ou vizinhos.

Pense em tudo o que você pode aprender, viver e sofrer em oitenta anos. Não consegue imaginar, não é mesmo?

Pergunte a papagaios abandonados e em cativeiro como Chico ou Zé. Eles vão tentar te contar.

“Pensamos que as aves em gaiolas cantam, quando na verdade choram.”

(John Webster)

CAPÍTULO 12

JOSHUA E JONATHAN

ENTRE A ALEGRIA E A TRISTEZA: A RODA DA VIDA

CAPÍTULO 12

A dor pela morte de Egon se misturou com o alívio que senti ao pensar que certamente havia acontecido o melhor para ele. Sua cegueira e "ausências" o estavam incomodando demais e, na verdade, eu mesma já não sabia o quanto ele entendia sobre o que se passava ao seu redor.

Saí em busca de um outro Pastor Maremano. Encontrei um criador no interior de São Paulo, lugar de difícil acesso. Eu me lembro que fui com uma amiga da hípica e que, enquanto aguardávamos em uma padaria local, imaginávamos se a decisão de ir a um lugar tão distante e ermo teria sido boa. Após esperarmos por um tempo que nos pareceu interminável, o criador apareceu para nos guiar até seu sítio.

Eu chamaria o lugar de "pra lá de remoto "; contudo, ele realmente dispunha de uma ninhada muito bonita de maremanos. Ainda não haviam completado dois meses de vida, porém já se podiam notar diferenças essenciais de personalidade entre os pequeninos.

Fiz a minha escolha e o criador ficou de levá-lo até minha casa quando desmamassem. A espera foi aflitiva, e no dia marcado para a entrega do filhote eu estava bastante ansiosa.

Qual não foi a minha surpresa quando, em vez de um, o rapaz trouxe dois cães.

O pior é que eu não conseguia reconhecer aquele outro filhote como sendo um dentre os quais eu teria visto na ninhada.

Quando disse ao criador que não conhecia aquele cão, ele imediatamente se pôs a contar que se tratava de um dos filhotes da ninhada, porém que havia sido separado dos outros irmãos por estar doente e, por esse motivo, no dia em que os visitei ele não se encontrava entre eles.

E então, aconteceu comigo algo inacreditável, mas extremamente interessante. Foi como se, por um momento, eu visse aquele cão, já mais crescido, atacando e matando uma criança. Foi uma visão de apenas alguns segundos, porém me pareceu tão viva e verdadeira que a acatei.

Eu queria comprar apenas um cão e já tinha escolhido qual seria; no entanto, aquela estranha visão me deixou muito apreensiva e veio à minha cabeça que, pelo fato de eu ser especialista em comportamento animal, por ter trabalhado com feras durante a maior parte de minha vida, certamente poderia cuidar ou até mesmo tratar o problema daquele pequeno filhote, fosse ele qual fosse. Fiquei com os dois irmãos.

Quanto ao meu raciocínio, ledo engano.

Dei a eles os nomes de Joshua ao que eu havia escolhido e de Jonathan ao seu irmão menor.

Eram duas bolas de neve e as alegrias da casa. Os dois filhotes brincavam juntos o dia todo e depois dormiam o sono dos justos, como uma dupla inseparável.

Assim, de algazarra em algazarra, os meses foram se passando e, quando pensei que tudo estava ótimo, como que para me explicar que a vida não passa de um eterno ciclo de coisas boas e ruins, Joshua, o que eu havia escolhido, aos sete meses de idade quebrou o fêmur.

Quase não acreditei no que vi. Como um cachorro pode quebrar o fêmur aos sete meses sem nenhum motivo aparente?

Pior, quase não acreditei em tudo o que foi necessário ser realizado para fazer com que Joshua pudesse andar novamente. Foi necessária uma cirurgia enorme e demorada para colocação de uma nova “cabeça” de fêmur, seguida de meses com fisioterapia, natação e demais cuidados necessários à sua reabilitação.

Durante todo esse tempo, Joshua e Jonathan, por motivo de segurança, foram mantidos separados. E, então, o meu verdadeiro problema teve início.

Meses mais tarde, quando Joshua finalmente ficou reestabelecido, tentei colocá-lo novamente convivendo com seu irmão Jonathan; porém, este se recusou a aceitar sua companhia demonstrando uma agressividade e violência até então aparentemente inexistentes.

Apesar de serem ainda relativamente jovens, o que facilitaria sua reaproximação, os dois irmãos nunca mais se reconciliaram e Jonathan foi se tornando mais agressivo a cada dia. A “roda de Samsara” havia girado e os tempos alegres mais uma vez estavam adormecendo, tirando uma soneca a fim de se recompor para voltar mais à frente...

Assim eu aprendi com eles, meus professores animais, tão amados.

Lembrei daquele velho ditado: “Não há mal que sempre dure, nem bem que nunca acabe!”.

Uma frase de efeito, já batida e quase esquecida, como todos os ditados dos nossos antepassados e aos quais não costumamos dar maior atenção até que algo nos aconteça e eles nos venham imediatamente à lembrança.

Claire me veio, de repente, à memória. Afinal, um cientista é sempre um cientista!

Dotada de um temperamento calmo, alegre e completamente estável, além de ser uma fêmea, seria a companhia perfeita para uma convivência pacífica com Jonathan. Afinal, ela já havia convivido com Viggo. Isso lhe dava muitos pontos!

Assim foi feito, e fiquei agradavelmente surpreendida pela facilidade com que Claire foi aceita por Jonathan. Em poucos dias ele já a seguia por onde quer que ela fosse e notei, inclusive, sua disposição não somente em aceitar, mas também em tentar novas descobertas em função da confiança que passou a sentir em Claire.

Obviamente me aproveitei disso e "roubei no jogo", tendo em vista sua crescente instabilidade emocional e levando em conta a minha obstinação em conseguir sua confiança, era só a isso que eu poderia me dedicar.

Mas foram meses de tentativas infrutíferas. Não havia o que eu buscasse, nada que eu fizesse conseguia promover em "Jona" alguma confiança em mim ou em qualquer outro ser humano. Dia após dia, era necessário que ele observasse o resultado de cada interação minha com Claire, e, somente então, após concluir que ela havia sido positiva, ele a copiava.

Impressionante como aquele cão deliberada e definitivamente não aceitava humanos. Mesmo assim, eu ainda acreditava que em algum momento conseguiria. Afinal, sempre havia alcançado êxito nas minhas empreitadas, e obter a confiança dos animais era apenas uma questão de tempo.

Ah, o orgulho e a arrogância humanos... Por vezes nos sobem tanto à cabeça que nos esquecemos dos aprendizados que já recebemos e dos avisos que os animais nos dão a todo momento.

Pior que isso, insistimos em modificar ou concretizar algo que definitivamente está nos indicando um resultado contrário aos nossos planos, enquanto a vida nos mostra claramente aqueles que foram traçados pelos seus mistérios. Esse é o momento em que, fatalmente, o aprendizado se dará pela dor, ao invés de pelo amor. Assim foi.

Numa tarde como outra qualquer, Jonathan mordeu Claire. Estava nitidamente rompendo seu vínculo de respeito e confiança para com ela.

Fiquei aturdida, impactada e muito, muito preocupada. A atitude de Jona denotava claramente o progresso de seu problema mental, fosse ele qual fosse. Andava disperso e quase sempre com o olhar perdido, vivenciando experiências sobre as quais, provavelmente, jamais tomarei conhecimento.

Eu sabia que estava perdendo para sua doença; contudo, continuei em minha luta para salvá-lo dele mesmo.

Em poucos dias ele atacou seu tratador e eu, racionalmente, percebi que havia sido derrotada. Sabia o que isso significava. Teria que fazer mais uma eutanásia e pensei em postergar o quanto pudesse. Quem sabe ele melhorasse?

Um dia. Foi o tempo que o Cosmos me deu. Em seguida, ele me indicou o quanto minha decisão fora equivocada e tardia.

Era um domingo e, assim, folga do tratador dos animais e meu ajudante. Eu havia acabado de retornar da hípica e fui até o jardim, onde fica o lago de carpas.

É um local especial. Um lago de águas muito claras, de um verde esmeralda bem transparente que reflete a luz do sol de uma forma encantadora. Podemos ver o seu fundo, a cerca de dois metros de profundidade, com enormes pedras dispostas aleatoriamente, formando degraus para sentarmos ou apenas descermos até lá e assim nadarmos com as carpas ou alimentá-las. Existe no lago, um tanto camuflada entre a vegetação, em meio a palmeiras e bromélias, uma cascata que, com seu murmúrio constante, nos deixa incrivelmente em paz. Como eu disse, um lugar especial.

Sentei numa das confortáveis cadeiras do deck e ali fiquei por algum tempo. Jonathan estava solto no jardim. Quando me levantei e fiz menção de ir para a varanda da casa, ele simplesmente me atacou.

Nesse momento, por um segundo, a primeira coisa que me veio à cabeça foi a visão daquela criança sendo atacada e morta por ele.

Em seguida, meu raciocínio lógico se fez presente e me enrolei como faria um tatu-bola, sem responder à sua agressão ou mostrar qualquer reação, deixando que ele me mordesse à vontade.

Durou pouco tempo; mas me pareceu, é claro, uma eternidade. Eu estava muito longe da casa para ter corrido e me salvado do seu ataque; porém, como não reagi, ou seja apenas me enrolei sem esboçar reação ou gritar, recebi somente algumas mordidas. Logo em seguida ele desistiu e foi embora.

Calada, apesar da dor, segui Jona com o olhar. Ele parecia haver desistido de mim, e quando percebi uma chance, levantei e corri para a porta da varanda.

Cães grandes são extremamente rápidos. Em cerca de segundos ele me alcançou e mais uma vez me atacou.

Percebi que Jona não desistiria mais. Havia enlouquecido.

Eu estava em pé na varanda, diante da porta; porém, de costas para ela, com as mãos segurando o seu pescoço na altura do meu ombro. Precisava me proteger de alguma forma; apenas não havia como escapar ao seu ataque. Ele queria o meu pescoço e havia pulado sobre mim buscando o melhor ângulo para consegui-lo. Havia amparado seu salto com as duas mãos, já imaginando que seria necessário deixar um dos braços para ele, a fim de conseguir abrir a porta atrás de mim com a outra mão.

Rapidamente calculei o tempo de que necessitaria com cada um e, infelizmente, apesar de ser destra, a decisão recaiu sobre o braço direito. E como não poderia segurar aquele cão por muito tempo, era necessário colocar a dolorosa tentativa em prática. Soltei a mão esquerda de seu pescoço, abrindo a porta o mais rápido possível.

Não senti dor. Vi pequenos pedaços de carne e gordura voarem à minha frente e percebi a gravidade da mordida.

Fechei a porta e sentei, sabendo que deveria pedir socorro o mais rápido possível, pois poderia entrar em choque. Tentava, desesperadamente, me lembrar do telefone de alguém que eu tivesse certeza de que poderia vir até minha casa antes que eu desmaiasse. Meu cérebro não ajudava.

Então, inspirada pela lembrança de haver estado na hípica pouco antes, chamei um amigo com quem estivera lá.

Ele veio em poucos minutos e, enquanto era assistida no PS do hospital, houve tempo para localizar os cirurgiões (um neurologista e um plástico) que eu sabia seriam necessários para efetuar a cirurgia de reconstituição do meu braço. Conseguimos também localizar minha irmã, que veio se reunir a nós.

Agradeço mais uma vez às pessoas que, em dúvida, ajudam, mesmo temerosas sobre responsabilidades advindas de seu ato de amizade e compaixão.

Perdi a capacidade de operar por não ter mais a destreza e eficiência necessárias no braço, mão e dedos adquirindo também uma hipersensibilidade em parte deles.

Minha presunção e orgulho com relação ao meu conhecimento sobre comportamento animal despencaram vários degraus, vindo a tombar desastradamente em algum outro, bem mais abaixo.

Mas estou viva e aquela menina das minhas lembranças, também.

Entendi da pior forma que alguns animais simplesmente ainda não estão prontos para a convivência com os seres humanos. Aprendi dolorosamente que, ao perceber a importância, a inevitabilidade de uma atitude, devemos confrontá-la o quanto antes, em vez de postergar o sofrimento que possa advir. A dor sempre trará consigo seu aprendizado.

Aceitei a imposição que a vida vinha me sussurrando há tempos. Orei por nós dois, por mim e pelo meu pequeno Jona, pedindo a intercessão de São Francisco de Assis. Chamei um veterinário amigo e o submetemos a uma eutanásia.

Ali não havia colinas ou moreias brancas. Não havia espaço para sonhos. Somente aquela dolorosa e verdadeira realidade que acabara de me ensinar, com um golpe certeiro, a ser menos presunçosa e arrogante.

"Os animais existem por suas próprias razões. Eles não foram feitos para humanos, assim como negros não foram feitos para brancos ou mulheres para homens."

(Alice Walker)

CAPÍTULO 13

INGO E AVA BEATRICE

PERMITINDO AOS CÃES SEREM CÃES, NA VIDA E NA MORTE

CAPÍTULO 13

Eu havia enterrado muitos cães e meu coração estava comprimido, dolorido e necessitado de afeto.

Drago ainda me fazia muita falta e aquele vazio deixado por ele continuava presente, mesmo em meio à confusão que se tornara minha vida. Talvez isso ou talvez a simples falta de companhia animal que se fazia mais presente a cada dia.

Seres humanos têm suas carências preenchidas de várias formas e eu, particularmente, as preencho por meio dos animais. Através do convívio, do contato, da observação e sempre da busca por aprendizado.

Necessito de proteção e essa advém basicamente dos cães de grande porte, dos mais fortes. Minha interação com eles é enorme e muito bem estruturada pelo conhecimento das minhas necessidades e das deles. Talvez por isso eu me apegue tanto aos Rottweilers. O mesmo om relação aos Pastores, sejam os Alemães, os Belgas, os Canadenses ou Maremanos.

Ao fazer uma analogia entre essas raças, as quais adoro e respeito sobremaneira, para a minha natureza o Rottweiler se sobrepuja pelo caráter, equilíbrio e afetividade.

Apesar de ter a companhia dos maremanos, eu precisava de algo mais. Comecei minha busca por novos rotts.

Desta vez não sabia onde encontrar qualidade. Havia muita quantidade ruim. Tentei alguns criadores, fui até canis de referência; contudo, o retorno foi zero.

Num domingo, ao chegar a uma hípica onde estava havendo um grande evento naquele ensolarado final de semana, me deparei com uma jovem senhora que, tranquilamente, passeava com seus filhos pequenos e três Rottweilers na coleira.

Se havia uma coisa garantida para mim ao avistar aquela cena, era o fato de que aqueles cães eram certamente equilibrados ou muito bem treinados.

Parei o carro e fiquei observando o grupo. Não demorou muito para que eu o abordasse, perguntando à senhora se era criadora.

Precisei esperar algum tempo, mas consegui. Comprei um casal com aquela senhora. Ingo e Ava chegaram.

Escolhi ambos.

Pode parecer estranho a você, leitor, o fato de ler que eu "escolhi" ambos. Ou não! Deveria?

Esse é um ponto importantíssimo na compra de um cão.

Sempre que você se decida por trazer um animal para sua casa, para o convívio social de seus familiares, é de extrema relevância saber quem será, em lugar de contar com a sorte que, caso você não entenda de comportamento animal ou não leve quem possa efetuar a escolha por você, invariavelmente estará a favor do criador/vendedor.

Normalmente os melhores filhotes, fenotípica, genética e psicologicamente falando, são separados para pista, procriação ou conhecidos que os emprestem para tais fins ao criador.

São bem raros os criadores que permitem a visualização da ninhada por parte de um comprador, e sendo assim, habitualmente este apenas conhecerá a personalidade do cão e suas idiossincrasias algum tempo após a compra. Evidentemente será muito tarde, pois o comprador já terá se afeiçoado ao filhote.

Atualmente, mesmo quando permitem a visita, existem aqueles que agirão de forma, para dizer o mínimo, equivocada, mostrando apenas os filhotes dos quais pretendem se desfazer.

Novos tempos, novos valores, novos comportamentos... Não que antigamente isso também não ocorresse, no entanto, era de forma mais contida e velada.

Hoje em dia, essa prática está tão disseminada que a tarefa de se encontrar um bom cão de raça, bem conformado fisicamente, saudável e bem equilibrado psicologicamente, é mesmo uma odisseia.

E digo aqui que eu evitarei qualquer comentário sobre as "fábricas" de cães, tão atuantes no mercado hoje em dia, por considerar que esse tema seja um verdadeiro crime, sem perdão.

De qualquer forma, consegui, mesmo sabendo intuitivamente que, na verdade, eles sim, haviam me escolhido.

Ingo, primeiro de ninhada. Forte, decidido e muito equilibrado.

Como não queria comprometer a tranquilidade do casal canino, ao ser chamada para escolher a fêmea, optei por uma terceira ou quarta da ninhada. Ava era mais acanhada, submissa e delicada.

Os dois se deram muito bem.

Durante os seguintes seis anos, a casa se acostumou e se moldou a eles e ao casal de Pastores Maremanos, Joshua e Claire.

O rodízio que costumava fazer quando ainda possuía King's Ranch foi transformado em enriquecimento ambiental. Uma vez tendo construído o canil na lateral da casa, com a metade dos quartos do canil voltada para a frente e a outra para os fundos, eu podia alternar facilmente a localização deles, nas laterais, fundo, frente ou jardim central do lago. Todos com acesso ao canil.

Apenas não havia como permitir a estadia dos rotts na área do lago das carpas.

Ava não conseguia deixar de persegui-las e, como hábitos indesejáveis são os que se aprendem mais fácil e rapidamente, Ingo logo aderiu à brincadeira.

Santa rotina! Nada melhor para a estabilidade mental e emocional de crianças e filhotes.

Bons exercícios físicos por tempo adequado, aliados a uma alimentação compatível à raça e à idade dos cães são essenciais.

Na minha busca pelo ponto de retorno eu me utilizava de horários específicos.

Os cães passaram a fazer esteira comigo. Apenas quinze minutos pela manhã e à tarde. Depois, um pouco de aula. Durante esse curto porém funcional período, eu lhes ensinava pequenos comportamentos desejados, tais como atender ao ser chamado e sentar à minha frente ao invés de pular em mim, a ficar e a largar objetos. Chamaria a isso de “ensino básico”.

Nos horários de alimentação, desde filhotes sempre considerei de máxima importância colocar minhas mãos nas vasilhas de comida enquanto os cães se alimentavam. Desta forma eles se habituavam não só com a minha presença, mas com o fato de que eu poderia mexer ou até mesmo retirar sua comida, sem problemas.

Fiz o mesmo com seus brinquedos e ossos. Os cães passaram a ter confiança de que, mesmo o objeto ou comida sendo retirado, ele seria devolvido.

Esse comportamento é essencial em cães de grande porte e principalmente de guarda. Aliás, acredito que seja essencial a qualquer cão; afinal, nenhum tutor deseja ser mordido por chegar perto da comida de um Yorkshire ou por tentar retirar sua escova de cabelos da boca de um Maltês ou de um Shitzu.

Concordo, no entanto, que, aparentemente, é bem mais complexo, em termos emocionais, impor regras aos pequeninos, mas lembre-se, meu amigo leitor, que a mordida deles também dói e infecciona, ok?

No mais, permiti a eles que fossem o que desejassem ser, em sua essência; que desenvolvessem sua própria personalidade e linhas de raciocínio.

Na verdade, eu observei a formação de sua hierarquia através de brincadeiras infanto-juvenis, seu companheirismo e grande afeto um pelo outro, sua identificação enquanto animais e não seres humanizados, perdidos no nimbo do desconhecido que não lhes permitiria aceitar os de sua espécie por se espelharem apenas na nossa.

Dentro dessa sequência de exercícios, disciplina, alimentação e, por fim, carinho, fique atento para a palavra carinho.

Animais têm um código de conduta diferente do nosso. E um dicionário também.

Citando os macacos, aqueles que fazem "grooming" (pentear/catar ou acariciar) em outro macaco estão tentando ser aceitos ou conseguir algum proveito.

Logo, explicando de forma racional, se você limpar as orelhas, escovar, observar se as unhas devem ser cortadas, escovar seus dentes cuidar para que seu cão esteja sempre limpo, habitando um local saudável e fizer isso rotineiramente, estará proporcionando o carinho do qual ele necessita.

Tudo o mais, em que incluo todo o "chamego", é grooming e deve ser fornecido com parcimônia como se fornecem biscoitos, ou seja, apenas quando se comportam corretamente.

É claro que após seu crescimento e aprendizado dos comportamentos desejados, levando em consideração a personalidade apresentada por cada um, eu por vezes os premiava com muito "chamego".

A realidade me tirou dos meus pensamentos e das minhas memórias.

Ava veio me cumprimentar naquela manhã junto com Ingo, como sempre fizeram; primeira quarta-feira de dezembro de 2022, mas seus olhos estavam diferentes. Estavam azuis-claros. Opacos. Conversei com o veterinário e comecei a pingar o colírio que me receitou. Seguimos assim por um tempo, mas procuramos um oftalmologista ao final de duas semanas. Ele nos pediu exames mais específicos. Eu estava muito preocupada em função daqueles olhos. Ele também.

Os resultados dos exames chegaram. Ava estava com câncer. Provavelmente um linfoma.

O oftalmologista me encaminhou imediatamente para um oncologista que, após receber o resultado de uma citologia efetuada em quatro linfonodos (inguinais e poplíteos), me recomendou que submetesse Ava a um tratamento quimioterápico de dezesseis sessões, na tentativa de obter a remissão da doença.

Decisões difíceis. Como decidir sobre vida e morte?

Quem, dentre nós humanos, teria esse poder? Além, é claro, dos pobres médicos que atendem nos PSs da vida e que, por força da situação política vigente no país, muitas vezes são obrigados a escolher entre um paciente ou outro… "brincar de Deus". Brincadeira ingrata, eu diria.

No mais, a classe médica, tanto a que trata de animais humanos quanto a que trata de animais não humanos, empenha todo seu conhecimento, todas as dezenas de anos passados em salas de aula, as milhares de horas debruçadas sobre livros e artigos médicos, além do *stress* das provas, dos estudos e trabalho em residência e estágios paralelos aos estudos, para salvar vidas. Sejam elas quais forem; indistintamente. Do melhor ao pior ser humano; pois, afinal, somos todos irmãos sob as luzes do Amor Universal.

Incluem-se aí todos e cada um dos animais que, diferentemente de nós humanos, são puros, não trazem carmas, não cometem enganos.

Relembrando os tempos de África, vem à minha mente o fato de nunca ter sido permitido aos profissionais interferir na natureza; nunca pudemos auxiliar um animal ferido ou com qualquer tipo de necessidade.

Estranho paradoxo. Estão todos eles sendo extintos; centenas, milhares deles, talvez até enquanto escrevo este livro, ao passo que a nossa espécie, o *Homo sapiens sapiens* todo poderoso, cria e define outros ao seu bel-prazer, para seu convívio próximo e permanente, desde que, é claro, possa manipular aqueles que conviverem com esses animais, a fim de receber algo em troca.

> *"Primeiro foi necessário civilizar o homem em relação ao próprio homem. Agora é necessário civilizar o homem em relação à natureza e aos animais."*
> *(Victor Hugo)*

Nesta civilização repleta de avanços tecnológicos de agora, nossos tutorados, quando precisam ser atendidos em hospitais ou laboratórios, muitas vezes passaram a receber nosso sobrenome nas fichas, como se fossem nossos filhos humanos e, durante as consultas clínicas, atendentes, enfermagem e profissionais nos chamam de "Mamãe" ou "Papai".

Não me agradou receber esse tratamento. Nada mais fora do contexto, absurdo e desumano.

Ler o nome: "Ava Peterson" no prontuário médico humanizou de tal forma a cachorra que está sob a minha tutela nesta vida que, de alguma forma, eu praticamente passei a me sentir obrigada a seguir todas as recomendações fornecidas pelo hospital e, sem pensar duas vezes, gastar absolutamente todo o dinheiro que pedissem para os tratamentos, fossem eles quais fossem e custassem quanto custassem, sem discussão.

Afinal, não se tratava mais da Ava, minha cadela, mas sim, de Ava, minha filha.

Cheguei, então, à conclusão óbvia, racional e pragmática de que chamar seu cão de bebê ou filhinho da mamãe é um tratamento que pode ser efetuado pelo tutor com seu cão por afeto entre familiares. Entretanto, não deve ser utilizado por profissionais da área de saúde que, além de demonstrarem tranquilidade, precisam também ser completamente imparciais ou neutros no tratamento para com seus pacientes e acompanhantes. Caso contrário, mesmo que não intencionalmente, poderão estar criando no tutor um comportamento emocional induzido, vindo, eventualmente, a controlar seus gastos.

Desnecessário, desagradável, ganancioso e sem compaixão.

Voltei meu pensamento para Ava. Não sem antes pedir ao hospital e ao laboratório que retirassem meu sobrenome do prontuário dela, acrescentando seu segundo nome, Beatrice, à sua ficha. Ambos acataram imediatamente minha solicitação e providenciaram para que Ava Beatrice fosse devidamente registrada.

Questionei se desejavam seu pedigree ou RG. Os funcionários, em resposta à minha solicitação, justificaram que essa atitude se devia ao fato de vários animais possuírem o mesmo nome e esse procedimento protocolar facilitava muito o bom andamento do hospital.

Comentei apenas que, se efetuassem os cadastros em nome dos tutores em vez de fazê-lo com o nome dos animais (pacientes), não haveria nenhum problema a ser solucionado a cada vez que um tutor, principalmente um tutor de vários animais, viesse ao hospital com um novo tutorado.

E então resolvi pensar um pouco a respeito da saúde de Ava, sozinha.

Joshua estava demonstrando certa inapetência. Alguns dias relutava em se alimentar bem pela manhã, chegando mesmo a não comer nesse horário.

Costumo fazer uma coisa ao ter vários grandes e mesmo pequenos problemas. Aprendi com um psiquiatra amigo meu. Chama-se "brainstorm".

Elencamos todos os problemas, colocando-os em ordem decrescente segundo sua grandeza ou grau de dificuldade. Feito isso, partimos para a resolução de um a um. Podemos até saltar as linhas ou voltar, mas nunca tentar resolver dois simultaneamente. Afinal, acredito que ninguém deseje morrer insano.

Com relação à doença de Ava, ao seu linfoma, eu estava praticamente decidida.

Os fatos sempre falam por si e contra fatos, como eu sempre digo, não há argumentos.

O fato é que o oncologista, a princípio, propôs uma quimioterapia de dezesseis sessões semanais (4 meses de tratamento), num quadro onde o prognóstico de vida para Ava era de, no máximo, dois meses, por se encontrar no último estágio da doença (entre o 4°e o 5°).

Posto isso, lembrei que ela já apresentava sintomas talvez irreversíveis e que, com certeza, haveria muito *stress* em função, principalmente, das sedações semanais; sofrimento, enjoo, diarreia, a fim de eventualmente obter uma remissão que talvez prolongasse sua vida por um ano ou mais, possíveis sequelas cardíacas causadas pela quimioterapia e, sendo assim, preferi optar por deixar a natureza seguir seu curso.

Na mesma noite repensei minha decisão porque, ao me recordar da uveíte em seus olhos e ciente de que, a essa altura, apenas uma quimioterapia poderia combater o seu progresso, Ava ficaria cega em muito pouco tempo sem o tratamento. Dessa forma, Ava, que não sabe que tem câncer e que está à beira da cegueira, está em minhas mãos.

Quando eu expliquei os motivos para não efetuar o tratamento quimioterápico indicado, seu oncologista me propôs um outro tratamento; desta feita, sob a forma de comprimidos. Um tratamento mais antigo e não tão eficiente quanto o primeiro, segundo a descrição que se seguiu.

Talvez essa escolha não seja tão eficiente em termos de sobrevida — cerca de seis meses ou mais, perto de um ano a um ano e seis meses que a primeira opção me deu. Com relação a efeitos colaterais, pode afetar o fígado em lugar do coração; contudo, trataria o problema da uveíte e sua consequente cegueira e, prioritariamente para mim, resolveria a questão do *stress* causado pelas seguidas sedações.

Hoje, optei por submeter Ava ao tratamento com comprimidos. Ademais, Ava estará em sua casa, com seus amigos cães, levando a vida que sempre levou, com sua tutora que a ama, deixando seus dias correrem tranquilamente, com a melhor qualidade de vida possível dentro do quadro que se apresenta. Não importa se eu estarei sem ela um ano antes. Quem realmente interessa é ela, não eu.

Decidi que Ava morrerá como sempre viveu. Amada e feliz! Sem correrias, sem mudanças de hábitos, picadas, dores e *stress*.

Após três semanas da primeira sessão efetuada com os comprimidos, Ava estava ótima. Feliz, tranquila, sem dores e o mais importante: enxergando!!!

O tempo de vida com qualidade, real e verdadeiro que nós podemos dar a eles é o que realmente importa. E não o tempo que eles são forçados a conseguir nos dar, muitas vezes, em nome da ciência ou do nosso amor egoísta.

> *"Os humanos imploram a misericórdia Divina, mas não têm misericórdia dos animais, para os quais são divinos."*
>
> *(Buda)*

Felizmente optei pelo tratamento com comprimidos. Ava foi submetida a mais duas sessões mensais de quimioterapia de forma tranquila, apresentando altos e baixos de saúde em função delas.

Minha querida morreu na madrugada de hoje, apenas dois meses após o início do tratamento, dormindo e aparentemente sem dor.

Mal tive tempo de chorar minha tristeza, passar pelos ritos de luto, sequer lembrar das moreias plantadas no alto da colina de King's Ranch, pois nessa mesma manhã Joshua, o macho maremano, não veio me cumprimentar na varanda com Claire, como fazia todos os dias.

Lembrei-me de Ava.

Uma vez que ele andava se alimentando menos ultimamente e se comportando de maneira diferente do usual, levei-o para ser submetido a um check-up.

A maioria dos resultados saiu no dia seguinte pela manhã, corroborando o que eu já suspeitava. Marquei uma consulta para ele com o mesmo oncologista que atendera Ava.

Nos dias que antecederam a consulta, precisei forçar a sua alimentação e medicá-lo contra dor.

Não consigo explicar meus sentimentos. Se minha FÉ não tivesse o tamanho exato, talvez esta fosse uma fase de difícil explicação. Acabara de enterrar Ava e, no instante em que soube das metástases que já existiam no organismo de Joshua, minha irmã me contou que meu cunhado havia sofrido um infarto e estava sob coma induzido.

Como meu irmão acabara de sofrer um AVC e lutava com fisioterapeutas e fonoaudiólogos para combater as sequelas desse problema, fiz a única coisa que consegui naquele momento: orei.

Para mim, orar é um remédio e uma solução em situações de desespero, emergência ou desconsolo. Sei que serei atendida nas minhas necessidades, mesmo que isso não signifique ser satisfeita nas minhas vontades. E, continuamente, ainda agradeço por qualquer coisa que me aconteça ou aos meus, de bom ou nem tanto, pois sempre poderia ser pior.

Sei também que, cedo ou tarde, tudo passa.

No mesmo dia da morte de Ava, morreu também um ícone do hipismo brasileiro. Acrescento esse fato ao meu relato pela necessidade que senti de comentar a maneira com que um de seus filhos acolheu e cuidou, tanto dele, seu pai, quanto de sua mãe no final de suas vidas quase centenárias.

Admirável talvez seja a palavra que, apesar de aparentemente desnecessária, traduza mais um comportamento em extinção. Um comportamento necessário, porém quase sempre esquecido, de respeito e amor para com aqueles que nos deram a vida e sem os quais não estaríamos aqui a fim de reparar nossos enganos e cumprir nossas missões.

Estou em dúvida quanto ao tratamento de Joshua.

Ele se recuperou perfeitamente da crise apresentada e eu retirei toda a sua medicação. Hoje, Josh está ótimo. Alegre, com um ótimo apetite e, sobretudo, muito brincalhão e feliz.

A outra alternativa é partir para uma tomografia com contraste, a fim de descobrir a exata localização do tumor primário e estar disposta a realizar uma cirurgia. Valerá a pena?

Sempre acreditei nos ditados antigos e um deles é aquele que diz: "Em time que está ganhando não se mexe".

Optei por aguardar pela clínica apresentada pelo meu amigo Joshua.

Bem sei que essa é uma alternativa questionável; porém, para alguém que já tutorou tantos cães e que os viu morrendo de todas as maneiras possíveis, parece ser a ideal. Deixar a vida correr e a alegria de viver de Joshua me contagiar hoje e até o dia em que ele realmente demonstre precisar da minha ajuda.

Como já dizia a protagonista de "E o vento levou", Vivian Leigh ou Scarlett O'Hara, como ela se chamava no filme, amanhã será outro dia...

"Os animais são confiáveis, cheios de amor, gratos e leais, regras difíceis para as pessoas seguirem."
(Alfred A. Montapert)

É muito frio o ar-condicionado deste hospital.

Estamos há algum tempo, Joshua, seu tratador e eu, nesta fria sala de espera aguardando para fazer mais um hemograma e uma citologia, a fim de descobrirmos o real estado de seus rins e a localização exata do tumor primário.

Continuo me incomodando com as instalações deste hospital veterinário. E o que é pior, meu temperamento difícil deixa isso claro a todos os funcionários que falam comigo. Muito desagradável e desnecessário.

Enquanto relembro haver estado ali com Ava há apenas um mês, penso em mim e nas várias atitudes confusas e muitas vezes inoportunas que tenho para com os humanos.

Preciso aprender a não só separar o joio do trigo, mas a não confundir os temas. Gozar de uma boa situação financeira me permite e a um determinado grupo de cidadãos frequentar hospitais-hotéis de ponta em caso de necessidade de saúde. Não por isso eu, devo, automaticamente, aceitar a existência de hospitais veterinários concorrendo com esses em estilo e sofisticação, sem, no entanto, assim como os primeiros, nos prover do profissionalismo e eficiência necessários em situações pontuais.

Se, por um lado, fico envergonhada em frequentar os melhores médicos e hospitais existentes, enquanto a maioria da nossa população precisa esperar meses por uma consulta médica, por outro, observo atônita, constrangida e um tanto desgostosa a evolução, em termos quase que competitivos de alguns hospitais veterinários top de linha com hospitais para seres humanos.

É tão antagônica, tão absurdamente contraditória a visão que se tem ao entrar numa ampla sala de recepção com pé direito duplo, toda envidraçada, de onde se pode avistar uma enorme ambulância para atendimento emergencial, ou no elevador panorâmico de um desses hospitais enquanto acompanha seu cão e, a exemplo dos melhores e mais sofisticados hospitais para seres humanos, apertar o andar desejado de acordo com a especialidade ou exame buscados...

Imediatamente nos vem à mente a imensa parte da nossa humanidade próxima que, injusta ou infelizmente, jamais terá acesso a um atendimento dessa qualidade ou ao menos, com esse nível de sofisticação.

Vem-nos à mente, em seguida, a pergunta sobre qual terá sido o motivo, o *start* desse complexo arbítrio. A resposta gira sempre em torno do mesmo: ganância.

E mais uma vez, como venho procedendo durante todo o decorrer deste relato, deixo também essa questão como objeto de reflexão para você, leitor, formatar as suas próprias conclusões.

Até o momento, apesar do meu incômodo, utilizei dos serviços de um desses hospitais em dois momentos precisos, com dois cães distintos, e me refiro a ele nesses termos não em função do atendimento interpessoal, mas sim, dos profissionais envolvidos no atendimento do PS ou PA. Estranho, porém similar ao atendimento educadíssimo fornecido por funcionários muito bem treinados, o resultado em termos de responsabilidade, qualidade, respeito e humildade por parte dos profissionais desse setor que beira ao dos piores e mais deploráveis locais de atendimento público que conhecemos.

Cometem desrespeitos, tais como fazer o paciente esperar horas para ser atendido, e irresponsabilidades, como perder a solicitação de um exame coletado por sua equipe.

Isso sem falar na contaminação com sangue de uma análise citológica, fato que torna seu resultado automaticamente inconclusivo, obrigando o paciente a retornar e ser submetido novamente aos mesmos desconfortos e *stress* anteriores.

Essas ocorrências se deram há pouco tempo comigo; primeiro, o desrespeito para com os horários, nos quais minha cachorra Ava deveria passar por sessões agendadas de quimioterapia, para a qual existe a obrigação imediatamente anterior da coleta e apresentação do resultado de exames de sangue, ambos efetuados pelo setor do PS. A quimioterapia tinha horário agendado, porém a coleta de sangue efetuada duas horas antes por solicitação do PS, não.

O resultado foi que sempre atrasávamos para as sessões de quimioterapia, mesmo tendo chegado no horário.

As demais faltas relatadas ocorreram hoje, duas semanas mais tarde; tristemente logo após a morte de Ava, no período em que descobri o câncer de Joshua. O oncologista, ao qual respeito tanto pessoal como profissionalmente e que, infelizmente, atende nesse hospital, pediu para que eu levasse Joshua até ele.

Após quase vinte e quatro horas, eu ainda não havia recebido o resultado do hemograma do animal e me perguntaram, com a gentileza usual, se eu gostaria que a ambulância do hospital viesse buscar meu cão para refazer os exames. Mais uma amostra da extrema cordialidade e sofisticação que o hospital deseja refletir.

Uma vez que o efeito disso foi me deixar muito irritada, disse a eles que retornaria a ligação.

Decidi refazer o procedimento, mas diretamente com o laboratório! Recebi os resultados em três horas.

"Respeitar os animais é uma obrigação, amá-los é um privilégio."
(Autor desconhecido)

Resiliência novamente. É uma das aulas que eu acredito que esteja aprendendo com meus cães atualmente.

Aparentemente, Ava e Josh, ambos através da alegria, jovialidade e brincadeiras, das demonstrações explícitas de sua personalidade, carência de afeto e possessividade passiva para comigo, sempre foram tão abertos e sinceros com relação às suas grandezas como no condizente aos seus deslizes comportamentais.

Sempre deixaram claro para que estavam aqui. Como todos e cada um dos meus amigos e companheiros animais não humanos de uma vida inteira em busca de aprendizado, conhecimento, troca e paz interior sempre o fizeram.

Interessante observar e prioritário aprender a maneira com que Ava lidou e agora Joshua lida com sua doença e morte. Lidam como todos os animais não humanos!

Eles, os não humanos, desconhecem o significado ou existência dessas palavras. Seu único intento é prosseguir vivendo. Um dia a cada vez. Continuar na sua rotina, com ou sem dores. E para dirimi-las ou cessá-las, nós, os humanos, estamos aqui.

A única coisa que realmente precisamos fazer é tratar e retirar suas dores.

Assim se vão o desânimo, a depressão e qualquer outro sentimento ruim.

Retornam automaticamente a alegria, a jovialidade e as brincadeiras de criança que sempre os caracterizaram.

E o comportamento deles, mais uma vez, modifica o nosso. Observo, atualmente, que a felicidade constante de Joshua me contagia. Ele passa tanta alegria de viver que consegue me fazer esquecer o câncer terminal que existe entre nós e a visão de que, qualquer dia ao acordar, poderei encontrá-lo morto também.

Estou aprendendo a viver o momento; o presente. Isso é maravilhoso.

Acho que, mais uma vez, escolhi o tratamento adequado para um tutorado amigo e, novamente, ele me devolve ensinamentos.

Os sabiás voltaram ao ninho que fizeram na primavera e, estranhamente, em meio a este outono, minha varanda voltou a emitir uma música única: o som da fome constante desses pequeninos. A vida que sempre se renova. Os pais vão e voltam, num rodízio interminável a fim de saciar seu apetite descomunal.

Na contra mão dessa alegria, o casal de bem-te-vis que atualmente acompanhava as entregas de ração para as carpas, a fim de se prover dela também, desapareceu.

Dito isto, conto que nesta tarde Joshua abocanhou e matou o sabiá macho.

Fez dele o seu troféu, não o entregando a ninguém ou largando por nada.

Nelson Rodrigues diria que essa é a vida como ela é... Eu diria que é a natureza seguindo seu curso.

Sinto pena da fêmea que, agora, trabalhará por dois, e fico feliz pelos pequenos por ter sido o pai e não a mãe a morrer.

Natureza sábia. A mãe trabalha por dois, por três. O pai talvez deixasse a ninhada morrer.

E, assim, observando animais que escolheram me servir de exemplo, aprendi mais um pouco.

Novamente a semelhança entre as espécies, onde, na maioria dos casos, as fêmeas serão capazes de doar a vida pela prole, enquanto o macho talvez apenas busque uma nova forma de sobreviver.

Quantos seres humanos não experienciaram isso na própria pele, durante sua infância ou adolescência?

Creio que, em se tratando especialmente de aves, haja mais chance para os filhotes, uma vez que, dependendo da espécie, elas podem ser monogâmicas e mais afetivas.

Machos. Atavicamente em busca da reprodução de seus genes, "no matter what". Na animalidade é comportamento instintivo, completamente aceitável.

Naqueles que se julgam e se autoafirmam humanos e superiores, quem sabe? Vitalidade sexual, medo do envelhecimento e tentativas de autoafirmação. Será que a diminuição na taxa de testosterona pode causar tudo isso? Freud explica... "Idade do Lobo"!

Pobres lobos que não se preocupam com nada disso. Algumas alcateias mais arrojadas, inclusive, podem, por compaixão, adotar os órfãos, assim como leões, elefantes e dezenas de outros mamíferos que eu poderia citar aqui, principalmente primatas.

Fácil lembrar de atitudes de compaixão entre animais não humanos e considerados ferozes.

E como reagem os ditos humanos, sociáveis e compassivos?

Deixo essa reflexão em aberto para você, leitor amigo.

Minhas reflexões sobre este e outros muitos temas relacionados à minha vida e em como vivenciá-la eu as formatei através da observação contínua do comportamento desses animais, domesticados ou não, entre analogias e paradoxos encontrados em meio a tais comparações efetuadas com os da minha própria espécie, que se acha tão superior.

Aprendi a viver e ser forte, ganhei valores, enraizei costumes e regras sociais seguidas apenas pelos que, assim como eu, intrinsecamente buscaram e, ainda buscam, o autoconhecimento e consequente evolução.

Se foi o melhor para mim? Se foram as melhores escolhas? Definitivamente não saberia dizer; "thank's God", essa não é a questão.

De acordo com o que posso resumir até o momento, no decorrer do tempo, enquanto convivi com eles observei, estudei e aprendi sobre a vida e seus misteriosos percalços, notando a similitude entre o ocorrido nas nossas espécies.

Agora, estão me ensinando a respeito de um novo antigo tema. Um tema que veste roupas distintas com o passar das estações. Estou estudando sobre a morte. Essa é a maestria dos ensinamentos da vida. Aprendemos quando estamos aptos para tal.

Já colocava bem esse ponto o velho ditado que diz: "Quando o aluno está pronto, o mestre aparece".

Durante minha infância e adolescência queria a presença física dos meus amigos animais e via a morte como uma intrusa que levava os meus afetos, me frustrando e magoando.

Alcançando o auge da juventude e o esplendor da vida, aprendi a lidar com a frustração e a dor causadas por ela.

Agora, entrando na chamada maturidade, eu a observo com outros olhos; aprendo a aceitar mais e melhor sua inevitabilidade, porém, assistindo a exemplos vivos da melhor maneira de se relacionar com ela. Sem nenhuma expectativa, ansiedade ou sofrimento.

Novamente meus amigos animais não humanos me educam. Sempre dei a eles a alcunha de "teleguiados" pelas autoridades e normas celestes ou divinas.

Nem sempre possuem disponível a inteligência necessária aos raciocínios mais complexos. Eles a têm fragmentada, fato que não lhes permite, pelo menos à maioria deles, juntar vários raciocínios; mas dispõem de algo que perdemos ao receber o "presente de Prometheus": seu instinto perfeito. Este, nunca neles se engana.

Uma vez que nos veem como a verdadeiros deuses, também aprendem conosco e são extremamente gratos por isso.

E quanto à morte... Bem, a morte sempre foi a única certeza em nossas vidas.

"Se você passar algum tempo com os animais, corre o risco de se tornar uma pessoa melhor."

(Oscar Wilde)

CAPÍTULO 14

OS ANIMAIS: MEUS AMIGOS, MEUS PROFESSORES!

APRENDEMOS PELO AMOR OU PELA DOR

CAPÍTULO 14

Hoje é sábado, 25 de junho de 2022, e logo após dar os parabéns a uma amiga que aniversaria hoje, me lembrei de um outro grande amigo que faz aniversário por estes dias; aliás, descobri que é amanhã. Aquele que me auxiliou em um momento extremamente difícil, indo até minha casa em meu socorro e me levando ao hospital quando Jonathan, irmão próprio de Joshua, um dos meus Pastores Maremanos Abruzenses, teve um surto em sua doença mental, me atacou e quase me matou. Eu lhe sou extremamente grata, Luca, pelo seu carinho e gentileza naquele dia, pois é muito raro, atualmente, encontrar pessoas dispostas a auxiliarem alguém, seja de que forma for.

Como eu contava, em meio a uma correria tremenda brinquei com os cachorros, gatos e, em seguida, fiz esteira por 30 minutos. Precisava estar de banho tomado às 11:00h, quando uma superamiga humana que se especializou em massoterapia chegaria.

Eu me refiro a ela como superamiga humana por também ter podido contar com sua ajuda em momentos muito importantes e difíceis pelos quais passei, como durante o câncer de minha irmã, e por ter me dado suporte de ordem emocional em várias situações.

Eu a convidei e à minha irmã para o almoço que, normalmente, está pronto lá pelas 14:30h. Hoje atrasou em função da massagem que recebi, e nos sentamos para almoçar por volta das 15:30h.

Não tinha dado a terceira garfada no meu "bowl", quando o celular tocou. Era o veterinário de Yucatán. Ele tinha caído na sua baia logo após o passeio da tarde e, sem força nos posteriores, não conseguia mais levantar; por estar se debatendo, precisou ser sedado.

Yucatán estava indo embora; porém, mais uma vez, como quase sempre ocorre com os meus amigos animais, teria que ser eu, enquanto sua tutora, a decidir como e quando.

Fui para a hípica e o encontrei deitado; seu olhar, sempre tão atento, estava perdido. Conheço muito bem esse olhar. Eu o vi dezenas e dezenas de vezes em muitos animais amados. Ele estava sedado e muito mal; quase não reagia mais.

Yucatán estava morrendo.

Aquela sensação de abandono que sinto a cada vez que um dos meus amores me deixa chegou e, acariciando o peito enorme daquele animal, daquele cavalo que fora tão forte e que, ali deitado, não tinha mais forças sequer para se levantar, me fez, mais uma vez, pensar no quanto somos parecidos, humanos e não humanos.

Então, enquanto eu ouvia seu inconstante respirar, talvez apenas para demonstrar seu desconforto ou talvez para se despedir, Yucatán bateu no ar suas patas brancas. Nesse momento, lembrei que o meu pior medo era chegar na hípica pela manhã e encontrá-lo já sem vida.

Teria sido melhor... Hoje, precisei autorizar sua eutanásia. Yucatán morreu às 16:20h.

Voltei para casa. Entrei e, estranhamente, ninguém me perguntou nada...

Talvez porque não houvesse o que perguntar ou porque eu não saberia como responder. Mais uma vez eu estava vazia.

Como eu poderia resumir os meus sentimentos naquele momento?

Sentia falta de Yuka, de Kim, de Drago, de Viggo, Egon, Morgan, Crystal e de todos os outros!!! Sentia falta de todos os seus espíritos, seus corpos, seus pelos, seus afetos, suas patas; como sempre sinto quando eles vão embora. Sentia falta dos meus “eus”.

Hoje, estou me sentindo velha demais para tantas perdas e ainda muito jovem para conseguir assimilá-las devidamente. Esses animais, meus irmãos, meus amigos, me preencheram com um amor e uma entrega tão incondicionais que eu, simplesmente, não consigo encontrar entre meus iguais, os humanos, nada que se assemelhe ao que recebi e recebo deles.

Meus queridos me deram acesso a um local especial; uma bolha de amor e segurança.

Um local onde as trocas de sentimentos, de conhecimentos são degraus para a evolução de ambos os lados, aprendizado para ambas as partes. Um local onde a confiança e o respeito são mútuos; onde os pactos efetuados jamais são quebrados, pois não existe a aula sobre traições ou abandonos; onde se pode confiar, posto que não existe a possibilidade de uma maldade, dissimulação ou qualquer outra espécie de má intenção; onde as regras são claras e fixas.

Não existem animais maldosos ou dissimulados — à exceção dos chimpanzés, nossos parentes mais próximos. Existem filhotes e comportamentos infantis como os encontrados entre os nossos. Perdoáveis a princípio e plenamente modificáveis, também como os nossos, se observados e modificados a tempo.

A mãe da mãe da mãe da minha mãe já dizia que "é de pequeno que se torce o pepino". Sem dúvida, todas essas mães devem ter se deparado com traquinagens, pequenas tentativas para enganá-las e muitos comportamentos inadequados por parte de seus filhos e também de seus cães. Penso que elas devem ter observado, e muito, a vida animal.

Na natureza, os pais, mas principalmente as mães, repreendem imediatamente os filhotes após algum feito em desacordo com as regras do grupo social em que vivem. Sempre.

Devemos aprender a observá-las cada vez melhor e com maior desprendimento e humildade; verificar os resultados e, caso concordemos, imitá-los. Assim, a troca se fará de forma natural e espontânea.

Se houver algum exemplo não humano em casa para ser observado e realçado às crianças, este servirá como um início ideal. É nascer e crescer aprendendo a conviver com honra, caráter, respeito, hierarquia, determinação, verdade e senso de justiça; além de responsabilidade por, na maioria das vezes, ser o tutor deles.

Tutorei de perto dezenas de animais não humanos durante as mais de seis décadas de vida que tenho e meu aprendizado foi marcante e determinante para a minha formação, seja ela psicológica ou emocional.

Aos poucos, de uma criança humana, insegura e tateante, por motivos outros cujo relato não cabe nestas páginas, mas que exemplifica e retira do ostracismo milhares de outra crianças humanas, fui me transformando em outra.

É a busca inconsciente pela trilha, pelo caminho até o local correto e a expectativa de ser aceita pelos animais ou não, de compreendê-los ou não.

Uma grande e constante terapia animal. Uma verdadeira escola de vida com muita teoria para ser observada e retida que, de forma impressionante, é fornecida na prática através de amor ou dor.

Dizem alguns que crianças motivadas à convivência com animais não humanos preterindo os de sua espécie são traumatizadas, introspectivas ou até mesmo problemáticas, necessitando de auxílio psicológico.

Não cabe nestas páginas este julgamento ou debate. Menos ainda sugerir, sem o menor embasamento, a busca por profissionais para uma hipotética cura de um eventual problema.

Mas efetivamente é um fato que animais não humanos trazem benefícios à nossa vida.

E, repito, contra fatos não há argumentos.

Cresci com eles e, é claro, eu os considero tanto quanto aos meus familiares, e acredito sejam definitivamente responsáveis pelo aumento progressivo da minha força interior; mas, pondere sobre o fato de que não aceito colocarem meu sobrenome humano neles, principalmente num hospital.

Eles, meus amigos, ensinam, aprendem e fazem trocas maravilhosas conosco; mas, definitivamente, NÃO são humanos.

E eu tampouco me permito ser, fortuitamente, manipulada emocional ou financeiramente por humanos em função do meu amor por esses pequenos amigos. Embora ame profundamente meus tutorados, é preciso manter a coerência e não se deixar levar pela emoção do momento, e procurar por uma segunda opinião profissional ou, se necessário, até mesmo trocar o tutorado de hospital.

A bem da verdade, sei que a grande maioria dos tutores desconhece o ramo da medicina, tornando-se, então, refém nas mãos de profissionais nem sempre recomendáveis.

Tudo bem que você não entenda de veterinária, mas, por caridade, use o bom-senso.

Aconselho você, leitor, a se informar o quanto possa e o quanto antes a respeito dos diversos temas satélites aos animais não humanos, no caso, os pets; um dever seu enquanto tutor e um direito dele, enquanto seu tutorado amigo.

A busca a que me refiro é para nos tornarmos mais humanos. Para aprendermos mais sobre o AMOR INCONDICIONAL dos animais não humanos que convivem conosco e de suas reais necessidades. Busca de mais humanidade através de observação, troca e aprendizado, jamais da humanização animal.

Eu fiz esse caminho e só tenho a agradecer por todas as experiências, boas e nem tanto, que ele me trouxe.

Eles, os animais não humanos, me aceitaram apesar das minhas dificuldades para amar humanos ou, talvez, justamente em função dessas mesmas dificuldades. Eles me aceitaram no seu local secreto.

Sua ingenuidade nata, sua amorosidade gratuita, seu permanente estado de espírito otimista e feliz. Mesmo aqueles atingidos pelo infortúnio continuam a ser e agir dessa maneira; claro, existem exceções, mas levando-se em conta o número de animais não humanos existentes, é uma pequeníssima minoria.

Sendo assim, e dada a enorme dificuldade em imitar seu comportamento, mais ainda, em introjetá-lo, escrevo sobre o meu caminho.

Não que eu haja alcançado o topo do conhecimento ou da interação para com eles, nada disso. Apenas estive interagindo comigo mesma, me observando e tentando me modificar tendo como espelho o comportamento dos meus amigos animais não humanos.

Após ter notado atitudes, emoções e reações (entre outras coisas) muito similares entre as minhas e as deles, gradativamente fui percebendo a superioridade moral do que denominei como sendo seus "valores permanentes".

Achei então, desde criança, ser bastante natural segui-los; mais que àqueles que eu presenciava na sociedade humana à qual eu estava integrada, e que visivelmente não respeitavam os de sua espécie e os animais da maneira que eu achava ser correta.

Algo dentro de mim sempre disse ser necessário evoluir moralmente. Sentia falta de diretrizes a esse respeito, uma vez que as pessoas à minha volta, inclusive eu mesma, todos sempre foram muito livres para fazer o que desejassem, sem que houvesse consequências por isso.

Segui meus instintos ou, melhor dizendo, minha INTUIÇÃO e comecei a trabalhar em mim a verdade que eu observava entre os animais.

> *"O homem é o único animal que cora. Ou que precisa corar."*
> *(Mark Twain)*

Nesta minha jornada, cada animal, cada indivíduo me apresentou um mundo novo e único repleto de alegria, paz e vários aprendizados.

Seres vivos que, assim como eu e você, têm sua própria personalidade, dores e desejos. E, assim como eu e você, eles também necessitam de um grupo social, seja ele qual for, a fim de crescer da maneira mais saudável possível, física, mental e emocionalmente.

Os cavalos, todos eles, me ensinaram a seu tempo que, para muito além do que eu poderia imaginar, são como os cães quanto ao seu comportamento, demonstrações de afeto ou desejos, e muito mais sensíveis que nós, humanos, quando se trata de dor. Apenas não convivem no interior de nossas casas para que possamos nos dar conta desses fatos.

Existe algum pecado em se nascer grande demais? Talvez forte ou belo demais? Com certeza, sim. Há, seguramente, um ônus a ser pago em algum momento. Que nos respondam os elefantes e as baleias, os maiores mamíferos do planeta, na lista dos mais inteligentes, e caçados à beira da extinção por várias vezes, por distintos, porém fortemente questionáveis motivos.

Ouso dizer que, apesar do atual uso desenfreado e irrestrito das redes sociais que disponibilizam tanta informação, o conhecimento geral, no qual certamente incluo e priorizo os animais não humanos, é ainda extremamente precário por parte da nossa humanidade.

Essa desinformação a respeito daqueles que, muito tempo antes de nós, já habitavam este planeta e, portanto, não nos deveriam pedir licença para existir ou coabitar conosco acarreta reflexos e consequências que abandonam dados científicos concretos e há muito comprovados a respeito deles.

Vivemos uma era destituída de valores, na qual vivenciamos um modelo mercantilista, voltado apenas para a obtenção de ganhos materiais, e em que os seres humanos abandonam sua própria espécie à morte por fome ou frio apenas por descaso. O que dizer então da sua postura com relação aos seres de outras espécies, que não tenham sido reconhecidos pelos "donos do mundo" como seus pets, ou melhor dizendo, brinquedinhos de estimação, cuja vida também se encontra em suas mãos e que, por uma questão de proximidade ou carência afetiva, não se tornam bolsas, sapatos, tapetes ou alimentos?

Criar essa categoria de animais humanizados por pessoas que, na verdade, majoritariamente desconhecem a maneira correta de tratar um animal não humano foi genial.

A cada dia é criado um novo conceito, um novo dogma, um novo incentivo midiático com a finalidade precípua de tornar os seres humanos cada vez mais dependentes emocionalmente desses animaizinhos que necessitam urgentemente de ajuda para viverem de acordo com as normas e regras naturais de suas espécies e não da nossa.

Definiu-se um nicho onde todos aqueles que possuem um cachorrinho, gatinho ou qualquer outro "PETINHO" que tenha sido comprado ou adotado, necessite de mais tempo e cuidados pessoais, de mais compensações por ser deixado sozinho (isso te lembra o ser humano?) a fim de delapidar a saúde financeira de seus tutores, parentes ou amigos. O tutor, a cada dia, sentirá a necessidade de se dedicar mais e mais, comprar mais roupinhas e acessórios para aquele "pobre ser" que sem ele (tutor com complexo de culpa), morrerá de tristeza, solidão ou falta de atenção. Belo trabalho!!!

Se cada um desses tutores tivesse lido apenas um livro sobre comportamento animal, se estivesse informado a respeito do assunto ou se pudesse estar ciente de como deveria tratar seu companheiro, os resultados de mais uma excelente técnica midiática de manipulação evidentemente seriam outros.

Teríamos cãezinhos saudáveis e felizes, alegrando a vida de seus tutores e sendo alegrados por eles, em vez de serem transformados em espelhos psicológicos repletos de um quebra-cabeças de sentimentos e emoções contraditórios e não raramente doentios que os humaniza e fragiliza.

Para tanto, seres humanos devem abdicar do orgulhoso sentimento de superioridade; da necessidade de carregar consigo um "chaveirinho" de estimação, respeitando em seu lugar um outro ser, com identidade própria, desejos próprios e, antes de qualquer outro ponto, dono de uma vida própria.

Observar o quanto puderem e aprender com a simplicidade das regras claras e absurdamente funcionais colocadas pelo seu pet trará muito mais saúde e harmonia a todos.

A nossa espécie precisa, urgentemente, desenvolver maneiras de se relacionar igualitariamente com as demais; trocar conhecimento e informações com elas, assim como com o restante de vida existente em nosso planeta.

Aqueles que frequentam e se habituam a ver o grande espetáculo que lhes é fornecido por um grande prêmio equestre, provavelmente nunca parou para pensar que o "backstage" para tal performance é extremamente similar ao dos circos os quais tanto abominamos. O momento citado no livro em que abri meus olhos e minha consciência não mais permitiu fechá-los, foi o início dessa percepção.

Ultimamente, em função das doenças apresentadas por Ava e Joshua, tive a oportunidade de vivenciar experiências extremamente constrangedoras e inadequadas sob o ponto de vista dos animais e de seus tutores inexperientes ou desinformados sobre a área comportamental dos seus pets.

Observei a utilização de dores e sofrimentos animais, assim como a manipulação de tutores abalados e fragilizados emocionalmente, visando unicamente a ganhos financeiros.

Outras vertentes... outros tempos. Eu disse uma era destituída de valores? Disse pouco.

Deveria ter dito uma era formatada para ter seus reais valores completamente "up side down", ou colocados de "cabeça para baixo", diante de uma sociedade perdida em meio a tantas fábricas de ilusões, a tanta carência e sofrimento, tudo de que seres manipuladores necessitam e apreciam encontrar para criar novas realidades. Todavia, essa aparente falência institucional não fez de mim uma revoltada ou algo semelhante.

Eu sigo o meu caminho de acordo com as regras que aprendi naquele local, paradoxalmente tão distante e tão absurdamente perto de nós, os humanos. Um verdadeiro refúgio... e completamente repleto de patas!

Patas de pelos multicoloridos, assim como de penas, de escamas ou da nossa própria pele, seja ela da cor que for.

Um refúgio completamente povoado por seres dispostos a nos auxiliarem numa das mais difíceis missões de paz que podemos exercer: AMOR. Nele, tudo continua e se manterá sempre como deve, com todos os seus habitantes ensinando e aprendendo, naturalmente.

E essa troca está bem diante dos nossos olhos, se abertos; das nossas mãos, se dispostas. Um pouco mais de humildade; um pouco menos de orgulho e arrogância.

Apenas isso o levará, meu querido leitor, até esse local ao qual, eu acredito, você se arrependerá por ter passado tanto tempo sem visitar.

Um tanto perplexa assisti ao encontro entre minha irmã e, posteriormente, várias outras pessoas e os dois filhotinhos de cães Rottweilers que estou tutorando, com apenas dois e quatro meses de vida.

Os humanos, invariavelmente, se assustaram com a agressividade do filhote de quatro meses, tentando carregar no colo o menor dos dois, a fim de protegê-lo. Ao final de mais alguns momentos, no entanto, ficaram totalmente perplexos ao verificar que aquele "bebezinho" era quem dava as ordens e de maneira bem agressiva para olhos não acostumados à vida animal.

Tento relevar a falta de conhecimento e informação humanas a respeito da vida animal não humana, mesmo em se tratando de pessoas tão próximas a mim.

Sinto que posso fazer uma palestra após outra e não ser ouvida; afinal, diz o ditado que "Santo de casa não faz milagre", não é mesmo? E que, principalmente, os olhos enxergam somente o que a mente conhece.

Retorno em pensamento à minha mãe África, cujos ensinamentos me foram tatuados, gravados como ferro em brasa à pele.

Relembro a primeira vez em que assisti a uma luta entre elefantes machos nas savanas. Foi como entrar em um filme do tipo "Out of África" ou traduzindo, "Entre dois amores", com Robert Redford e Meryl Streep. Senti um misto de encantamento e pavor.

Aqueles paquidermes imensos destruíam, sem a menor cerimônia, tudo o que estivesse em seu caminho; o som da devastação causada por eles ecoava de árvore em árvore derrubada, por espaços abertos ou por arbustos com espinhos enormes; eles seguiam lutando como dois titãs indomáveis que possuíam a Terra a seus pés.

Eu havia estudado os elefantes e estava consciente de que esse tipo de situação ou comportamento costumava ocorrer; todavia, assistir "in loco" era outra coisa bem distinta das encontradas na teoria.

Voltando às minhas visitas, todos aqueles aos quais apresentei os filhotes tinham cães e até mesmo gatos; então, por que essa reação?

Todos, sem exceção, humanizaram os filhotinhos. Esperaram deles atitudes delicadas, gentis e educadas, sem sequer parar e pensar no fato de que eram apenas filhotes não humanos. E de Rottweilers.

E filhotes, como bebês de qualquer espécie, incluindo a nossa, são puro instinto.

Aquelas brigas ou "agressividade", como foi colocado, é parte do contexto natural para se estabelecer uma hierarquia animal, em que a força predomina entre os não humanos. Entre nós, humanos, a educação familiar costumava contornar e resolver esse assunto.

Nós, os humanos, deveríamos estar abandonando esse *Modus operandi* animal de agressividade tão arraigado em nosso inconsciente coletivo, a ponto de estar automatizado.

Infelizmente, para a maioria da população, a liberação de sua agressividade, após a pandemia tornou-se uma demonstração de poder e autoridade, seja lá o grau do qual estejamos falando.

Todos precisamos aprender, pensar e evoluir. Ler ou pesquisar. Observar...

> *"Apenas os animais vivem inteiramente no aqui e no agora. Só a natureza não conhece memória e nem história. Mas o homem — deixe-me oferecer uma definição — é um animal que conta histórias."*
> *(Graham Swift)*

Novamente em junho, novamente uma noite muito gelada para São Paulo. Mais uma estação completa se passou e estamos em 2023.

Com os gatos da casa deitados aos meus pés na grande cama, escrevo sob um enorme edredom, usando sobre o pijama uma malha de lã.

O hábito de manter as portas francesas do quarto abertas para o lago do jardim é muito forte, o que me obriga a reforçar os cuidados com o frio. Gosto de acordar assistindo ao raiar do sol e vê-lo mudar de cor. É, sem dúvida, um dos espetáculos mais lindos que meus olhos já assistiram. Não gostaria de perder nenhum deles.

Nesse meio tempo, todos na casa acordam e outros passam por aqui; sejam os papagaios, as maritacas, os bem-te-vis ou os beija-flores pelos ares, os cães e os gatos pela terra ou mesmo o alvoroço das carpas nas águas do lago.

Dependendo do dia, ouço a chuva caindo ou o balançar das folhas das árvores em função do vento. Eu amo o planeta em que nasci!

Amo o frio, o calor, a chuva, o vento...

Amo a terra em que meus pés descalços se apoiam me suportando o peso, fornecendo abrigo, alimentos e tantas maravilhas para conhecer e admirar.

Amo a grandeza do Amor Divino que nos protege de nós mesmos, que nos orienta através da intuição, que nos educa e perdoa individualmente.

Amo o vento que bate no meu rosto, pelo bem ou pelo mal, trazendo uma brisa suave de regeneração e bem-estar ou me fustigando a alma em meio a dores e lágrimas necessárias de serem vividas.

Amo as águas da vida. As águas dos rios caudalosos ou dos pequenos riachos e nascentes imperceptíveis, assim como as dos grandes mares aos quais observo, notando seus humores variados e, por vezes, vingativos para conosco. Todos eles, responsáveis — que desrespeitamos — por nossa vida na Terra.

Amo e respeito todos os animais não humanos que aqui já habitavam antes de nós e que, por consequência, deveriam dispor de usucapião e "direito de ir e vir" sobre este planeta.

E tenho me esforçado, a cada dia, para aprender a amar a minha própria espécie. Amar a mim mesma como este ser animal "quase" humano que sou, com todas as fragilidades e imperfeições inerentes à minha espécie e aos meus iguais; meus próximos.

"Aqueles que ensinam sobre humanidade nem sempre são humanos."
(Autor desconhecido)

Hoje cedo estive na hípica. Fui buscar uma bisnaga de medicamento para usar nos meus cães.

Para chegar na lojinha que a vende, foi preciso passar pela veterinária, pela ferradoria e, inclusive, pelo pavilhão onde, até bem pouco tempo, eu tinha as baias dos meus cavalos.

Caminho que eu normalmente fazia diariamente, tranquila e facilmente, de maneira simples e despreocupada; sem nenhum tipo de contratempo ou dificuldade, eu seguia a pé, completamente integrada ao local e seu funcionamento tão particular.

Hoje, esse percurso me pareceu muito mais longo, pesado e trabalhoso. Bem conflituoso e, portanto, mais complexo de ser feito. A cada passo e por todos eles, eu relembrava um passado morto, porém, muito importante para meu aprendizado de vida.

Foram quase quarenta anos... Décadas de uma vida ligada ao hipismo e a essa hípica, com suas regras e dogmas subliminares, suas hierarquias de valores próprios e seus sócios extremamente ecléticos e nem sempre aprazíveis, como ocorre em todos os clãs. Tempo perdido? Jamais.

Os cavalos me ensinaram tanto com sua forma peculiar de vida e demonstrações de afeto, tão repletos de reais necessidades quanto os cães com os quais convivi e ainda convivo em minha casa!

Então eu repito, sem me incomodar se o que eu digo soa bem ou mal, até mesmo repetitivo ou inconveniente: somos todos iguais, com pequenas diferenças individuais ou interespecíficas; animais não humanos selvagens, não humanos domésticos ou aqueles autointitulados "humanos".

Bem sei o quanto é difícil ao homem aceitar a tese de que os animais têm alma, tão apegado que se encontra à teoria egoísta de que o ser humano é ou deva ser passível de privilégios perante as leis da Criação.

Mas qual seria, exatamente, a diferença entre todos? Ah, sim! A nossa inteligência. A centelha divina que permite e justifica qualquer engano de nossa parte!

"A grandeza de uma nação pode ser julgada pelo modo com que seus animais são tratados."

(Mahatma Gandhi)

CAPÍTULO 15

DAYO E GUNNAR

OS RECÉM-CHEGADOS

CAPÍTULO 15

Estudar, aprender sempre e cada vez mais com meus irmãos menores, os não humanos. Permitir que a vida me molde a ponto de conseguir colocar em prática as lições tão duramente conseguidas. Deixar de ser pinheiro para me transformar em bambu, elevando minha consciência espiritual.

Espero, ao longo destas linhas, haver transmitido algo daquilo que eu obtive em décadas de uma vida na qual estive tanto tempo com animais que, talvez, seja este um reflexo da dificuldade que possuo em me relacionar com pessoas. Mesmo assim, eu ainda os escolho e os elejo como minha família espiritual.

Neste mês, trouxe para casa dois novos integrantes. Claro, um casal de Rottweilers.

À fêmea dei o nome de Dayo, que em Iorubá, uma língua africana, significa "Alegria que chegou". Ela realmente representa bem o seu nome. Trouxe alegria e festa novamente para este lar.

Ao macho nomeei Gunnar, o guerreiro; talvez porque haverá de me ensinar mais sobre essa arte.

Numa destas tardes, enquanto me preocupava por estar com o joelho quebrado, usando muletas e, portanto, sem conseguir colocar em prática as minhas aulas com os filhotes e já tendo perdido uma boa parte da época de socialização de ambos, fiquei muito triste e decepcionada por ter perdido o *timing* do meu treinamento.

Lembrei, em seguida, que Deus está sempre certo, eu não. Ele sim, está lá em cima; no cume da montanha que eu apenas consigo vislumbrar daqui de baixo. Pode ver tudo aquilo de que eu nem imagino a existência.

Cabe a mim, pois, aceitar e me adaptar aos novos fatos dos quais desconheço as consequências, fazendo o meu melhor, sem questionar e acreditar num final positivo.

Bem gostaria eu, é claro, de estar no controle da situação, mas aprendi que esse desejo é, de fato, uma utopia. Não existe esse controle. E caso você acredite no contrário, esqueça!

Cheguei à conclusão de que existe algo de espiritual na minha relação com os animais. Existe algo de espiritual em nossas vidas.

Após tantas décadas de convivência e inúmeras técnicas de adestramento, posteriormente transformadas em "aulas de convivência social" com animais não humanos, deduzi que proporcionar a eles uma vida de bom trato, boa comida e cuidados com sua saúde, com uma disciplina tranquila e feliz, aliados ao conhecimento e utilização do respeito mútuo e, de quebra, uma boa música, pode ser o suficiente para a evolução deles.

Retomo, então, meu aprendizado de onde parei; sabendo, intuitivamente, ter escolhido os amigos certos para a lição certa, na hora certa. Afinal, são eles que nos escolhem e não nós a eles...

Dayo é alegre e despreocupada, porém atenta e instintivamente protetora. Inteligente demais para o desejo da maioria dos adestradores, e me foi presenteada pelo Cosmos como aperfeiçoamento de aulas às quais faltei. Talvez de Carmel. Talvez de Claire. Talvez, simplesmente me presenteie com novas aulas de Dayo!

Ele, Gunnar, mais tranquilo e meigo; brincalhão, porém sereno e decidido. O companheiro ideal para a natureza de Dayo.

Será que me lembrará Drago? Terá ele qualidades que eu não percebi em Viggo? Verei nele um Egon em forma de Rottweiler? Um novo Ingo, talvez?

Quem sabe, um pouco de todos eles ou justamente o que faltou que eu notasse neles!

Talvez um dia, em qualquer outro livro, eu narre sua história e as lições que me passaram, pois que já iniciaram o processo.

Por enquanto, farei a parte que me cabe; ensinarei a eles sobre exercícios físicos e mentais, disciplina, rotina emocional, sobre o respeito mútuo que aprendi com os de sua espécie, aconchego e amor. Exercícios, disciplina, rotina e amor!

Sei que eles saberão dispor dos meus ensinamentos da melhor maneira e, em retribuição, também me darão aulas. Sobre o quê? Não penso nisso agora. Sigo na escola.

Vamos aproveitar sua curta infância canina e sermos tão felizes quanto pudermos em nosso lindo refúgio. Nesse refúgio criado por nós mesmos e ao qual pertence quem assim o desejar. Nessa escola de amor onde as virtudes e os comportamentos são definidos pelo Cosmos; e que, portanto, pela ausência de qualquer livre arbítrio entre os animais não humanos, é perfeita.

Quero extrair o melhor de cada dia e desfrutar da companhia e dos ensinamentos dos mais idosos da casa, dos que atualmente me cercam em forma de cães: Claire, Joshua e Ingo que, inclusive, assim como eu, modificaram bastante seu comportamento desde a chegada dos filhotes, necessitando de um pouco mais de cuidados e compreensão. São seguidos pelos gatos que, ao contrário do que se ouve falar, são, sim, muito afetuosos para conosco; exigem atenção, demonstram seus sentimentos, seus desejos, alegrias, dores e tristezas, por vezes de formas ainda mais contundentes e inusitadas que os cães.

Ambos, Dayo e Gunnar, pequeninas criaturas divinas recém-chegadas em minha vida, como também o são alguns novos seres humanos, já deram início às suas aulas.

Aparentemente devo aprender sobre detalhes. Basta que eu continue atenta, observando o seu comportamento e "linguagem" peculiar à cada indivíduo e espécie, para entender o recado e tentar evoluir um pouco mais.

Eles, os animais não humanos, sempre tiveram mais a ensinar do que a aprender. Tenho o fervoroso desejo de haver contribuído para a evolução dos irmãos menores, não humanos, que cruzaram o meu caminho ou cujo caminho eu cruzei, tanto quanto a curta passagem deles certamente auxiliou a minha.

Importante perceber o quanto de terapeuta emocional habita em cada um desses seres que, paradoxalmente, são tão dependentes de nós e de nossas decisões de vida e morte sobre eles, enquanto velam para que tudo à nossa volta esteja bem.

São reais e admiráveis seus sinais de amor com a cauda, emitindo vibrações de harmonia para o ambiente, e sua busca incessante de melhorar nosso estado de espírito ao perceberem qualquer indício de tristeza, desamor ou depressão.

Talvez a minha missão de vida seja esta. Espalhar, tornar conhecido e evidente o quanto esses animais podem e verdadeiramente nos auxiliam a crescer. Seja moral ou espiritualmente.

Além disso, "pet terapia" pode e na verdade auxilia na reabilitação física e emocional de inúmeros humanos. No mundo maluco e acelerado em que vivemos atualmente, os pets de trabalho/serviço se tornaram nossos aliados e uma das maiores forças de suporte, inclusive por nos ajudar a cuidar de nossa saúde mental, além da física, devendo ser reconhecidos e respeitados por suas funções especiais.

Animais não humanos como cães e gatos estão ligados a campos vibracionais mais elevados e são extremamente sensíveis, podendo ver através de dimensões e planos que não conseguimos alcançar ainda.

São nossos melhores amigos; melhores companheiros de vida, por vezes se deixando morrer após a perda de um tutor amado ou seguindo à sua espera, como no caso de Hashiko, o cão Akita Inu que seguiu esperando o retorno de seu dono à porta de uma estação de trens no Japão, diariamente, por cerca de uma década após a sua morte.

Essa história comoveu o povo da cidade a ponto de uma estátua de Hashiko ter sido erigida no lugar onde ele costumava esperar por seu dono, dando, inclusive, origem a um filme, intitulado "Sempre a seu lado", cujo protagonista foi Richard Geere. Imperdível!!!

Eles sabem qual é a sua missão e a cumprem sem objeções ou reservas.

É preciso ter em mente que, como já citei acima, muito além do que possamos supor, são eles que nos escolhem e não nós a eles.

Tenho fé que a leitura destes meus escritos, cujo conteúdo traz propósitos ardentes e verdadeiros, auxilie você, leitor amigo, a observar os animais não humanos sob uma nova, trabalhosa, porém instrutiva, surpreendente e incrivelmente gratificante perspectiva. A deles!!!

E que você, assim como eu o fiz, consiga se encontrar no local onde habitam esses seres mais puros e verdadeiros, dispostos a nos ensinar, entre outras virtudes, sobre o verdadeiro AMOR INCONDICIONAL!

E que, então, descubra ser esta uma busca somente sua.

Uma descoberta fantástica sobre você mesmo e seu eu interior. A respeito do lugar que você ocupa neste planeta e sua missão quanto à sua evolução, seja ela majoritariamente moral ou intelectual.

Uma verdadeira revolução no seu modo de pensar ou apenas a constatação, seguida de uma revisão de sua própria essência, escondida sob as várias camadas de sua grande cebola.

Você, leitor, como eu, pode já ter nascido nesse lindo local e notar que, com apenas um pouco de esforço e boa vontade, poderá reencontrá-lo e trabalhar em sua própria reabilitação e reintrodução. Em algum momento dessa jornada, ao olhar no espelho, perceberá a si mesmo dentro de seu próprio "refúgio"!

Comece deixando de chamar esse animal não humano que convive com você de "Bichinho de estimação"! Ele é seu amigo. Seu companheiro. Ele tem personalidade, desejos, emoções e sentimentos próprios, como você.

Seu "bichinho de estimação" tem uma vida própria. E muito, muito mesmo a ensinar! Ele entrou na sua vida por um motivo e com um propósito.

Interaja e observe. Observe e aprenda. Encontre seu local de refúgio.

Isso tudo me faz pensar sobre mudanças...

Penso naqueles que, como você, está lendo este relato de aprendizados de vida. Penso em como se sente agora, e espero criar mudanças.

Penso naqueles que, infelizmente para mim e para eles, por desinformação, por não serem afeitos à leitura ou por qualquer outro motivo, não tomarão conhecimento deste conteúdo e de tantos outros repletos de incríveis informações, altamente esclarecedores, como a trilogia escrita por Yuval Noah Harari, cuja leitura recomendo para que possam ocupar seu lugar nas mudanças. Uma leitura fortemente cativante e instrutiva. Parece responder à maioria das perguntas feitas nas aulas às quais faltamos na escola.

Penso com pesar nos que lerem e discordarem; contudo, como já disse alguém muito importante antes de mim, "Posso não concordar com uma só palavra sua, mas defenderei até a morte o seu direito de dizê-la." (Voltaire)

E penso com fé, alegria e esperança que, talvez num futuro nem tão distante, livros como este serão usados em salas de aulas, apenas como memória histórica, a fim de exemplificar os variados equívocos cometidos pela humanidade contra seus irmãos, os demais animais, num passado turbulento e ignorante.

Quero crer também que, ao nascer dessa nova era, tenhamos um planeta regenerado e consciente do significado de palavras como amor e respeito ao próximo. Um próximo humano, um próximo animal, um próximo vegetal ou mineral.

Penso na vida que tive e no quanto agradeço por ela; no quanto fui feliz pela oportunidade de conviver com tamanha diversidade de espécies irmãs neste planeta e de ter a chance de aprender tanto com elas, em função dessa convivência e companheirismo.

A vida que levei próxima aos animais me propiciou uma constante terapia; apesar de inconveniente e desconfortável para os seres humanos, ela foi efetuada por animais.

O convívio e constante observação de seu comportamento me levaram a *insights* por identificação ou choques de realidade.

Animais pensam? Animais falam?

Certamente animais ensinam. E se ensinam, pensam e falam. Ensinam ao menos àqueles que desejam entender e aprender, fornecendo ao longo de um convívio maior suas respostas aos que instintivamente os procuram.

Temas que, apesar de estarem ainda nos primórdios de sua compreensão e aceitação pela ciência e por nossa sociedade humana, sofrem por falta de divulgação midiática dos expressivos resultados dos incalculáveis experimentos realizados por cientistas renomados.

Suponho que, para alcançar esses novos tempos de igualdade moral entre as espécies humana e não humana, ainda haverá um longo caminho.

Um caminho que pede consciência da importância de mudanças,

mudanças com prioridades, em que cada um de nós tem seu papel a interpretar a fim de auxiliar na evolução da nossa espécie.

É sabido que enquanto não alcançarmos um patamar de estabilidade amorosa com os irmãos da nossa própria espécie, não conseguiremos auxiliar nenhuma outra; básica e essencialmente falando, a raça humana necessita aprender urgentemente sobre respeito, compaixão e fraternidade, se realmente desejar sua própria sobrevivência enquanto espécie neste planeta.

Logo, assim como provavelmente fez à Jane Goodall, a vida tratou de me ensinar que, apesar de ter vivido entre animais muito mais que entre humanos, e preferindo a convivência deles à destes, é absolutamente essencial esclarecer, ensinar, auxiliar e "humanizar" o nosso humano mais próximo, até que toda a humanidade obtenha a classificação de verdadeiro ser humano.

Apenas depois de concluído esse hercúleo trabalho, as demais espécies terão alguma chance neste planeta azul.

Espero que elas não estejam extintas até lá. Tantas me ensinaram tanto sobre tantas coisas!

Engraçado! Acabo de me lembrar da frase de autoria de Albert Schweitzer, professor acadêmico alemão (1875-1965) e que diz exatamente sobre isso: "Quando o homem aprender a respeitar até o menor ser da criação, seja animal ou vegetal, ninguém precisará ensiná-lo a amar seus semelhantes."

Concordei com essa frase por toda vida, inclusive a coloquei no TCC da última faculdade que fiz, a de veterinária.

Mas, após os fatos que observei a respeito de Jane Goodall e sua mudança para ativista ambiental, eu pergunto: como alguém que não ama a si mesmo, que não tem compaixão pelo próximo, que não se preocupa com a natureza, poderia abraçar uma causa animal por respeito ou amor?

Ou ainda: como alguém que não dispõe do essencial à sua sobrevivência, alimentação, cultura, informação ou saúde no interior da África ou de qualquer outro local poderia entender o trabalho de Jane Goodall ou similares, como o meu?

Utilizando um desses exemplos, seja um ou outro, atualmente sou obrigada a defender a tese de que esse pensamento de Schweitzer, infelizmente, atinge apenas uma minúscula parcela da humanidade.

Quero crer, no entanto, apesar da realidade atual, que viverei o suficiente para vislumbrar as mudanças as quais tanto almejo. Se você, leitor, concordar e aceitar qualquer das minhas propposituras, já me sentirei como se houvesse realizado, ao menos em parte, a minha missão neste planeta.

FOTOGRAF[illegible]S

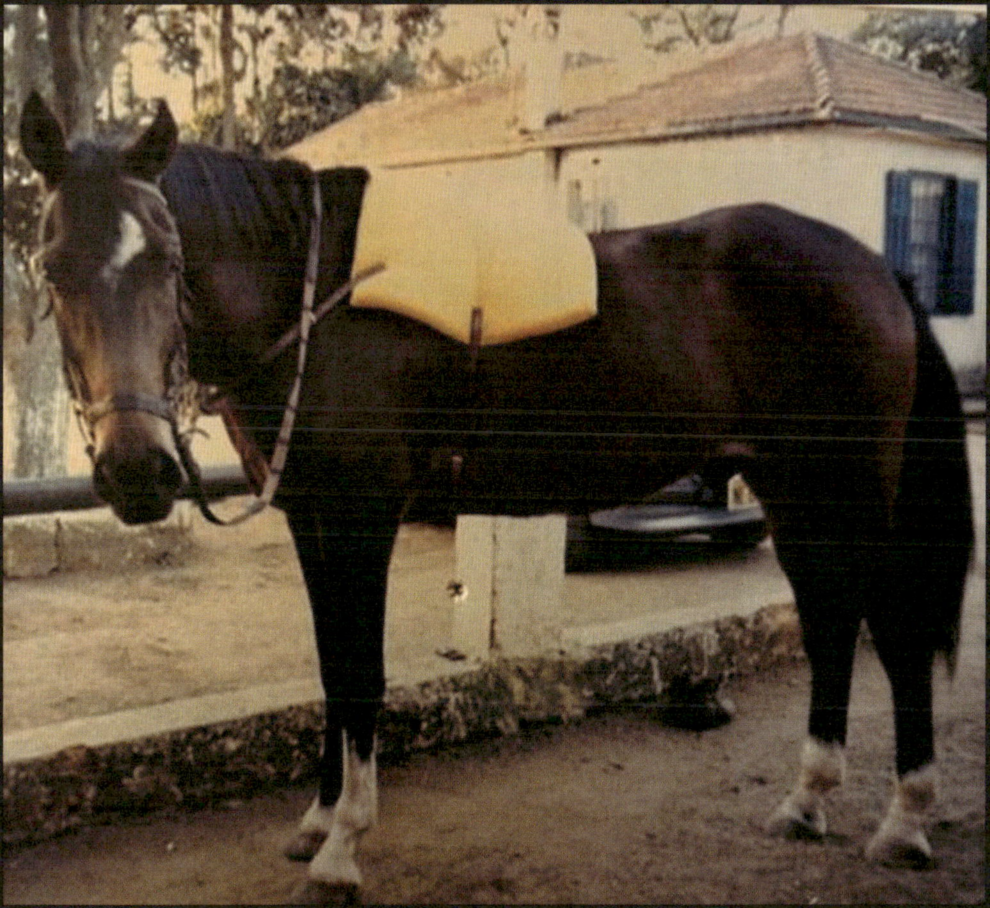

"JR". O primeiro de todos os cavalos que tive. Dele eu nunca soube nada; de onde veio, quantos anos tinha e pior, nunca soube o que aconteceu com ele depois que passou por mim.

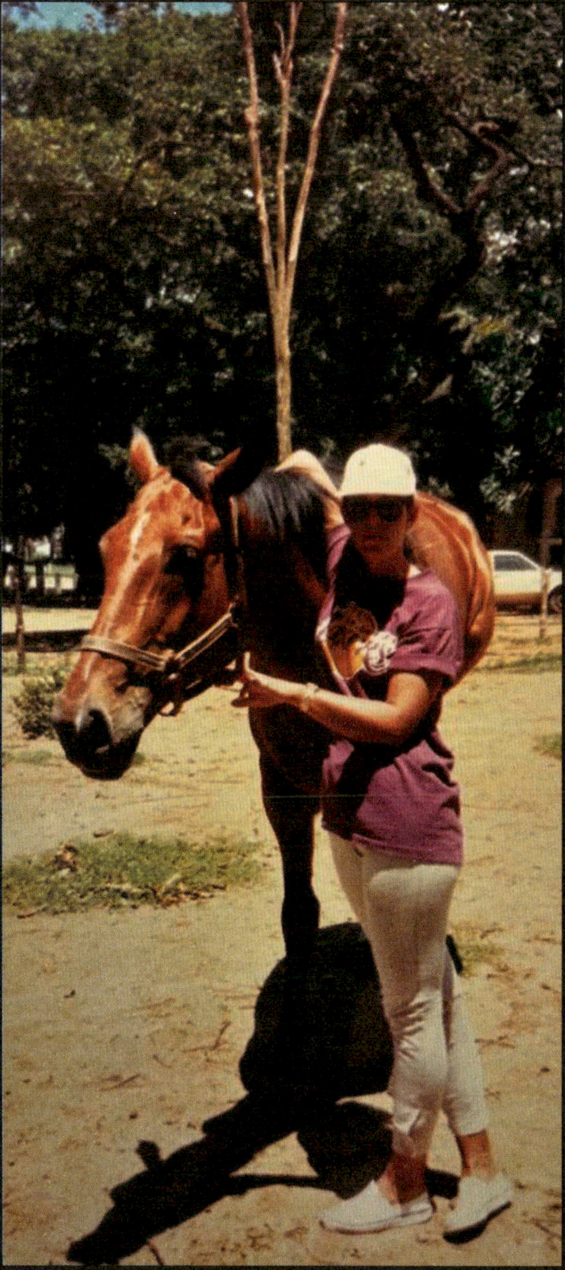

Cavalo demais para pouca amazona; meu sonho era conseguir saltar provas com ele. Mas, M... ... . , cujo nome não cito por pertencer a outra pessoa, era o meu cavalo predileto até a chegada de King Lark.

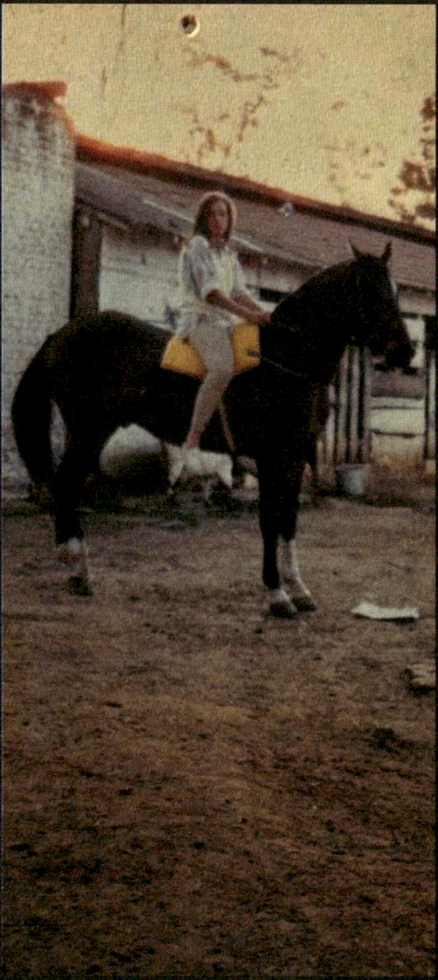

JR. Meu companheiro de muitas aventuras pelo bairro de Interlagos, em SP. Após uma década desta foto ter sido tirada, eu acordaria de um longo sono e daria início a um forte questionamento sobre os fatores existentes na compra e venda de cavalos e sua repercussão sob o ponto de vista psicológico e emocional para os animais envolvidos.

A chegada de Janjão com sua meiguice e brincadeiras infantis foi modificando os ares do apartamento em que vivíamos, minha irmã e eu. Com seus olhares de pequeno traquinas prometia muitas aventuras. Cumpriu a promessa e fez muito mais.

Encontrando cheetahs (guepardos). Um dos animais selvagens mais dóceis que já conheci.

Ao completar dois anos, Janjão, definitivamente, era o "Alpha" da casa. Afinal, alguém do seu convívio tinha ideia do significado desta palavra?

"Tudo sempre depende de quem, quando, como e por quê".

Este era, certamente, um tempo no qual eu acreditava que todos os seres humanos podiam ser "esclarecidos" sobre a importância do meio ambiente e da saudável cooperação interespécies.

Então, King Lark chegou. De uma maneira estranha e arrebatadora, "Kim" tornou-se o primeiro dentre meus dois amores. Um garanhão com o qual eu nem sequer conseguia saltar.

O momento em que Svetaketu chegou e desceu do caminhão. Apesar da idade avançada e da aparência rústica, "Sveta" provou ser um ótimo cavalo e excelente professor, dando anuência ao antigo ditado que diz: Cavalo novo, cavaleiro velho. Cavaleiro novo, cavalo velho!

Com Svetaketu, minha equitação avançou significativamente. Ele me deu confiança para saltar provas que sequer imaginaria antes.

Meu treinador insistiu para que eu mantivesse a calma e deixasse todo o trabalho para o cavalo, afirmando que King Lark saberia o que fazer. Mas eu estava tão nervosa que tive um "branco". Ainda bem que "Kim" realmente sabia o que fazer, e, incrivelmente, ficamos em primeiro lugar.

King Lark e eu no Campo de Polo. Momentos felizes e de relaxamento para ambos.

Eu queria uma recordação de uma época que não voltaria mais. Fomos até a escolinha da hípica, um lugar bem tranquilo em 1992. Kim e eu fizemos uma pista e tiramos as nossas últimas fotos saltando.

Meu último cavalo, Yucatán, chegou a King's Ranch. Um belo tordilho puro-sangue inglês, escolhido por mim e pelo tratador de Kim. Um tiro no escuro que se revelou a melhor de todas as escolhas.

Conforme Yuka ia crescendo, fui mostrando locais, objetos e sons distintos a ele. Yuka adorou a luz do sol refletindo na água da piscina. Longe de demonstrar medo, deu algumas voltas em torno dela, revelando sua curiosidade.

Apresentação de uma égua comercializada em King`s Ranch. Infelizmente, por mais que eu me esforce, sou incapaz de me recordar do seu nome.

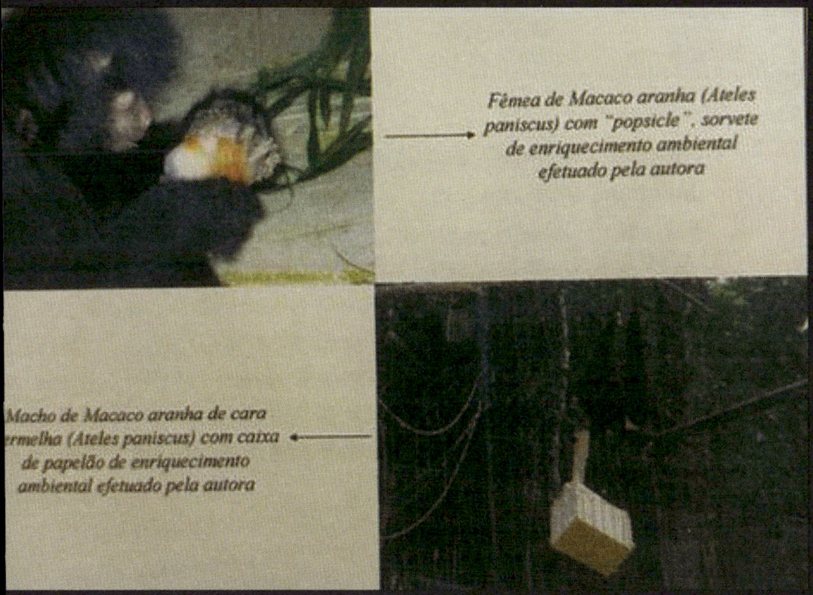

Conheci Chica assim que cheguei ao zoológico onde faria meu estudo sobre enriquecimento ambiental. Com ela, quebrei todas as regras, inclusive, entrar em seu recinto e manter contato corporal em várias oportunidades.

A expressão da diferença entre uma pista com Kim e uma outra, montando Yucatán. Nada como um cavalo tranquilo e manso para que você mesmo(a) consiga fazer a pista e ganhar a prova conscientemente.

Figura 63: 7º enriquecimento – Preparação: ... e pendurando em diferentes alturas e lugares.

Figura 73: 11º enriquecimento: Yuri e Suzy com bombonas no lago.
Fonte: A Autora (2007)

Figura 75: 12º enriquecimento: Preparação: sorvete de carne.

Figura 86: 14º enriquecimento – Música. Sons naturais com flauta ou piano ao fundo.
Fonte: A Autora (2007)

Figura 60: finalmente Susy consegue o pneu.
Fonte: A Autora (2007)

Figura 90: Ao desligar o som, terminado o enriquecimento, Yuri e Susy Foram para o plateau mais alto. Lá permaneceram, deitados...
Fonte: A Autora (2007)

Figura 88: 14º enriquecimento – Música.
Fonte: A Autora (2007)

Figura 78: Yuri após conseguir derrubar o enriquecimento II.
Fonte: A Autora (2007)

Lápide feita para Kim e colocada sobre o seu túmulo. Retirada após a venda do Rancho, juntamente com as demais existentes no pequeno cemitério, sendo, como estas, levada para um novo local. Construí uma árvore de pedrinhas, onde coloquei todas elas. Amei!!!

Drago chegou. Uma ventania de alegria e felicidade em forma de quatro patas e inúmeras brincadeiras.

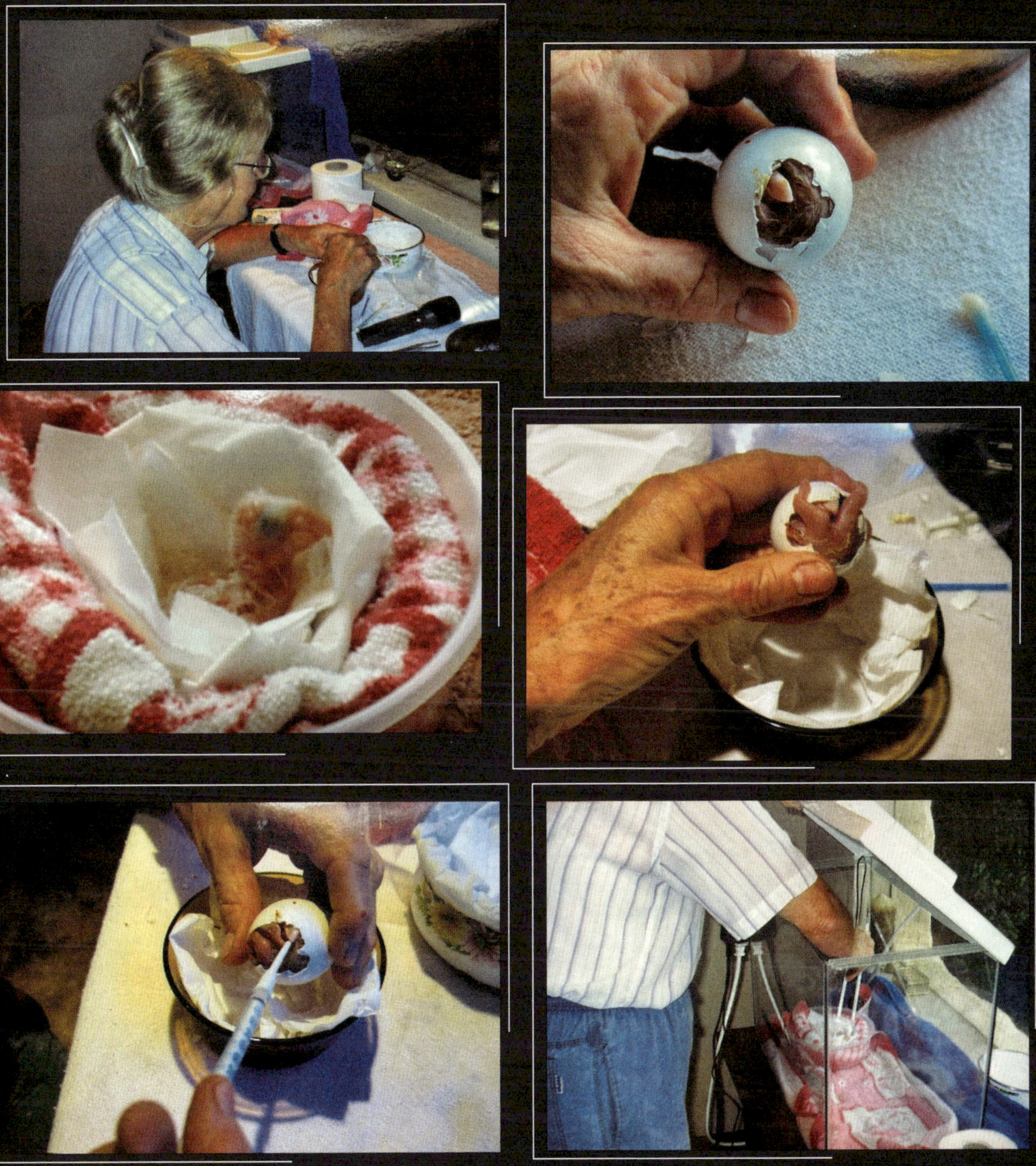

Dona Linda Witkoff, incansável em seu trabalho pioneiro. Granjear o primeiro nascimento de ararajubas, araras azuis, ararinhas-azuis de Lear, além de harpias e outras espécies de psitacídeos em cativeiro; ao menos, no estado de SP. Após o primeiro, seguiu-se um número incontável de noites passadas em claro; madrugadas longas e extenuantes, porém extremamente produtivas e importantes. A ideia transformou-se num projeto maravilhoso. A "Fundação Lymington".

Nosso "Pitstop" em Lisboa não poderia ficar sem a recordação de uma foto da Torre de Belém.

Drago em Portugal e Espanha. O único cão, dentre as dezenas que estiveram sob a minha tutela, a gostar e, até mesmo, posar para fotos. Ele sempre adorou ser fotografado.

Crystal. Linda, forte, com um temperamento tranquilo e confiante. Somente consegui comprá-la por sua cara ser muito escura para os padrões da raça.

Apenas uma, dentre minhas amigas uma com forte sangue europeu, concordou em passar uma temporada na mata amazônica. Um verdadeiro retiro espiritual, repleto de ressignificações.

Charlotte, minha pequena "Tchalla". De bebê rebelde a princesa charmosa e elegante.

Carmel. Minha pequena raposinha. Tornou-se tranquila e confiante após a maternidade.

Pansy. Uma Rottweiler com personalidade e comportamento de labradora. Uma das cachorras mais meigas e mansas que eu conheci.

A pequena e delicada Philipa, minha primeira veadinha catingueira (Mazama guazoubira) que adorava passear pela casa grande do rancho durante as tardes.

Conforme Dominick crescia e seus pequenos chifres se desvencilhavam da pele, mais dominante ele se tornava. Quando estes atingiram seus 4 cm, Dominick começou a atacar todos os machos e de qualquer espécie que se aproximavam dele. Hilário!

Muito além do que o filme homônimo pudesse traduzir, Sophie e Louise eram realmente inseparáveis. Além disso, não aceitavam o convívio com absolutamente nenhum representante de sua espécie.

Armand e Margueritte. Como no romance de Alexandre Dumas, a morte levou Margueritte. Ninguém esperava, porém, que Armand desistisse de viver.

Armand. Um belo representante da sua espécie, as emas brancas. Quem conviveu com ele acredita que esta ave morreu de amor...

Um pequeno rottweiller com "ursismo", Viggo, transformou-se em um esplêndido cão de guarda para minha casa e companhia para mim. Um dos melhores amigos que tive!

Todas os meus cães sempre acordam muito cedo; mas, incrivelmente, retornam para um "soninho extra" enorme quando dormem no meu quarto.

Uma foto com Sophie. Provavelmente a única. Ela estava no auge dos seus sete anos.

Egon. Um grande amigo; gentil, amável e protetor na medida certa. Fazer esteira com Claire e me chamar para brincar no jardim eram passatempos indispensáveis no seu dia a dia.

Theo Alexander, meu primeiro gato, e seu melhor amigo, Egon, durante a sesta de todas as tardes.

Eleonora ou "Nonô ", como é conhecida por todos. Explosão de delicadeza e feminilidade, aliadas a uma personalidade extremamente selvagem.

Noah, na palma da minha mão, aos dois meses de idade, assim que chegou em casa.

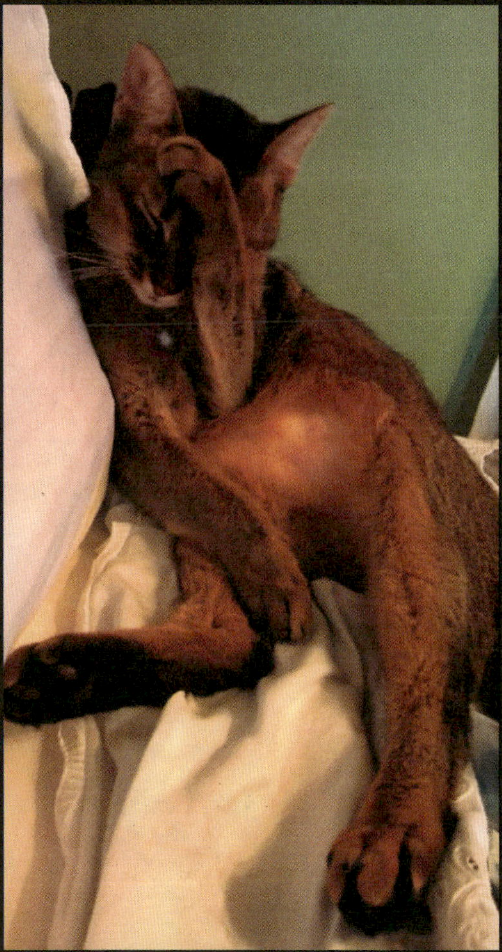

Sua raça: É um gato. Parece-se com um gato. Contudo, realmente acredita que é um cão. Age como um cão, come como um cão e chantageia como um cão.

Além de todos os sentimentos e emoções que despertam, ainda criam em nós o desejo maravilhoso pelo belo e pela estética.

A varanda solitária da hípica. Meu local preferido para escrever sobre belas lembranças.

Morada de Pônio por tantos meses, a pequena fonte na entrada da minha casa significa muito mais que simplesmente um desejo de sorte e bem-aventurança aos moradores. Ela representa um exemplo de coragem, de força, de persistência e de uma imensa vontade de viver deixados por um pequeno peixinho de apenas 4cm. Seu nome era PÔNIO.

Certamente elas acreditam que são tubarões. Chegaram há alguns anos com 15 cm e medem hoje cerca de 60 cm cada uma.

Claire, a Pastora Maremana, veio para fazer companhia para Egon. Auxiliaram-se mutuamente e ambos se beneficiaram e muito, dessa convivência.

Jonathan e Joshua, os irmãos Pastores Maremanos Abruzenses, com dois meses. Ninguém jamais poderia imaginar o final dessa história ao ver esta foto exalando infância, brincadeiras e "fofurices"; mas, bem colocado pelo ditado popular, "Deus escreve certo por linhas tortas".

Chico e Zé. Quantos anos? Não faço a menor ideia. Talvez fossem mais velhos que eu. Mas, com certeza, experientes e muito sofridos. Tristes e repletos de ressentimentos para com os seres humanos.

Ava, uma bonequinha. Praticamente do tamanho do chinelo.

O pais passavam os dias, incansavelmente, indo e vindo, num eterno revezamento para a alimentação dos filhotes.

Ingo, um garotão muito "bebê". Perfeito no corpo e na mente.

Ava acordou com os olhos completamente azuis. Imediatamente concluí que havia algo de muito errado!

A nova alegria da casa; Dayo a traz em seu nome e Gunnar no seu olhar.

O quanto eu vivi e senti. Aprendi e ensinei. A quase totalidade desses sentimentos e emoções se encontra nas almas dos que estiveram sob estas lápides. Todos, parte de uma grande árvore, a Terra. Todos interligados; como estamos, na verdade, todos nós neste planeta.

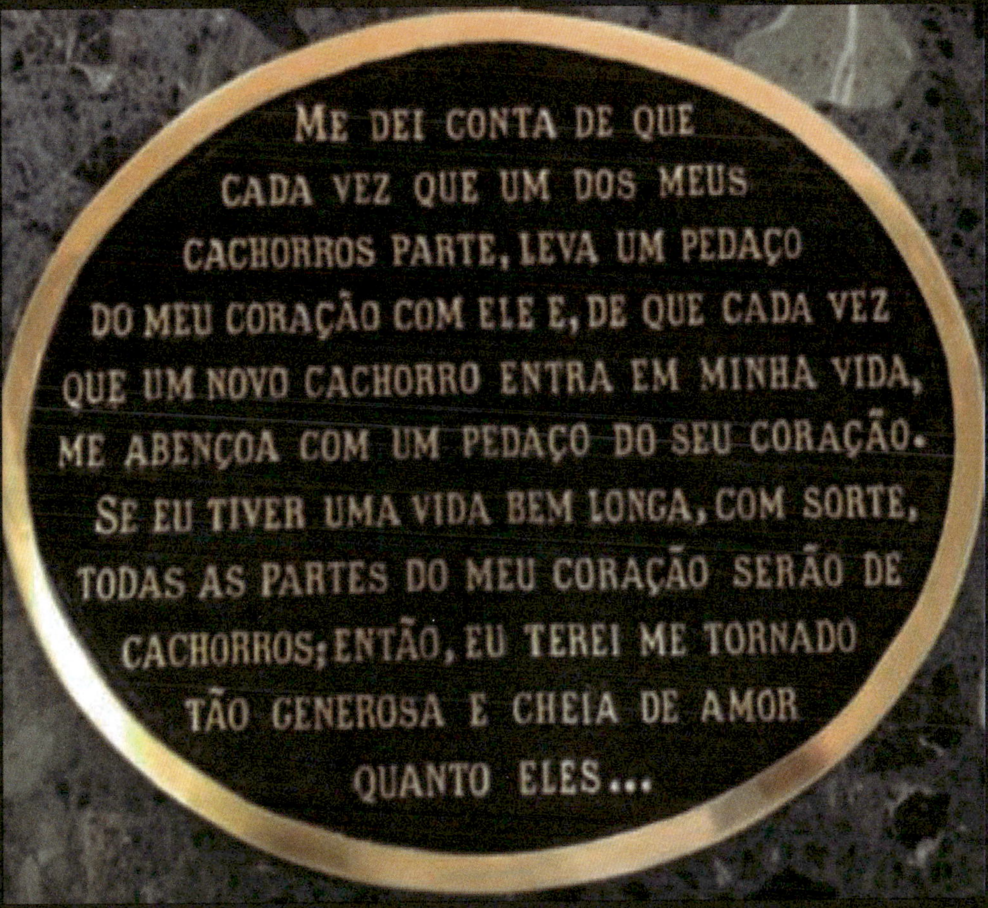

.... Então eu terei me tornado tão generosa e cheia de amor quanto eles...

FIM

EV
PUBLICAÇÕES